BAEDEKER SMART

GARDASEE

Perfekte Tage wo die Zitronen blühen

Verlag Karl Baedeker – www.baedeker.com

Inhalt

Kapiteleinteilung: siehe vordere Umschlaginnenseite

TOP 10

Nicht verpassen! Unsere Hitliste hilft Ihnen, von der absoluten Nummer eins bis zur Nummer zehn, die wichtigsten Reiseziele einzuplanen.

1 SIRMIONE ➤ 50

Der traumhaft schön am Südufer gelegene Ort prunkt mit einer der am besten erhaltenen Wasserburgen Europas.

2 MALCESINE & MONTE BALDO ➤ 78

Das Castello Scaligero aus dem 13. Jh. (Abb. links) ist das Wahrzeichen des Gardasees, der **Monte Baldo** an Hochsommertagen ein Fluchtpunkt vor der Hitze am Ufer.

3 GARDA ➤ 83

Eine wunderbare Uferpromenade (Lungolago), die Punta di San Vigilio gleich ums Eck und die Isola del Garda nur ein paar Bootsminuten entfernt: So zeigt sich die ganze Vielfalt des Gardasees an einem Ort.

4 SALÒ ➤ 55

Der Lungolago ist einer der elegantesten am See, die Atmosphäre gediegen, und auf Schritt und Tritt wird man an die bewegte Historie der Stadt erinnert.

5 RIVA DEL GARDA ➤ 85

Ob Rilke oder Nietzsche – Dichter und Denker liebten das Städtchen schon zur Jahrhundertwende. Ein wenig Grandezza und die schöne Bausubstanz sind geblieben, nun gepaart mit schicken Boutiquen.

6 PIAZZA BRA & ARENA DI VERONA ➤ 102

Wer säße nicht gern auf Veronas weltbekanntem Platz, die antike Arena vor Augen, und fühlte sich wie wahlweise Romeo oder Julia?

7 PIAZZA DEI SIGNORI ➤ 108

Shakespeare war gut, aber im Zentrum Veronas steht ein anderer Dichter: das Denkmal Dante Alighieris, der in dieser Stadt seine »Divina Commedia« schrieb, die »Göttliche Komödie«.

8 PIAZZA DELLE ERBE ➤ 111

Veronas »Bauch« – sein Markt – bietet dem Alltag eine Bühne vor großartiger Kulisse, mit den Palazzi verschiedener Epochen und dem Torre dei Lamberti.

9 BERGAMO ➤ 128

Die Città Alta mit der Piazza Vecchia gehört zu den schönsten Altstädten Norditaliens. Schon die Anreise mit der Funicolare von der Unterstadt aus ist ein Erlebnis.

10 LAGO D'ISEO ➤ 133

Von den bewaldeten Hängen der südlichen Alpenausläufer eingerahmt, birgt der Lago d' Iseo die längste Seeinsel Europas – Monte Isola mit idyllischen Dörfern, Oliven-, Kirsch- und Kastanienbäumen.

DAS LAGO

Erleben, was den Gardasee ausmacht, sein einzigartiges Flair spüren. So, wie die Einheimischen selbst.

DER ERSTE ESPRESSO NACH DER AUTOSTRADA

Am Parkplatz nach der ersten Serpentine, von Nago kommend Richtung Torbole, gibt's den ersten Kaffee, den ersten Aperol oder das erste Eis (von der Bar auf der anderen Straßenseite). Der Blick gen Süden ist grandios.

TUNNELFAHRT WIE JAMES BOND

Von Campione nach Riva führt die Gardesana Occidentale am Westufer durch ein gutes Dutzend Tunnels, das begeisterte sogar die 007-Motivscouts. Für den Streifen »Ein Quantum Trost« waren Bond & Co. zwei Wochen zum Drehen am Gardasee, im fertigen Film wurden daraus zwei Minuten – aber die hatten es in sich!

RADDAMPFERTOUR

Auf der »Zanardelli« oder »Italia«, zwei in den Jahren 1903 und 1908 gebauten Schaufelraddampfern, den See zu durchpflügen, ist ein Muss. Die »Zanardelli« verkehrt im Norden, die »Italia« im Süden. Auch die Einheimischen gleiten gern auf dem See dahin – allerdings meist lieber mit ihrem Segelboot.

Gleich geht's los: In Torbole warten Surfer nie allzu lange auf den richtigen Wind.

GEFÜHL

Alternativ dazu kann man sich in vielen Häfen auch ein kleines Motorboot mit 40 PS mieten, das ohne Führerschein gefahren werden darf.

TORBOLE UM HALB SIEBEN

Die ersten Sonnenstrahlen blinzeln über den Monte Baldo, und der See ist schon voller bunter Segel. Bei gutem Wind sind jetzt die Windsurf-Cracks auf dem Wasser und zeigen Speed und Tricks. Die Kilometerfresser fahren dagegen die gut 2000 m lange Strecke zwischen Torbole und Riva wie am Fließband auf und ab. Immer wieder. Eine wunderbare Atmosphäre auch für Zuschauer.

SEEBLICK UND PASTA UM HALB ACHT

Abends, wenn der See im Gegenlicht der untergehenden Sonne seine Farbe vom grellen Silber in weiches Gold wechselt, sollte man wenigstens einmal einen Aperol oder Hugo und ein Abendessen an der Gardesana orientale einnehmen und den Sonnenuntergang genießen. Ob auf einem Ponton in Torri del Benaco, auf dem Balkon im »Belvedere« in Marniga di Brenzone oder direkt am Wasser mit Blick auf die Burg von Malcesine am Lido di Paina.

SONNTAGABEND AM STRAND

Im Juli und August sind viele italienische Familien am See, über den ansonsten oft gesagt wird, dass er schon »fest in deutscher Hand« sei. Was angesichts der jährlichen Besucherströme auch gar nicht so übertrieben zu sein scheint. Aber wenn »die Italiener da sind«, verändert sich das Bild. Dann werden schon morgens Tische, Stühle und Sonnenschirme aufgestellt, werden Luftmatratzen aufgeblasen. Nach einem langen, heißen Tag beginnt gegen halb acht das Familienfest mit Grill, Vino und Antipasti aller Art. Manchmal hat der Vater einen Fisch gefangen. Und manchmal wird man auf ein Gläschen eingeladen, wenn man den Tag in der Nähe verbracht hat.

EIN TAG IM VERLASSENEN DORF

Auf dem Mauleselpfad gelangt man in gut 30 Minuten von Marniga di Brenzone nach Campo. Ein Maler hat seine Staffelei aufgestellt, Schafe grasen, ein Esel steht regungslos in der prallen Sonne. Campo ist ein ruhiger, friedlicher Ort, der auf das 11. Jh. zurückgeht, aber heute baufällig und kaum noch besiedelt ist. Die meisten sind weggezogen: keine Straße, keine Zukunft, aber eine fantastische Atmosphäre.

EINE NACHT IN DER LIMONAIA

Der Blick auf den bauchigen Untersee ist umwerfend, und der Rand des Überlaufpools vereint sich optisch mit dem Wasser des Gardasees 300 m tiefer. Man kann noch ein wenig exklusiver wohnen am Lago, aber nirgends schöner als im »Lefay«: Das Feen-Resort oberhalb von Gargnano (► 69) vermittelt das perfekte Lago-Feeling.

Im Lefay-Resort: Ein bisschen Luxus ist nie verkehrt.

Das Magazin

Die Berge, der Fluss und die Seen

Zwischen den Alpen im Norden und dem Apennin im Süden liegt die Lombardische Ebene, die der Po in zwei Hälften teilt. Der größte Fluss Italiens entspringt unterhalb des Monte Viso an der italienisch-französischen Grenze in der Region Piemont. Ihren Namen verdankt diese ihrer Lage »am Fuß der Berge«. Da mehrere Gebirgszüge seinen Weg nach Norden und Süden blockieren, fließt der Po nach Osten. Unterwegs nimmt er Wasser aus den großen Seen auf, die die Geografie Norditaliens wesentlich bestimmen.

Während der Eiszeit flossen riesige Gletscher von den Alpen Richtung Süden. Sie suchten den Weg des geringsten Widerstands zwischen härteren Felsformationen und Höhenrücken und legten dabei auf ihrem Weg nach Süden die Talgründe immer tiefer. Bei ihrem Vorstoß wurde das durch den Druck und die Reibung der Eismassen zerriebene lose Gesteinsmaterial von den Gletschern an ihren Seiten (Seitenmoränen) und ihren Enden (Endmoränen) abgelagert. Beim Rückzug der Gletscher zum Ende der Eiszeit hin sammelte sich in den ausgeschürften Tälern Schmelzwasser, das durch die Moränen nicht abfließen konnte: Seen entstanden.

Während die Mehrzahl der oberitalienischen Seen sich lang und schmal in den Tälern erstreckt, zeigt der Gardasee eine etwas andere Form. Seine auf der Karte an einen Hammer erinnernde Gestalt verdankt er dem Etschgletscher, dessen Eis sich nicht nur in einer Richtung, sondern auch zu den Seiten hin ausdehnte und eine breite »Zunge« ausbildete.

Fruchtbare Ufer

Die fruchtbaren Uferzonen und der Reichtum an Süßwasserfischen zogen die Menschen schon in frühester Zeit an den Gardasee. Seine Fruchtbarkeit verdankte der Boden den Gletschern aus dem Brentamassiv, die magnesiumreiches Kalkgestein hierher transportiert hatten. An den nördlichen Ufern ist dieser Streifen sehr schmal ausgebildet, hier und an einigen Stellen am Westufer, wo die Berghänge bis direkt an den See rei-

Auf einer Wanderung vom Pregasinatunnel in Richtung Riva zeigt sich der Gardasee von einer seiner schönsten Seiten.

chen, gestaltete sich die Landwirtschaft entsprechend mühselig. Die Bauern konzentrierten sich deshalb auf wenige Anbaufrüchte: Oliven und Wein auf der Ostseite, Zitronen im Westen. Der Wein hat bis heute überdauert: Am Gardasee wachsen noch heute die Trauben für den berühmten Bardolino. Den Olivenhainen verdankt das Ostufer seinen Namen – Olivenriviera. Zitronen wachsen dagegen nur noch vereinzelt an der Westküste, der Limonenseite.

AUF EINEN BLICK: WISSENSWERTES ÜBER DEN GARDASEE

- Mit einer Fläche von knapp 370 km² ist der Gardasee der größte italienische See.
- Seine Nord-Süd-Erstreckung beträgt 50 km – damit ist er etwa 10 km kürzer als der Lago Maggiore, der nur dem Namen nach »größte« See Italiens.
- Die Uferlinie des Gardasees beträgt 125 km, die Uferlinien des Comer Sees und des Lago Maggiore sind jeweils 45 km länger.
- Der See erreicht eine maximale Tiefe von 346 m, an dieser tiefsten Stelle liegt der Seeboden 281 m unter dem Meeresspiegel.
- Im Unterschied zu den anderen großen italienischen Seen hat der Gardasee keine größeren Inseln, sondern nur fünf Inselchen.
- Der Fluss Sarco speist den Gardasee aus dem Norden, in südlicher Richtung fließt der Mincio ab.

GESCHICHTE UND **GESCHICHTEN**

Von den Pfahlbaudörfern der ersten Seebewohner bis zu den ersten Feriengästen im 19. Jahrhundert: Die Geschichte rund um den Gardasee ist voller Geschichten. Eine davon führte sogar letztlich zur Gründung des Roten Kreuzes.

Im Jahr 1842 wies die Turiner Zeitung *Il Risorgimento* (Wiedererstehung) die Italiener auf die Tatsache hin, dass ihr Land inzwischen fast völlig von Ausländern beherrscht wurde: Spanien kontrollierte einen Großteil des Südens, Österreich weite Teile des Nordens, das restliche Italien war in Kleinstaaten zersplittert. Die Zeitung schürte die Sehnsucht der Italiener nach einem wiedervereinigten Italien, für das in den kommenden Jahren noch viele ihr Leben opfern mussten, u.a. in zwei großen Schlachten im Jahr 1859, die nahe dem Südufer des Gardasees stattfanden: Am 4. Juni

ZEITTAFEL

4000 v. Chr. Bereits in der Jungsteinzeit siedeln Menschen im Gebiet um das heutige Brescia.

1000 v. Chr. Kelten und Etrusker dringen in das Gebiet vor.

300 v. Chr. Die Römer drängen die Gallier über die Alpen zurück, das oberitalienische Seengebiet wird Teil des Römischen Reiches. Die römischen Überreste in Sirmione, Brescia und Desenzano zählen zu den schönsten in Norditalien. Veronas Amphitheater (Arena) aus dem 1. Jh. n. Chr. ist eines der besten Beispiele außerhalb Roms.

5. Jh. n. Chr. Das Weströmische Reich zerfällt, die Langobarden siedeln sich in der heutigen Lombardei an. Die Langobardenkönigin Theodelinde macht das Christentum zur »Staatsreligion«. Für ihre Verdienste um den Glauben überlässt ihr der Papst der Sage nach einen Nagel vom Kreuz Christi. Er wird in die Eiserne Krone der Langobarden eingearbeitet, mit der die zukünftigen italienischen Könige gekrönt werden. Heute wird sie im Dom von Monza aufbewahrt.

8. Jh. Karl der Große besiegt die Langobarden und integriert das Gebiet in sein Königreich.

9./10. Jh. Ende der Karolingerherrschaft: Die Langobarden erobern das Gebiet zurück, werden aber später zunächst von den Ungarn, dann von den Sachsen verdrängt.

12.–15. Jh. Zeit der Signorien (Stadtherrschaften). Die Familie della Scala (Skaliger) herrscht über Verona und den Gardasee, wird dann aber von den Venezianern

Schauplatz der Geschichte: Salò, die größte Stadt am Westufer des Gardasees

vertrieben. Im Westen übernehmen die Visconti und die Sforza aus Mailand die Herrschaft.

16. Jh. Die Venezianer beherrschen den Gardasee, aber das Gebiet westlich des Sees wird von Spanien kontrolliert.

18. Jh. Nach dem Spanischen Erbfolgekrieg (1701–1713/14) fällt der Gardasee an Österreich, die westlichen Seen hält Savoyen. Napoleon befreit Norditalien, Österreich erhält nach dem Wiener Kongress erneut Mailand und die Lombardei.

19. Jh. Das Risorgimento vereint die Italiener im Wunsch nach einem einheitlichen Staat: 1859 werden die Österreicher in der Schlacht bei Solferino geschlagen. 1870 wird Italien geeint.

20. Jh. Im Friedensvertrag von St. Germain 1919 wird Südtirol Italien zugesprochen. Mussolini unterzeichnet den »Stahlpakt« mit Hitler (22. Mai 1939) und führt dann Italien in den Krieg. 1943 wird Mussolini gestürzt. Mit deutscher Hilfe errichtet er am Gardasee die Republik von Salò, die neue italienische Regierung erklärt Deutschland den Krieg. Partisanen erschießen Mussolini 1945. 1946 dankt König Viktor Emanuel III. ab, Italien wird Republik. Die Römischen Verträge von 1957 schaffen die Europäische Wirtschaftsgemeinschaft, aus der später die Europäische Union entsteht.

21. Jh. Während der Wirtschafts- und Regierungskrise 2013 wird Enrico Letta vom Partito Democratico Ministerpräsident und führt die drei großen politischen Strömungen – Mitte, Mitte-links und Mitte-rechts – an. Der Rechtspopulist Silvio Berlusconi wird wegen Steuerbetrugs verurteilt und verliert seinen Senatssitz.

dieses Jahres besiegten die Franzosen die österreichische Armee bei Magenta. Diese zog sich daraufhin in ihre Festung in Peschiera del Garda zurück und stellte sich am 24. Juni bei Solferino südlich von Sirmione dem Gegner. Kaiser Franz Josef I. selbst führte die Armee an: Ihm gegenüber standen die Franzosen unter Napoleon III. und die Truppen von Sardinien-Piemont unter Viktor Emanuel II.

Von Mensch zu Mensch

Diese zweite Schlacht dauerte 15 Stunden. Einige Schätzungen sprechen von 40 000 Toten, sicher starben jedoch 25 000 Männer. Bei Einbruch der Nacht zogen sich die Österreicher in ihre Verteidigungsmauern in Peschiera zurück und überließen damit den Franzosen und Italienern den Sieg. Das Leiden der Verwundeten war furchtbar: In der Hitze des italienischen Hochsommers blieben viele stundenlang liegen, während um sie herum die Schlacht tobte. Dann ging ein heftiges Unwetter auf jene nieder, die überlebt hatten. Ihr Leid veranlasste den schweizerischen Geschäftsmann und Humanisten Henri Dunant zur Gründung des Roten Kreuzes, denn er kannte im Angesicht des Geschehens: »Zivilisation bedeutet, sich gegenseitig zu helfen von Mensch zu Mensch, von Nation zu Nation.«

Napoleon war so erschüttert über das Leid und die Verwüstung, dass er Franz Josef umgehend einen Friedensplan unterbreitete. In einem in Villafranca unterzeichneten Abkommen sicherte er dem »neuen« Italien die Lombardei zu, überließ Venetien aber zum Missfallen der Piemonteser weiterhin den Österreichern. Erst 1866 kam Venetien endgültig zu Italien.

Ein begehrtes Gebiet

Solferino war zwar die blutigste Schlacht, die in der Nähe der Seen geschlagen wurde, aber keineswegs die einzige. Wegen seiner Lage an der großen Handelsroute durch die Lombardische Ebene von der Adria zum nördlichen Mittelmeer war das Gebiet seit Beginn der Geschichtsschreibung begehrt. So kämpfte zwischen den Jahren 1117 und 1128 Mailand gegen Como um die Herrschaft über den Westteil dieser Ebene. Schließlich wurde Como besiegt und geplündert. Die Macht am Comer See fiel an die Stadt Crisopoli, die »Goldene Stadt« auf der Isola Comacina am Westufer. Crisopoli beherrschte den See zunächst im Bund mit Mailand. Als Como wieder an Stärke gewonnen hatte, stellte es sich an die Seite Friedrich Barbarossas, als dieser einen Krieg gegen Mailand führte. Nach dem Sieg nahm Como bittere Rache an Crisopoli: Die Stadt wurde überfallen und vollständig ausgeplündert – sie sollte sich nie wieder davon erholen und existiert heute nur noch als Ruinenstadt.

Venezianische Kriegsgaleeren auf dem Gardasee

Im frühen 15. Jh. lag Mailand mit Venedig im Krieg. Die Mailänder Armee marschierte ostwärts, um Brescia, einen Außenposten der Serenissima, einzunehmen. Die Venezianer sahen sich nicht in der Lage, die Belagerung vom Land her zu durchbrechen, und versuchten es deshalb über das Wasser. Eine Flotte von Galeeren, darunter Kriegsgaleeren und Vorratsschiffe, wurde in Venedig zerlegt, auf Ochsenkarren verladen und bis

An das Erbe der Langobarden, deren einstige Machtzentren in Italien zum UNESCO-Welterbe ernannt wurden, erinnert das Museo di Santa Giulia in Brescia.

an die Etsch (Adige) transportiert. Dort baute man 26 Galeeren zusammen, ließ sie zu Wasser und ruderte flussaufwärts bis Rovereto, wo sie erneut zerlegt wurden. Von hier aus wurden 2000 Ochsen eingesetzt, um sie über den hohen San-Giovanni-Pass zum nördlichen Gardasee zu schleppen. Es dauerte weitere drei Monate, bis die Schiffe den See erreichten. Aufgrund der prekären Lage in Brescia mussten die Schiffe in aller Eile ein zweites Mal zusammengebaut werden: Kaum einsatzfähig, ließ man sie zu Wasser und segelte südwärts. In Maderno stießen sie auf eine Mailänder Flotte, die dort ebenfalls hastig zu diesem Zweck gebaut worden war. Die Venezianer waren zwar an sich die besseren Seeleute, doch wurden sie wegen ihrer nur bedingt einsatzfähigen Flotte von den Mailändern besiegt. Ein Trost für die Überlebenden: Am Ende gewann Venedig doch den Krieg.

FAUNA UND **FLORA**

Im milden Klima des Gardaseeraums gibt es eine große Artenvielfalt an mediterran-subtropischen Pflanzen, die in ihrer natürlichen Ausbreitung durch die Eingriffe des Menschen allerdings stark eingeschränkt sind.

Die so oft gepriesene Garten- und Parklandschaft des Gardasees ist weniger eine Natur- als vielmehr eine Kulturlandschaft mit Obst- und Weinanbau, Feigen, Zitrusfrüchten und Ölbäumen. Einst gab es ausgedehnte Wälder von immergrünen Steineichen, die heute stark dezimiert sind. Alte Buchenwälder haben sich noch bei Prada am Monte Baldo erhalten können. Der immergrüne Lorbeer ist häufiger anzutreffen, seltener dagegen Judasbäume. Esskastanien reifen in höheren Lagen. Maulbeerbäume wur-

Blühender Süden: im Garten des Rathauses von Limone, am Westufer des Gardasees

den ursprünglich für die Seidenraupenzucht gepflanzt. Zypressen und Libanonzedern bilden neben Palmen und Agaven malerische Akzente in den Parks der Villen. Linden und Ahorn wurden meist in Alleen gesetzt. Azaleen, Oleanderbüsche, Magnolien und Akazien verströmen ihren Duft im Frühjahr und Sommer. In den seltenen flachen und sumpfigen Ufergebieten findet man Röhricht und Binsen, Sumpfdotterblumen, Seerosen und Wasserklee.

Im 1972 eröffneten Naturpark Corna Piana di Brentonico am Monte Baldo, der zwischen 1276 m und 1735 m hoch liegt, ist eine voreiszeitliche Pflanzenwelt erhalten, zu der beispielsweise der Spinnweb-Steinbrech *(Saxifraga arachnoidea)*, die Klebrige Akelei *(Aquilegia thalictrifolia)* und die Dolomiten-Teufelskralle *(Physoplexis comosa)* gehören. Endemische Pflanzen, die also nur hier vorkommen, sind das langstielige Monte-Baldo-Windröschen *(Anemone baldensis)*, das Südtiroler Labkraut *(Galium baldensis)*, die weißährige Monte-Baldo-Segge *(Carex baldensis)* und die Witwenblume *(Knautia baldensis)*. Hinzu kommen mehrere Arten von

Knabenkraut, Ragwurz, Primel, Enzian, Lilien und Erdorchideen, die von Ende März bis Mai am Monte Baldo blühen. Bei Feinschmeckern beliebt ist der Monte-Baldo-Trüffel.

Im Parco Alto Garda Bresciano fühlen sich inzwischen Hirsche, Rehe und Gämsen wieder wohl. Im Naturschutzgebiet des Monte Baldo leben Auerhähne, Steinhühner, Füchse und Marder. In den Naturparks an den Flüssen Oglio und Mincio haben sich zahlreiche Entenarten, Blässhühner und Reiher niedergelassen.

Für Teichrohrsänger, Zwergdommeln und Flussnachtigallen werden die Sumpfgebiete als Lebensräume immer knapper. Möwen dagegen haben sich den veränderten Lebensbedingungen am Gardasee gut angepasst. An den Felswänden leben Gartenrotschwanz, Gabelweihe und Kolkrabe. Würger, Lerchen und Ammern bevorzugen die Ebenen als Lebensraum. Der einstige Fischreichtum der Alpenrandseen ist durch Wasserverschmutzung zurückgegangen. Gardaseeforellen und Gardaseekarpfen erreichen zwar noch beträchtliche Größen, und auch die ausgesetzten Maränen, die zur Familie der Lachse gehören, haben sich gut akklimatisiert. Saibling, Aal, Schleie, Barsch, Hecht und Barbe sind aber seltener geworden.

Am Wasser leben vereinzelt ungefährliche Nattern, besonders im August sieht man sie in Strandnähe aus dem Wasser lugen oder sich schnell unter den Steinen verstecken. Am Monte Baldo gibt es giftige Vipern, die aber sehr selten sind, und Skorpione, die sich besonders im Mai und September häufig zeigen. Ansonsten tummeln sich auf den warmen Gebäudemauern Eidechsen aller Art, und man sieht ab und zu eine Blindschleiche. Eindrucksvoll ist der Artenreichtum der Schmetterlinge, die vor allem im Blumenparadies des Monte Baldo ausreichend Nahrung finden.

Frühling schickt sein blaues Band: Enzian am Monte Baldo (unten). Rechte Seite: Blühender Mohn an einem Hang mit Blick auf Riva del Garda im Norden des Sees

KULINARISCHE KÖSTLICHKEITEN

Die italienische Küche wird als die gesündeste in Europa bezeichnet. Ihr Geheimnis ist ihre Einfachheit: Qualitativ hochwertige Zutaten werden mit einem Minimum an Aufwand zubereitet, Soßen und Dressings nur sparsam verwendet. Die Zubereitung lässt alle Zutaten voll zur Entfaltung kommen.

Picknick zu zweit mit Blick auf den See: auch das ist »Bella Italia«.

Pasta und Reis

Grundlage vieler Gerichte ist nach wie vor die Pasta, aber es wird auch überraschend viel Reis gegessen – kein Wunder angesichts der ausgedehnten Reisfelder bei Padua, im Süden von Mailand und nahe Venedig. Die bekanntesten Reisgerichte sind Risotto *alla milanese* aus Reis und Safran sowie Risotto *alla monzese* mit Reis, Hackfleisch und Tomaten. Mantua hat ebenfalls eine Risotto-Spezialität zu bieten, eine reichhaltige Mischung aus Reis, Butter und Zwiebeln; im Veneto ist Risotto *nero* beliebt, schwarzer Tintenfischreis. Pasta gibt es in einer verwirrenden Vielzahl von Formen. Dem Uneingeweihten mag diese Vielzahl übertrieben erscheinen, doch selbst wenn alle die gleichen Zutaten enthalten – sie schmecken keineswegs alle gleich. Allerdings sind die Unterschiede sehr fein. Die beiden Grundformen bestehen aus Mehl und Wasser bzw. Eiern, Mehl und Wasser. Verschiedene Getreidesorten und das Verhältnis von Oberfläche zu Volumen in Abhängigkeit von der Form sind für den unterschiedlichen Geschmack verantwortlich.

Zur Pasta gehört immer eine Soße, am beliebtesten sind *al pomodoro* (mit Tomaten), *alla carbonara* (mit Speck oder Schinken sowie Ei), *alle vongole* (mit Muscheln) und *alla bolognese* (mit Hackfleisch, Kräutern und Gemüse). Zur Abwechslung können Sie auch Polenta aus Mais probieren. Außerdem gibt es Gnocchi, die aus Esskastanienmehl und Kartoffelbrei gemacht werden und auch Eigelb und Kürbis oder *pizzoccheri* enthalten. Letztere ist eine dunkle, fast schwarze Pasta aus dem Valtellina nahe dem Comer See.

Pizza

In fast allen Städten und Dörfern findet man Pizzerien. Am populärsten sind die einfache *Pizza Margherita* (mit Tomatensauce und Käse) und die *Quattro formaggi* mit vier verschiedenen, oft lokalen Käsesorten.

Vorspeisen

Zu den regionaltypischen *Antipasti* zählen *bresaolo* – luftgetrocknetes, gesalzenes Rindfleisch in hauchdünnen Scheiben – und *missoltini*, sonnengetrockneter Fisch.

Erster Hauptgang

Als *Primi piatti* gibt es Nudelgerichte wie Lasagne oder Ravioli. Diese sind – mit Käse und Butter serviert – eine Spezialität aus dem Raum Bergamo. Die Gemüsesuppe Minestrone wird oft mit so viel Gemüse zubereitet, dass sie, mit Brot gegessen, zu einer eigenständigen Mahlzeit wird.

Zweiter Hauptgang

Es überrascht nicht, dass man auf den meisten Speisekarten Süßwasserfisch findet. Unter den verschiedenen Arten sind Barsch (leicht in Olivenöl gebraten) und Forelle besonders beliebt. Achten Sie am Gardasee auf *car-*

Ob *am* oder *aus* dem See: Genuss ist am Lago di Garda auch eine Herzensangelegenheit.

Mit das beste Eis am Gardasee gibt es hier in der Gelateria Cristallo in Bardolino.

pione, eine endemische Forelle, die typischerweise mit Kräutern mariniert und dann gebraten wird. Unter den Fleischgerichten isst man, besonders am Lago di Orta und in Mantova, gern *asino*, Eselfleisch, das die Grundlage für verschiedene Eintöpfe abgibt. *Agnello* (Lamm) wird ebenfalls gern gegessen, und in den Valli dell'Ossola nahe dem Lago Maggiore ist *viulin* (gesalzene Ziegenkeule mit Kräutern und Gewürzen) eine Spezialität. *Vitello* (Kalb) in verschiedener Form wird ebenfalls angeboten, von leichteren Mahlzeiten wie dünn aufgeschnittenem Kalbfleisch mit Wein oder Zitrone bis zum reichhaltigeren *cotoletta alla milanese*.

Desserts

Die Italiener machen das beste Eis der Welt. Besonders lecker sind auch *amaretti* (Mandelmakronen) und der berühmte Mailänder Panettone, ein Hefekuchen mit Sultaninen und Zitronat. Der Name stammt angeblich vom fehlgeschlagenen Brotbackversuch eines Kochlehrlings im Mailand des 19. Jh.s. Als Tonis Brotlaib nicht aufgehen wollte, fügte er Butter und süße Zutaten hinzu und deklarierte das Ergebnis in seiner Verzweiflung als Nachtisch. Es war ein Erfolg, und Tonis »Brot« – *Panettone* – war geboren.

Getränke

Italienischer Wein wird klassifiziert von DS *(Denominazione Semplice)* ohne besonderen Qualitätsstandard über DOC *(Denominazione di Origine Controllata)* bis DOCG *(Denominazione di Origine Controllata e Garantita)*, dem höchsten Standard.

Das Westufer des Lago Maggiore bringt die berühmten trockenen Rotweine Barolo und Barbaresco hervor, und in der Region Franciacorta, um den See Iseo, werden ein sehr guter Rotwein und Sekt hergestellt. Aus dem Valtellina nördlich des Comer Sees stammen Grumello, Inferno und

ITALIENISCH ODER DEUTSCH?

Auf den meisten Speisekarten findet man *cotoletta alla milanese*, ein paniertes Kalbskotelett. Es handelt sich dabei um das italienische Gegenstück zum Wiener Schnitzel. Wenn man am Ufer des Gardasees weiter nach Norden fährt, wird die Vermischung italienischer und deutscher Speisen oder zumindest der Wechsel von italienischen und deutschen Bezeichnungen immer offensichtlicher. In Riva und mehr noch in den Dörfern weiter nördlich findet man viele Tiroler Spezialitäten – Gerstensuppe mit Speck, Gröstl (Rindfleisch und Kartoffeln, die erst gekocht und dann sautiert werden) sowie verschiedene Wurstsorten.

Sassella – Rotweine, die so rau sind wie die Landschaft, aus der sie kommen. Die berühmtesten Weine des gesamten Seengebiets sind jedoch diejenigen vom Ostufer des Gardasees: der leichte, trockene rote Bardolino, die schwereren Rotweine aus dem Valpolicella und der trockene Weißwein Soave.

Die berühmtesten Branntweine stammen aus der Abbazia di Piona am Comer See. Der Kräuterschnaps der Mönche, *Gocce Imperiali* (Kaiserliche Tropfen), hat es in sich. Am Gardasee wird in Salò das *Acqua di cedro* aus Zedratzitronen destilliert.

Cappuccino wird üblicherweise nur zum Frühstück getrunken. Bestellt man ihn nach dem Essen, erntet man womöglich zweifelnde Blicke. Der traditionelle Kaffee, *liscio,* ist schwarz und stark und wird in sehr kleinen Tassen serviert. Die Italiener löffeln Zucker hinein. Der *ristretto* ist sogar noch stärker. Wenn Ihnen das zu viel ist, probieren Sie *lungo* mit heißem Wasser, *macchiato* mit etwas Milch oder *americano*, der dem heimischen Kaffee am nächsten kommt.

Die Alternative zu Kaffee, besonders am Vormittag, ist heiße Schokolade. In der Regel ist sie so dick, dass ein Löffel darin stehen bleibt. Wenn Sie eine klassische Tasse Schokolade möchten, fragen Sie nach der etwas flüssigeren Version.

GRAPPA

Das traditionelle italienische Feuerwasser wird aus den zerquetschten Schalen und Traubenresten hergestellt, die bei der Weinherstellung übrig bleiben. Die Flüssigkeit wird ohne Zuckerzusatz vergoren und zu einer klaren, trockenen Spirituose mit 40 bis 50 % Alkohol destilliert. Es gibt Dutzende verschiedene Grappasorten.

KUNST UND KULTUR

Von der Antike bis zur Moderne: Architektonisches Highlight der Region ist sicher das grandiose Amphitheater in Verona. Interessant sind aber auch Burgen und schöne Kirchen – teils von venezianischer Bauweise geprägt – und die typischen Villen, die im 19. Jh. am Ufer des Gardasees entstanden.

Meisterwerk der Romanik: das Hauptportal des Doms Santa Maria Matricolare in Verona

Prähistorische Epoche (4000–1000 v. Chr.)

Die frühen Siedler waren technologisch nicht in der Lage, die Landschaft sichtbar zu verändern. Erst im Neolithikum (Jungsteinzeit) hinterließen sie unauslöschliche Spuren. Auf der Isola Virginia, einer Insel im Lago Varese (einem kleinen See in der Nähe von Varese), finden sich Reste aus dem Neolithikum und der Bronzezeit. Auch die Pfahlbauten im Lago di Ledro datieren aus dieser Zeit.

Römische Epoche (753 v. Chr.–5. Jh.)

Unter den Römern wurde die »klassische« Form der griechischen Architektur weiterentwickelt. Sie übernahmen Architekturmerkmale wie Säulen sowie die hohe, offene Bauweise, gestalteten die Gebäude aber insgesamt funktionaler. Als Alternative zu Ziegel und Stein entwickelten sie auch Beton als Baumaterial.

Die Arena in Verona zählt zu den schönsten römischen Baudenkmälern Europas. Die Architektur der Wohngebäude lässt sich gut in der Villa in

Desenzano del Garda erkennen, die Villa in Sirmione zählt zu den größten und palastartigsten, die je freigelegt wurden.

In Brescia gibt es zwar nur wenige Überreste eines Tempels, diese machen dennoch eindrucksvoll die römische Handwerkskunst sichtbar.

Langobardische Epoche (6.–8. Jh.)

Zu den wenigen Relikten aus dieser Zeit zählt eine langobardische Kirche, die in San Severo in Lazise hinter dem Hochaltar freigelegt wurde. Schöne langobardische Schätze sind im Museo di Santa Giulia in Brescia zu sehen, u.a. das mit kostbaren Edelsteinen besetzte »Desiderius«-Kreuz des letzten Langobardenkönigs, der 753 auf den Fundamenten einer römischen Villa das benediktinische Nonnenkloster San-Salvatore-Santa-Giulia gründete. Mit einbezogen in den heutigen Museumskomplex sind die mittelalterliche Kirche San Salvatore, das romanische Gotteshaus Santa Maria in Solario, Santa Giulia aus dem 16. Jh. und der aus dieser Zeit stammende Kreuzgang.

Karolingische Epoche

Die Kirche San Zeno in Bardolino stammt aus dem 8. Jh. Als eine der ältesten Kirchen Italiens zählt sie zu den wenigen Überresten aus karolingischer Zeit. Spätere Bauherren rissen die frühen Kirchen oft ein und nutzten die Steine für ihre eigenen Bauwerke.

Romanik (10.–12. Jh.)

Der romanische Stil entwickelte sich aus einer Vermischung der Klassik mit orientalischen Einflüssen. Die Fassade einer romanischen Kirche in Reinform hat eine hohe, von einem Dreieck gekrönte Mittelfront mit dem Portal. Zu beiden Seiten stehen niedrigere Seitenschiffe mit geneigtem Dach. In der Kirche San Zeno Maggiore in Verona findet sich das eindrücklichste Beispiel für die langobardische Romanik. Der Bau ist zwar sehr schmucklos, die Mittelfassade wurde aber durch eine Rosette durchbrochen. Ebenfalls zu dieser Stilrichtung gehören der Dom in Cremona, die alte Kathedrale (Rotonda oder Duomo Vecchio) sowie der Broletto (Rathaus) in Como, der die profane Romanik repräsentiert.

Gotik (13./14. Jh.)

Die überladene Architektur der Gotik wurde von den Zisterziensern begonnen und rasch von anderen Orden und dann von den Erbauern von Stadtkirchen übernommen. Der bedeutendste Architekt seiner Zeit war Arnolfo di Cambio. Obgleich er in Rom und Florenz tätig war, zeigte sich sein Einfluss auch im Norden.

Am Lago di Ledro: Die ersten Siedler in der Gardaseeregion lebten in Pfahlbauten.

Zu erkennen ist er im Duomo in Salò, der vielen als Krönung spätgotischer Architektur gilt.

Renaissance (15./16. Jh.)

Die Renaissance bedeutete die Rückkehr zu der Symmetrie und den ausgewogenen Proportionen der klassischen Architektur. Die schönsten Gebäude dieser Epoche stehen in Vicenza und stammen von Palladio. Doch es gibt auch weitere gute Beispiele unweit der Seen: die Piazza Vecchia und die Cappella Colleoni in Bergamo, die Piazza dei Signori in Verona und die Bauten in Castiglione Olona.

Barock (17./18. Jh.)

Der Barock war eine – ausladende – Reaktion auf die Strenge der Reformation. In architektonischer Hinsicht findet man eines der schönsten Bauwerke des Barock auf der Isola Bella im Lago Maggiore: das Werk von Angelo Crivelli. Auch die Domfassade in Bergamo ist ein gutes Beispiel.

Klassizismus (19. Jh.)

Wiederum eine Rückkehr zur klassischen Form, diesmal aber unter Einsatz moderner Technik, um Wölbungen und Kuppeln zu erbauen. Die beiden besten Beispiele findet man am Comer See: den Tempio Voltiano in Como und die Villa Melzi d'Eryl von Giocondo Albertolli in Bellagio.

Jugendstil (frühes 20. Jh.)

Nirgends bekommt man einen besseren Eindruck von dieser Kunstrichtung als beim Besuch der Villen von Giuseppe Sommaruga in Sarnico am Lago d'Iseo.

20./21. Jh.

In den ersten Jahrzehnten des 20. Jh.s war der Funktionalismus, auch International Style genannt, die vorherrschende Antwort auf die dekorativen Baustile vorausgegangener Epochen. Als architektonisches Gestaltungsprinzip bedeutete dies, dass die Erscheinungsform eines Bauwerks von seiner Funktion abzuleiten sei. Im Gegensatz dazu vertrat die faschistische Staatsbaukunst in Italien einen Neoklassizismus römisch-imperialer Prägung. Erst nach dem Zweiten Weltkrieg kam die moderne Architektur zum Zug. Der Venezianer Carlo Scarpa (1906–1978) befasste sich mit der Innenraumgestaltung vorhandener Gebäude. Zu den Hauptwerken seiner »kritischen Restauration« *(restauro critico)* gehört die Umgestaltung des Kastells der della Scala zum Museo Castelvecchio. Auch die Banca Popolare di Verona (1973–1975) wurde nach seinen Plänen errichtet. Der aus Sondrio stammende Pier Luigi Nervi (1891–1979), einer der bedeutendsten Konstrukteure in Stahlbeton, vor allem beim Hallenbau, schuf in Verona die Risorgimento-Brücke (1966) und die Bibliothek (1978). Zu den bedeutendsten Bauten der Moderne gehört das Museo d' Arte Moderna e Contemporanea di Trento e Rovereto in Rovereto (2002). Entworfen wurde das nur wenige Kilometer nordöstlich des Gardasees gelegene Museum von dem Tessiner Stararchitekten Mario Botta.

WUSSTEN SIE …?

… dass die Prophezeiung eines Nasenblutens einst die Region rettete? 425 traf Papst Leo I. in Desenzano del Garda Attila den Hunnen, der das Gebiet verwüsten wollte. Wenn er weiter gen Rom vorrücke, werde er ein tödliches Nasenbluten erleiden, prophezeite der Papst dem Hunnen. Attila war so abergläubisch, dass er sich über die Alpen zurückzog.

… dass Cornello dei Tasso, ein Dorf im Val Brembana nördlich von Bergamo, eine wichtige Rolle in der Geschichte der Kommunikation spielt? Die Familie Tasso (Taxis) nahm Ende des 15. Jhs. einen europaweiten Postdienst auf. Ihren Namen lieh sie der russischen Nachrichtenagentur Tass und dem »Taxi«. Es wurde nach dem Kutschendienst, den sie im 16. Jh. für die Herrscher des Heiligen Römischen Reiches betrieben, benannt.

… dass die Cascata del Serio im Val Seriana nördlich von Bergamo mit 315 m einer der höchsten Wasserfälle in Europa ist – auch wenn man ihn normalerweise nicht sieht? Das Wasser wird in ein Wasserkraftwerk geleitet, doch an bestimmten Wochenenden im Juli und August lässt man dem Wasser freien Lauf: Viele Besucher strömen dann herbei, um zuzusehen, wie die Fälle »angeschaltet« werden.

… dass die Gegend einen eigenen Heiligen hat? Carlo Borromeo wurde 1538 in Arona geboren. Mit 22 Jahren war er Kardinal, mit 26 Erzbischof von Mailand. Bekannt wurde er für seine Barmherzigkeit während eines Pestausbruchs, als er trotz der Gefahr für seine eigene Gesundheit den Opfern half. Es heißt, seine Gebete hätten die Epidemie beendet. 1610 wurde er heilig gesprochen. Er liegt im Mailänder Dom begraben, in der Nähe von Arona erinnert ein Standbild an ihn.

… dass die Commedia dell'Arte hier ihren Anfang nahm? Die Stegreifkomödie mit maskierten Charakteren hat ihren Ursprung in Bergamo, auch wenn nicht alle genannten Figuren aus Bergamo stammen.

… dass man in Laveno am Lago Maggiore jedes Jahr unter Wasser eine Weihnachtskrippe sehen kann? Marmorne Statuen von Maria, Josef, den Heiligen Drei Königen und Tieren werden in den See versenkt. Am 24. Dezember kommt die Figur des neugeborenen Jesus hinzu.

Pulcinella, Arlecchino und Balanzone: Figuren der Commedia dell'Arte auf einem Porzellanteller

Das Magazin

VIVA LA **MUSICA**

Oberitalien hat der Welt die Violine geschenkt – und so verwundert es kaum, dass es besonders rund um den Gardasee eine starke musikalische Tradition gibt.

Die Violine

Gasparo da Salò (geboren 1540 in Salò am Gardasee) und Andrea Amati aus Cremona (um 1520–1580) können jeder auf seine Weise Anspruch auf die Entwicklung der modernen Violine erheben. Allerdings dürfte es wenig Widerspruch gegen die Aussage geben, dass Antonio Stradivari (um 1644–1737), der ebenfalls aus Cremona stammt, der beste Geigenbauer unter ihnen war.

Die Komponisten

Claudio Monteverdi (1567–1643) wurde in Cremona geboren und erlangte zunächst Ruhm als Komponist von Madrigalen; die erste Sammlung veröffentlichte er 1590. Zusammen mit anderen Komponisten – darunter Luca Morenzio, der bei Brescia geboren wurde – schreckte er das musikalische Establishment seiner Zeit durch den Gebrauch unvorbereiteter Dissonanzen auf. 1601 wurde er als Kapellmeister an den Hof der Gonzaga in Mantua berufen. Dort leistete er einen weiteren bedeutenden Beitrag zur Musikgeschichte: Sein 1607 uraufgeführter *Orfeo* gilt heute als die erste Oper. 1632 wurde Monteverdi Priester, komponierte aber weiterhin. 1641 entstand seine Oper *Il ritorno d'Ulisse in patria, 1642 L'incoronazione di Poppea*. Zu dieser Zeit war er bereits 75 Jahre alt.

Gaetano Donizetti, 1797 als Spross einer armen Familie in der Oberstadt von Bergamo geboren, besuchte eine Musikschule, die Choristen für den Dom von Bergamo ausbildete. Als man sein musikalisches Talent erkannte, wurde er zum Musikstudium nach Bologna geschickt. Seine erste Oper wurde in Rom aufgeführt, als er gerade 25 Jahre alt war. In den folgenden 20 Jahren war er der Liebling des italienischen Theaters und schrieb mit großem Erfolg für Opernhäuser im ganzen Land. Erst 1842, nach der Aufführung von Verdis *Nabucco*, begann Donizettis Stern zu sinken. Sein Gesundheitszustand verschlechterte sich, er kehrte nach Bergamo zurück, wo er 1848 starb. In der Kirche Santa Maria Maggiore erinnert ein Denkmal an ihn.

Erwähnt werden muss auch Giuseppe Verdi (1813–1901), der zwar nicht in der Gegend geboren wurde, aber *La Traviata* bei einem Aufenthalt in Cadenabbia am Comer See komponierte und seinen *Rigoletto* in Mantova ansiedelte. Verdi erlangte während des Risorgimento große Bedeutung, als sein Name als Akronym für *Vittorio Emanuele, Re d'Italia* (König von Italien), aufgefasst wurde: »Via Verdi« stand an vielen Gebäuden rund um die norditalienischen Seen.

Musik liegt in der Luft: Opernfestspiele in der Arena di Verona.

MEHR ALS NUR EINE GEIGE

Das Geheimnis von Stradivaris Handwerkskunst ist noch nicht ergründet. Man weiß, dass er die Wälder nach dem perfekten Baum durchforstete. Er nahm Ahorn und Fichte für den Korpus seiner Instrumente, Birnbaum und Weide für den Hals, aber seine Trocknungstechniken und die Inhaltsstoffe seiner Lacke sind noch immer unbekannt. Anne-Sophie Mutter verdanken wir die Erkenntnis, dass es »keine beste Geige der Welt« gibt, »sondern nur die, die am besten zu dir passt«. Bei ihr ist das – natürlich – eine Stradivari.

ES LEBE **DER SPORT**

Ob surfen oder kitesurfen – am Gardasee ist immer etwas geboten.

Der Gardasee ist ein Paradies nicht nur für Surfer und Segler, sondern ebenso für Radfahrer, Mountainbiker, Wanderer und Kletterer. Nicht zuletzt ist dies auch ein Ort für Weltpremieren: im Sommer 2014 etwa für das neue Elektrosurfbrett »Waterwolf«.

Baden, Segeln, Tauchen

Dank seiner schönen Strände ist der Gardasee eines der ältesten Ziele von Badeurlaubern aus dem deutschsprachigen Raum. Rund um den See gibt es Strände (Spiaggia) bzw. Strandbäder (Lido), die unterschiedlich komfortabel ausgestattet sind. Da es fast nur Kiesstrände gibt, empfiehlt es sich, Badeschuhe zu tragen. Die Wasserqualität kann während der Hauptreisezeit unter www.gardasee.de abgefragt werden.

Der Gardasee ist auch ein beliebtes Segelrevier, das sehr gern von Wochenendseglern aus dem süddeutschen Raum besucht wird. Rund um

den See gibt es etwa zwei Dutzend Segelklubs, in denen auch Gäste willkommen sind. Bei den Touristeninformationen vor Ort sind alle wichtigen Informationen zum Thema Segeln erhältlich.

Hobbytaucher finden interessante Tauchplätze vor allem vor Riva (Nordufer), Salò (Westufer) und Torri del Benaco (Ostufer) sowie vor Peschiera und Desenzano (beide Südufer).

Windsurfen & Co.

Auf dem Gardasee setzt vor Morgengrauen der *Pelèr* ein, der bis gegen Mittag von Norden weht. Nach einer Zeit relativer Windstille beginnt dann von Süden die *Ora* zu wehen, die bis abends anhält. Solch verlässliche Winde kann man als ein Geschenk der Götter für jeden Segler, Wind- oder Kitesurfer bezeichnen. Am besten sind die Winde am Nordende, wo der See schmaler ist und die umgebenden Bergketten die Luft kanalisieren und damit für noch stabilere Windverhältnisse sorgen. Wasserski ist nur beschränkt möglich, da der Einsatz von Motorbooten besonders in der Nähe beliebter Badeplätze und Windsurfreviere reglementiert ist.Ganz ohne Wind und Wellen kommt ein völlig neuer Wassersport aus, der im

Sommer 2014 in Brenzone am Gardasee Weltpremiere feierte: »Waterwolf« heißt das von dem Oberammergauer Maschinenbauingenieur Markus Schilcher, selbst ein passionierter Wellenreiter, entwickelte Elektrosurfbrett, mit dem man Geschwindigkeiten bis zu 25 km/h erreicht. Ein Riesenspaß ist der von einem Elektromotor angetriebene Ritt über die Binnengewässer allemal, sodass das neue »E-Board« (wie das E-Bike für die Radler) durchaus eine neue »Welle« (der Begeisterung) für alle Wassersportfans auslösen könnte.

Wandern, Klettern, Radfahren

Etwas ganz Besonderes ist der Monte Baldo: Da der Bergrücken während der Eiszeiten unvergletschert blieb, überlebten hier viele Reliktpflanzen die lange Kälteperiode, darunter viele Endemiten. Heute markiert er das bekannteste Wandergebiet am Gardasee: So sehr verwöhnt die Natur hier den Wanderer mit einer Pracht und Vielfalt, dass die meisten nicht nur einmal hierher kommen, sondern immer wieder.

Drei Gipfel, darunter die 2218 m hohe Cima Valdritta, akzentuieren das sich auf einer Länge von 40 km hinziehende Massiv. Zum See hin fällt es schroff ab, nach Osten läuft es in sanften Wiesenhängen aus. Von Malcesine führt eine bequeme Gondelbahn zum Gipfel, auf dessen breitem Plateau sich viele Wandermöglichkeiten bieten.

Beliebt ist der Sentiero del Ventrar, ein zweistündiger Rundweg ab der Bergstation, der allerdings Schwindelfreiheit und Trittsicherheit erfordert. An stark ausgesetzten Stellen ist er mit Seilen gesichert. Fantastisch sind die Ausblicke auf den Gardasee und Malcesine; an einem Aussichtspunkt laden sogar zwei Bänke zum Verweilen.

Oben: in einem Hochseilgarten unweit von Torbole. Linke Seite: auf der Wander- und Mountainbikeroute vom Pregasinatunnel nach Riva.

Auf der gegenüberliegenden Seeseite eröffnet der Naturpark Alto Garda Bresciano vielfältige Wandermöglichkeiten: Im Valle delle Cartiere folgt man auf bequemen Pfaden dem munter plätschernden Forellenbach von Toscolano Maderno aus zu den Ruinen mehrerer Papiermühlen.

Anspruchsvoll, dafür aber sehr aussichtsreich ist die sechsstündige Rundwanderung von Pregàsina über die Gipfel Cima della Nara und Cima al Bal. Immer wieder eröffnen sich fantastische Blicke auf den Lago di Garda und seinen kleinen, aus einem Hochtal emporleuchtenden Bruder, den Ledrosee. Vor allem die Passage zwischen den blumenübersäten Bergwiesen der Prati di Guil und dem zackigen Felskamm, der die beiden Gipfel verbindet, ist atemberaubend schön. Auch wenn nicht viel Muße bleibt für das Panorama, denn der Pfad ist schmal und ausgesetzt.

Eine kindgerechte Wanderung führt entlang der alten Ponalestraße vom Ledrotal an den Gardasee. 1851 wurde die Straße angelegt, seit einigen Jahren benützen sie nur noch Wanderer und Mountainbiker. Startpunkt ist Pregasina bzw. die Abzweigung der alten Straße oberhalb des Tunnels, rund 200 m vor dem Ort. In steilen Serpentinen schlängelt sich der Weg rund 300 Höhenmeter bergab in Richtung Gardasee und folgt dann in einiger Höhe über dem Wasser und durch mehrere Tunnels dem Westufer nach Norden in Richtung Riva. Links steigt der Fels fast senkrecht empor, rechts fällt er ebenso steil in den See. Nicht immer ist ein sicherndes Geländer vorhanden. Für die Kinder empfehlen sich Stirnlampen, um die dunklen Tunnels und vielen Höhlen zu erkunden. Etwa zweieinhalb Stunden später erreicht man Riva, wo der See, hier noch an einen norwegischen Fjord erinnernd, seinen nördlichen Anfang nimmt.

Auch für passionierte Radler gibt es rund um den Gardasee eine breite Palette von Möglichkeiten. Sie reicht von geruhsamen Radtouren in der Ebene über Fahrten entlang der Seeufer bis hin zu schweißtreibenden Bergtouren. Alle touristischen Informationsstellen (► 38f) und der Touring Club Italiano haben gutes Informations- und Kartenmaterial. Schöne Bergfahrten mit dem Rad lassen sich im Hinterland des nördlichen Gardasees unternehmen – besonders bei Arco, Riva und Torbole. In Torbole gibt es einen Shuttle-Service, der die Radfahrer auf die Berge bringt. Ein Paradies für Mountainbiker ist zudem der bereits oben erwähnte Naturpark Alto Garda Bresciano.

Nicht zuletzt kann man in der Umgebung des Gardasees auch gut klettern. Mekka der Freeclimber ist Arco am Nordende des Gardasees, wo alljährlich internationale Meisterschaften ausgetragen werden.

Biker finden am und um den Gardasee ideale Bedingungen für ihren Sport.

Erster Überblick

Ankunft

Mit dem Flugzeug

Der Gardasee ist wie auch die übrigen oberitalienischen Seen gut ans Luftverkehrsnetz angebunden. Sieben Flughäfen gibt es zwischen Malpensa (nahe dem Lago Maggiore) im Westen und Venedig im Osten, das nur eine Stunde Fahrt vom Gardasee entfernt liegt.

Flughafen Mailand-Linate

- Linate ist neben Malpensa einer der beiden Hauptflughäfen von Mailand. Er liegt **2 km** östlich des Mailänder Autobahnrings und 7 km vom Stadtzentrum entfernt (Tel. 02 23 23 23, www.milanolinate.eu/en).
- **Kommen Sie von Süden zum Flughafen**, liegt die Ausfahrt rechts. Wenn Sie jedoch von Norden kommen, liegt die Ausfahrt auf der linken Seite – sie kommt für viele überraschend, da sie erst relativ spät ausgeschildert ist.
- Alitalia, Lufthansa, Air Dolomiti und Swiss **fliegen Linate von Frankfurt bzw. Zürich an**, German Wings bietet eine Verbindung ab Berlin.
- Alle größeren **Mietwagenfirmen** sind am Flughafen vertreten.
- Wenn Sie **zum Lago d'Orta, Lago Maggiore, Lago di Lugano oder Lago di Como fahren**, nehmen Sie am besten die Autobahn nach Süden (Richtung Bologna und Genua), folgen dem Ring vorbei an den Abfahrten zur A1, A7 und A4 und nehmen dann die A8 nach Norden. Die A8 führt nach Varese, die A8/A26 zum westlichen Lago Maggiore und zum Lago d'Orta. Über die Ausfahrt Sesto Calende (Sesto C) erreicht man den östlichen Lago Maggiore.
- Nach **Lugano und Como** nimmt man, von der A8 kommend, am besten die A9. Für die schweizerischen Autobahnen braucht man eine Vignette.
- Um nach **Bergamo, Brescia, Verona oder zum Gardasee** zu gelangen, fahren Sie auf dem Mailänder Autobahnring nach Norden und folgen dann der A4 Richtung Venedig.
- Wenn Sie **mit dem Zug weiterreisen**, müssen Sie zunächst in die Mailänder Innenstadt fahren. Am einfachsten geht das mit dem Stadtbus 73 – nehmen Sie den Hauptausgang, und halten Sie sich dann etwas links. Fahrkarten muss man vor dem Einsteigen kaufen, es gibt sie an den Kiosken im Flughafen (1,50 Euro). Der Bus braucht etwa 25 Minuten nach San Babila (Endstation). Von dort fährt die U-Bahn zum Hauptbahnhof, der Stazione Centrale.
- Der **Star-Fly-Bus** fährt alle 30 Minuten direkt vom Flugplatz zum Hauptbahnhof und benötigt dafür etwa eine halbe Stunde. Das Fahrgeld (4 Euro) bezahlt man im Bus.
- **Taxis** vom Flughafen sind teuer.

Flughafen Mailand-Malpensa

- Malpensa liegt in der Nähe von Gallarate im Süden des Lago Maggiore, **6 km** von der Autobahn A8 und 50 km vom Mailänder Stadtzentrum entfernt (Tel. 02 23 23 23, www.milanomalpensa1.eu/en).
- Viele große Airlines fliegen Malpensa an, darunter **Alitalia**, **Lufthansa**, **Germanwings**, **Air Berlin**, **Austrian Airlines**, **Swiss**.
- Alle größeren internationalen und nationalen **Mietwagenfirmen** sind am Flughafen vertreten.
- Es gibt eine **Zugverbindung**, den Malpensa Express, der zwischen Terminal 1 und Stazione Centrale sowie Cadorna in Mailand verkehrt. Die Fahrt dauert etwa 45 Minuten und kostet 11 Euro im Ticketbüro. Die

Züge fahren halbstündlich den ganzen Tag über. Von Terminal 1 und 2 fährt auch der Malpensa Shuttle Air Pullman zum Zentrum. Er kostet 10 Euro, braucht aber eine Stunde. Der Bus fährt alle 30 Minuten zum Hauptbahnhof.

- Es gibt **Shuttlebusse** zwischen Malpensa und Linate.

Flughafen Bergamo Orio al Serio

- **Lufthansa, Air Dolomiti, Alitalia** und **Ryanair** fliegen Orio al Serio an.
- Der Flughafen liegt **5 km** südöstlich der Stadt und in der Nähe der Autobahn A4 (Tel. 035 320402; www.sacbo.it).
- **Mietwagenfirmen** sind am Flughafen vertreten.
- **Busse** fahren vom Ausgang des Hauptankunftsterminals zum Hauptbahnhof in Bergamo. Tickets kosten 2 Euro.
- Busse fahren nach **Brescia und Mailand**.

Flughafen Brescia Gabriele d'Annunzio

- **Ryanair** fliegt den Flughafen Gabriele d'Annunzio an.
- Der Flughafen liegt **20 km** südöstlich der Stadt nahe Montichiari (Tel. 0309656599; www.aeroportobrescia.it).
- **Mietwagenfirmen** sind am Flughafen vertreten.
- **Busverbindungen** (der Ryanairflüge) vom Flughafen (vor dem Ausgang des Hauptankunftsterminals) zum Busbahnhof in der Stadt (Stopp 24) und zum Bahnhof. Die Fahrt dauert 30 Minuten und kostet 6 Euro (keine Ermäßigung für Rückfahrkarten). Es gibt auch Busse zum Bahnhof in Verona. Sie brauchen etwa eine Stunde und kosten 11 Euro (Rückfahrt 16 Euro).
- **Taxis** fahren im direkten Transfer in die Stadt oder nach Desenzano del Garda. Letzteres kostet etwa 35 Euro und dauert rund 35 Minuten.

Flughafen Verona Valerio Catullo in Villafranca

- **Air Dolomiti** fliegt von Frankfurt (Main) nach Villafranca.
- Der Flughafen liegt **8 km** nordwestlich der Stadt (Tel. 0458095666; www.aeroportoverona.it). Gut erreichbar ist die A22 (und über sie die A4).
- **Mietwagenfirmen** sind am Flughafen vertreten.
- **Busse** fahren alle 20 Minuten vom Flughafen zum Bahnhof Porta Nuova in Verona. Die Fahrt dauert etwa 15 Minuten und kostet 6 Euro.
- **Taxis** zum Bahnhof kosten tagsüber etwa 16 Euro, abends 18–19 Euro. Sie brauchen vergleichbar lang wie die Busse.

Flughafen Treviso Ancillotto

- **Ryanair** fliegt von Frankfurt-Hahn, Bremen und Düsseldorf-Weeze Treviso an.
- Der Flugplatz liegt **5 km** westlich der Stadt (Tel. 0422315111; www.trevisoairport.it).
- Ryanair unterhält einen **Busservice** zwischen Flughafen und dem Piazzale Roma in Venedig, Kosten 7 Euro (Rückfahrt 13 Euro). Der Bus braucht etwa 40 Minuten.
- **Buslinie 6** verbindet den Flughafen mit dem Bahnhof von Treviso und dem Stadtzentrum. Der Bus braucht etwa 15 Minuten und kostet 2 Euro. Vom Bahnhof fahren zwischen 5 Uhr und 23.45 Uhr alle 30 Minuten Züge nach Venedig.
- Treviso eignet sich gut für solche Reisende, die ein **Auto mieten** wollen, um vor Ort mobil zu sein. Folgen Sie der N13 nach Süden Richtung Venedig, um auf die A4 zu gelangen.

Erster Überblick

Flughafen Venedig Marco Polo

- **Lufthansa, Germanwings, Air Dolomiti, Air Berlin und Swiss** fliegen Venedig an.
- Tel. 0412606111, www.veniceairport.it
- Der Transport per **Bus** oder **Vaporetto** nach Venedig ist gut organisiert. Busse zu den Seen fahren alle 15 Minuten zum Bahnhof in Mestre; dort bestehen Zugverbindungen Richtung Westen. Die Fahrt dauert etwa 20 Minuten und kostet 3 Euro.
- **Mietwagenfirmen** sind am Flughafen vertreten.
- Vom Flughafen ist die **Autobahn A4** gut zu erreichen.

Mit dem Auto

- Mit dem Auto überqueren Sie südlich von Innsbruck den Brenner und folgen der A22 zum nördlichen Gardasee und nach Verona. Von Luzern aus stellt der St.-Gotthard-Pass die schnellste Verbindung dar, über den Lago di Lugano und die A9 kommen Sie nach Como.

Mit dem Zug

- Züge verbinden alle großen europäischen Städte mit Mailand und Venedig. Alle haben Anschluss nach Verona.

Mit dem Bus

- Eurolines unterhält einen Fernbusservice zwischen 31 größeren europäischen Städten, darunter Frankfurt, Hamburg, Mailand und Venedig.

Touristeninformation

Lombardei

Via Marconi 1, Mailand (neben dem Dom)
Tel. 02 72 52 43 01; www.milanoinfotourist.it
Haupttouristeninformation für Mailand und die Lombardei

Via Tasso 8, Bergamo
Tel. 035387111, www.apt.bergamo.it

Piazza Loggia 6, Brescia
Tel. 0302400357; www.bresciaholiday.com

Piazza Cavour 17, Como
Tel. 031330011; www.lakecomo.com

Via Carobbio 2, Varese
Tel. 0332283604; www.vareselandoftourism.it

Piemont

Corso Cavour 2, Novara
Tel. 0321378443; www.piemonteitalia.eu/de

Trentino/Alto Adige

Via Romagnosi 11, Trento
Tel. 0464443111
Hier befindet sich die Zentrale, für den Gardasee ist folgende Adresse besser:
Piazza Medaglie d'Oro 8, Riva del Garda
Tel. 0464554444, www.gardatrentino.de

Veneto
Piazza XXV Aprile (Hauptbahnhof), Verona
Tel. 0458000861; www.tourism.verona.it

Alle Städte und die meisten Dörfer haben eine eigene Touristeninformation. Die meisten Büros öffnen saisonabhängig.
Denken Sie daran: Bei einem Anruf aus dem Ausland nach Italien muss man (über Festnetz) die 0 der Ortsvorwahl mitwählen.

Unterwegs am Gardasee

Busse

- Auf den **Uferstraßen** der größeren Seen und am Ostufer des Lago d'Orta verkehren Busse.
- Am **Gardasee** verbindet Buslinie 80 Riva del Garda und Desenzano del Garda; die Linien 62 und 64 verkehren zwischen Riva del Garda und Verona. Die Linie 26 führt von Brescia über Desenzano und Sirmione nach Verona und zurück.

Taxis

- Taxis sind **teuer** und für längere Fahrten nicht die beste Option.
- Sie haben **Taxameter**, fragen Sie vor dem Einsteigen nach dem Endpreis.
- **Taxistände** gibt es in allen größeren Orten.

Züge

- Zwischen den lombardischen Städten bestehen **schnelle Zugverbindungen**. Von der Hauptstrecke gibt es Nebenlinien zum Ostufer des Lago d'Orta, zum Westufer des Lago Maggiore bis zum Fluss Toce, zum Ostufer des Lago Maggiore bis in die Schweiz, zum Ostufer des Lago Lecco/Lago di Como und zum Ostufer des Lago d'Iseo.
- Der **Lago di Lugano** hat **wenig Anbindung**, ebenso der Gardasee. Bahnhöfe gibt es hier nur in Desenzano und Peschiera.

Schifffahrt

Auf den sechs großen Seen sind **die wichtigsten Städte durch Dampferlinien verbunden**. Die Fahrpläne ändern sich mit der Jahreszeit (im Winter gibt es weniger Verbindungen). Achten Sie also auch auf die Angaben vor Ort. Infos im Internet: www.navlaghi.it

- Generell gilt: Am frühen Morgen und am späten Nachmittag gibt es **Pendlerdienste** zwischen den größeren Ortschaften.
- Es gibt **zwei Arten von Dampfern:** Die dieselgetriebenen Schiffe fahren langsam um den See. Die schnelleren Tragflügelboote (aliscafo) fahren seltener und laufen auch weniger Stationen an.

Fähren

- Auf den **drei großen oberitalienischen Seen** verkehren Autofähren zwischen folgenden Städten: Verbania und Laveno auf dem Lago Maggiore, Menaggio, Varenna und Bellagio auf dem Lago di Como sowie Toscolano-Maderno und Torri del Benaco (sowie im Sommer auch zwischen Limone und Malcesine) auf dem Gardasee.
- Die Fähren kreuzen den See jeweils **in beide Richtungen** und fahren in der Saison etwa alle halbe Stunde.

Erster Überblick

- Der **Fahrpreis richtet sich nach der Größe des Autos und der Zahl der Passagiere**, ist aber moderat im Vergleich zu Dauer und Kosten einer Fahrt über Land.

Autofahren

- Die italienischen Straßen sind ausgezeichnet. Die ***autostrade*** **sind abschnittweise nur zweispurig**, sodass hinter einem Konvoi langsamer Lkws Staus entstehen können.
- Die **Straßen entlang der Seen** sind gut ausgebaut; mancherorts ist erhöhte Vorsicht geboten, z. B. am Ostufer des Lago Maggiore, auf der Straße von Como nach Bellagio und auf den schmalen Straßenabschnitten am Ostufer des Gardasees.
- Die **Einheimischen** fahren unter Umständen recht schnell und halten sich, besonders in den Städten, nicht unbedingt an die Fahrspuren.

Allgemeine Verkehrsregeln

- Das Anlegen der **Sicherheitsgurte** auf den Vorder- und Rücksitzen ist vorgeschrieben.
- Für **Kinder von drei bis zwölf Jahren** ist ein Rückhaltesystem obligatorisch.
- Für **Kinder unter vier Jahren** ist ein Kindersitz vorgeschrieben.
- **Kinder zwischen vier und zwölf Jahren** müssen hinten sitzen.
- Während der Fahrt ist das **Telefonieren per Handy** verboten.
- **Motorradfahrer** müssen einen Sturzhelm tragen.
- Autofahrer müssen **Warndreieck und Ersatzlampen** sowie eine **Warnweste** zwingend mitführen. Die Weste muss bei Notfällen außerhalb des Fahrzeugs getragen werden.
- Außerhalb geschlossener Ortschaften muss man auch tagsüber mit **Abblendlicht** fahren.
- Die **Höchstgeschwindigkeit** beträgt auf Autobahnen 130 km/h, auf Schnellstraßen 110 km/h, auf Nebenstrecken 90 km/h. Innerorts gilt Tempo 50.
- Die **Alkoholgrenze** liegt bei 0,5 Promille. Es werden **Zufallskontrollen** durchgeführt, die Strafen sind empfindlich.
- **Parkvergehen** in Städten ziehen häufig eine Sofortstrafe nach sich. Sie dürfen erst weiterfahren, wenn Sie bezahlt haben.
- Die italienischen Autobahnen sind **gebührenpflichtig**. Ziehen Sie ein Ticket bei der Auffahrt und bezahlen Sie bei der Abfahrt. Die Maut kann man bar bezahlen, per Kreditkarte oder per VIACARD. Letztere ist von begrenztem Nutzen, es sei denn, man legt große Entfernungen zurück oder benutzt oft Autobahnen.
- An den Autobahnen gibt es eine Reihe von **Servicestationen**, die von einfachen Tankstellen mit Erfrischungen und Toiletten bis hin zu größeren Komplexen mit Läden und Restaurants variieren.

Mit dem eigenen Auto

Wenn Sie mit dem eigenen Auto anreisen, benötigen Sie:

- einen **gültigen Führerschein**,
- die **nationale Zulassung**.
- Das Mitführen der Internationalen **Grünen Versicherungskarte** ist zwar für EU-Bürger nicht vorgeschrieben, wird aber empfohlen, um bei einem Schadensfall vollen Versicherungsschutz zu haben. Ansonsten gilt die gesetzlich vorgeschriebene Minimalhaftpflicht.
- Der Automobile Club Italia (ACI) bietet einen **Pannendienst**, Tel. 80 31 16.

Übernachten

In diesem Reiseführer werden Unterkünfte aller Kategorien vorgestellt. Standards und Preise – besonders zur Haupturlaubszeit der Italiener um Ferragosto (15. Aug.) – sind mit denen nordeuropäischer Länder vergleichbar.

Hotelreservierung

- In der Hochsaison empfiehlt sich eine Reservierung.
- Im Frühjahr und Herbst ist das Reisen ohne Reservierung leichter; beachten Sie aber, dass einige Hotels nur in der Sommersaison geöffnet haben.
- Die meisten Touristeninformationen führen Hotellisten, einige bieten gegen ein geringes Entgelt einen Reservierungsservice an.

Italienische Hotelbewertung

- Die italienische Hotelklassifizierung basiert eher auf Einzelmerkmalen als auf dem Gesamtstandard des Hotels. Ein Schwimmbecken kann einem 3-Sterne-Haus zu einem 4. Stern verhelfen; fehlt das Becken, wird ein 4-Sterne-Hotel möglicherweise auf 3 Sterne heruntergestuft.

Preise

- Der **Preis** wird **pro Zimmer** und nicht pro Person angegeben.
- Die Preise variieren je nach Saison. Außerhalb der Hauptsaison und spät am Tag kann man unter Umständen einen niedrigeren Preis aushandeln, aber rechnen Sie nicht allzu fest damit.
- Frühstück ist nicht immer im Preis enthalten. Prüfen Sie, ob der angegebene Preis *con colazione* (mit Frühstück) ist. Anderenfalls fragen Sie, was das Frühstück kostet und was es enthält. In größeren, teureren Hotels gibt es häufig ein Büffet. In kleinen, preiswerten Hotels werden dagegen nur Brot, Hörnchen und Kaffee serviert. Meist bekommen Sie ein solches »italienisches« Frühstück billiger in der Bar um die Ecke.
- Für Zimmer mit Seeblick wird normalerweise ein Aufschlag erhoben.

Privatzimmer

- Privatzimmer sind in Oberitalien weit verbreitet, besonders im Gardaseegebiet, wo man oft Schilder mit dem Hinweis *Zimmer (camere)* sieht.
- Ein solches Zimmer für ein oder zwei Nächte zu mieten hat den Vorteil, dass man einen Blick hinter die Fassade werfen kann und ein ursprünglicheres Italien kennen lernt. Manchmal bekommt man auch ein Abendessen.

Camping

- Camping ist in Italien beliebt, aber nicht an allen Seen möglich.
- Am Lago d'Orta gibt es keine Plätze direkt am Ufer, nahe Orta San Giulio und Pettenasco aber einige in Seenähe.
- Während es am Lago d'Iseo vereinzelte Plätze gibt, präsentiert sich die Ostküste des Gardasees praktisch als ein einziger langer Campingplatz. Die Plätze hier reichen von gut bis ausgezeichnet und bieten familienfreundliche Unterkunft für jeden.

PREISKATEGORIEN

Für ein Doppelzimmer, gewöhnlich inklusive Frühstück, gelten folgende Preise:

€ unter 80 Euro **€€** 80–130 Euro **€€€** über 130 Euro

Essen und Trinken

Die italienische Küche (➤ 20) ist für manchen einer der Hauptgründe für eine Reise nach Italien. Das Essen wird immer gut zubereitet, egal ob man im Spitzenrestaurant oder in einer einfachen Trattoria einkehrt.

Spezialitäten
- **Pasta** und eine überraschende Vielfalt an Reisgerichten.
- **Süßwasserfisch**
- **Fleischspezialitäten**, besonders in den Bergregionen oberhalb der Seen.
- **Weine der Region** sind u. a. Barolo, Bardolino und Valpolicella.

Restaurants
Die Unterschiede zwischen Pizzeria, Trattoria und Ristorante verwischen mitunter.
- Im Allgemeinen ist eine **Pizzeria** ein preiswertes Lokal, in dem Sie verschiedene Pizzen, aber auch Nudelgerichte sowie Salate bestellen können.
- Die **Trattoria** hat eine umfassendere Speisekarte, aber Karte und Essen sind bodenständig und relativ unspektakulär.
- Ein **Ristorante** hat zumeist die umfangreichste Speisekarte mit einer größeren Auswahl und kreativeren Gerichten.

Trinkgeld
- Die meisten Restaurants setzen **pane e coperto** (Brot und Gedeck) zusätzlich auf die Rechnung.
- Es ist üblich, zusätzlich zum *coperto* **ein Trinkgeld** zu geben.

Essenszeiten
- Die Italiener essen zwischen 7 und 9 Uhr ein **leichtes Frühstück**.
- **Mittags** schließen viele Geschäfte für einige Stunden. Man kann sich also Zeit lassen; gegessen wird ungefähr zwischen 12 und 14 Uhr.
- Das **Abendessen** ist die Hauptmahlzeit, gegessen wird ab 19 Uhr.

Getränke
- Restaurantgäste bestellen Mineralwasser entweder mit *(gasata* bzw. *con gas)* oder ohne Kohlensäure *(naturale* bzw. *senza gas).*
- **Wein** wird normalerweise mittags und abends getrunken. Lokale Tropfen sind durchaus empfehlenswert, da oft eine Art von Partnerschaft zwischen dem Restaurantbesitzer und einer örtlichen *cantina* besteht.
- **Kaffee** wird in verschiedenen Varianten nach dem Essen serviert.

Bars
- Wenn Sie tagsüber einen Kaffee trinken möchten, gehen Sie in eine **Bar**. Das Trinken am Tresen heißt *al banco*, an den Tischen gelten höhere Preise.
- In einer Bar muss man üblicherweise das Getränk zuerst an der Kasse bezahlen. Die Kassiererin händigt Ihnen eine **Quittung** aus, die Sie der Bedienung hinter der Bar geben.

Preise:
Die Preise gelten für ein Drei-Gänge-Menü ohne Getränke und Service:
€ unter 30 Euro **€€** 30–60 Euro **€€€** über 60 Euro

Einkaufen

Leder ist allgemein eine italienische Spezialität – Schuhe, Handtaschen und Jacken sind stets von höchster Qualität. Die Städte Como und Bellagio sind berühmt für ihre Seidenprodukte. Bardolino und Valpolicella im Osten und Barolo im Westen des Gardasees sind bekannte Weinbaugebiete; außerdem ist der Gardasee für sein Olivenöl berühmt.

Flohmärkte

Bergamo (Fußgängerzone Bergamo Alto) Jeden dritten Sonntag im Monat (außer Aug.), ein typischer Flohmarkt mit allem Möglichem.

Brescia (Piazza della Vittoria) Jeden zweiten Sonntag im Monat (außer Juli, Aug.), besonders Antiquitäten, Möbel und Kunstobjekte.

Como (Piazza San Fedele) Jeden ersten Samstag im Monat, besonders Antiquitäten und Kunstobjekte.

Cremona (Via Dante Alighieri) Jeden dritten Sonntag im Monat, besonders Möbel und Kunstobjekte.

Mantua (Piazza Castello) Jeden dritten Sonntag im Monat, besonders Antiquitäten.

Varese (Piazza Montegrappa) Jeden ersten Sonntag im Monat, besonders Antiquitäten und Kunstobjekte.

Verona (Porta Palio) Jeden ersten Sonntag im Monat, besonders Antiquitäten, Kunstobjekte und Kunsthandwerk.

Ausgehen

Wie es sich für ein (fast) mediterranes Reiseziel gehört, gibt es am Gardasee und in Verona ein reges Nachtleben. In zahlreichen Diskotheken und Clubs kann man sich bis in die frühen Morgenstunden austoben.

Die angesagten Adressen ändern sich stets und ständig, besonders beliebt sind die Clubs bei Desenzano und in Bardolino. Aber auch ohne Laser-Light-Shows und Soundgewitter kann man am Gardasee nachts einiges erleben. In der Hochsaison sind die Uferpromenaden und Altstädte stimmungsvoll beleuchtet. Auf Straßen und Plätzen spielen Musiker und Bands, zeigen Straßenkünstler, was sie können, und die Restaurantwirte tischen gut und gerne bis Mitternacht im Freien auf. Vielerorts gibt es Open-Air-Partys, Pop- und Rockkonzerte oder Feuerwerke – langweilig kann es einem an solchen Sommerabenden am Gardasee nicht werden.

Veranstaltungen

- **Januar** Am 1.1. findet in Magugnano (Brenzone) ab 15 Uhr das traditionelle *Neujahrsschwimmen* im See statt – egal, wie das Wetter und wie eiskalt das Wasser ist.

- **März** *Festa di Mezzaquaresima:* Drei Wochen vor Ostern, in der Mitte der Fastenzeit, wird in Limone die *mezza quaresima* begangen. Das ist kein Fastenbrechen – gläubige Christen essen nach wie vor kein Fleisch –, aber es gibt Fisch in Hülle und Fülle. Und da dieser bekanntlich schwimmen muss, wird dazu Weißwein ausgeschenkt.
- **Juni** *Festa del Nodo d'Amore:* Die Tortellini wurden in Valeggio erfunden. Deshalb wird an jedem dritten Dienstag im Juni die 600 m lange Visconti-Brücke zum Riesen-Open-Air-Restaurant. 4000 Menschen feiern auf der Brücke die Festa del Nodo d'Amore mit mehr als 600000 *Nodi d'Amore,* Liebesknoten, wie Tortellini in Valeggio genannt werden.
- **Juni–September** *Malcesine e l'Europa:* In Malcesine werden in schönem Rahmen und vor herrlicher Kulisse auf der Freilichtbühne bei der Burg Sommerkonzerte veranstaltet, außerdem gibt es Theateraufführungen.
- **Juli** *Regatta Bisse:* Ein spätabendliches Bootsrennen auf dem südlichen Gardasee, Start ist in Bardolino. Gerudert wird, anknüpfend an Traditionen der venezianischen Republik, im Stehen, und zwar in schönen alten Booten. Der historische Wettbewerb wird eingeleitet mit einem Umzug der Fahnenschwinger.
- **Juli/August** *Opernfestspiele* in der Arena di Verona.
- **August** *Notte di San Lorenzo:* Eine ganz besondere Nacht ist die am 10. August, wenn es Sternschnuppen »regnet«. Ganz Italien guckt dann in den Himmel, in Peschiera wird in der Sternschnuppennacht ein wahres Volksfest veranstaltet, begleitet von Leckereien und Musik.
  Palio delle Contrade heißt ein Wettkampf zwischen den Stadtvierteln von Garda, bei dem jedes Jahr am 15. August ein nächtliches Kanurennen ausgetragen wird. Je vier Ruderer in Booten, wie sie früher zum Transport und Fischfang eingesetzt wurden, treten gegeneinander an. Die Sieger dieses auf eine venezianische Tradition zurückgehenden Rennens werden mit einem Feuerwerk gefeiert.
  Notte d'Incanto: Ebenfalls zu Ferragosto am 15. August werden bei der »Zaubernacht« in Desenzano Tausende von schwimmenden Lämpchen und Kerzen zu Wasser gelassen.
- **September** *Centomiglia:* Jedes Jahr Anfang September startet im Jachthafen von Bogliaco (Gargnano) die »Hundert-Meilen-Regatta« (Centomiglia), die renommierteste Segelregatta am Gardasee.
  Rock Master: Bei Arco werden jedes Jahr im September die internationalen Meisterschaften im Freeclimbing ausgetragen.
- **September/Oktober** *Festa dell' Uva:* Seit mehr als sechs Jahrzehnten wird in Bardolino im Herbst ein großes Weinfest am Hafen und an der Uferpromenade veranstaltet. Eine gute Gelegenheit, sich durch die Bardolino-Weine zu probieren! Wenn es dunkel wird, gibt's ein Feuerwerk.
- **November** *Santa-Caterina-Tag:* In Castelletto di Brenzone wird Ende November groß gefeiert, wenn alle Oliven geerntet sind und in den Ölpressen die ersten Tropfen des jungen Öls fließen. Das neue, kalt gepresste Extra Vergine kann man am Santa-Caterina-Tag bei den Produzenten probieren und kaufen.

Westlicher Gardasee

Kleine Erlebnisse

In die Tiefe blicken

400 m fällt die **Schauderterrasse** des »Hotel Paradiso« in Pieve di Tremosine (➤ 63, 158) senkrecht zum See ab. Also einfach hingehen und – schaudern!

Lichter im See

Bei der jährlich zu Ferragosto am 15. August in Desenzano (➤ 44, 67) gefeierten **Notte d'Incanto** schwimmen Tausende mit Kerzen geschmückte Schiffchen im See.

Im Wasser schlafen

Im Lago della Luna mit seinem hohen (10 %) Salzgehalt kann man sich wie im Toten Meer quasi im Wasser »zum Schlafen legen«: bestes **Spa-Erlebnis** am See, im »Lefay« (➤ 69), auch für Nicht-Hausgäste.

Erste Orientierung

Die Westküste des Gardasees (Lago di Garda) wird häufig als die schönere und als »die italienische Seite« bezeichnet – was aber so heute nicht mehr stimmt. Obwohl die Terrasse zwischen den Bergen und dem Ufer schmal ist, ließen sich die Reichen früher auf dieser Seeseite ihre traumhaften Villen bauen. Dort, wo die Felsen direkt zum Wasser abfallen, muss sich die Uferstraße ihren Weg durch den Felsen bahnen.

Die viel gerühmte *Gardesana Occidentale*, für die 74 Tunnels in die Steilhänge gesprengt werden mussten, führt am Westufer des Sees entlang von Riva del Garda im »hohen Norden« bis ins südliche Salò. Fast überall streben hier Felswände steil gen Himmel, trotzdem haben sich entlang der Straße sowie oberhalb an den Hängen liebenswerte Ortschaften eingerichtet, die alle einen ganz eigenen Charme verspüren. Zu den Sehenswürdigkeiten zählen prachtvolle Anwesen wie das Vittoriale des exzentrischen Dichters Gabriele d'Annunzio in Gardone, das mit dem Botanischen Garten, der Fondazione André Heller, gleich eine weitere Attraktion zu bieten hat. Das sich südlich anschließende Salò war unter Mussolini zwei Jahre lang die Hauptstadt der faschistischen Repubblica Sociale Italiana. Zum Glück erwies sich die formidable Lage des Orts – eine der schönsten am ganzen See – als weitaus beständiger denn die Republik von Salò.

Erst mit dem Bau der *Gardesana Occidentale* entwickelten sich die Orte am Westufer des Sees zu Touristenmagneten.

Dass die Westküste des Gardasees auch »Limonenriviera« genannt wird, verweist auf jene Südfrüchte, die schon der italienreisende Goethe besang und die erstmals am See in dem ehemaligen Fischerdörfchen Limone angebaut wurden. Wer von der Küste auf die Hochplateaus von Tignale und Tremosine fährt, findet dort ländlichen Frieden vor.

TOP 10

Nicht verpassen!

Nach Lust und Laune!

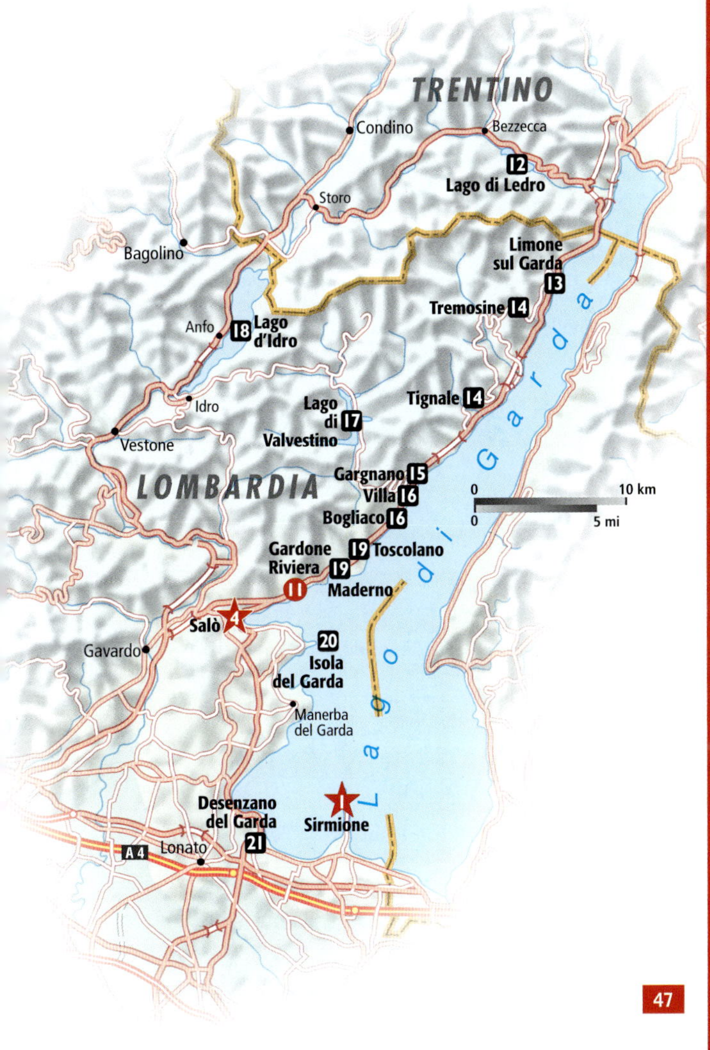

In zwei Tagen

Dieser Routenvorschlag zeigt Ihnen, wie Sie einige der interessantesten Sehenswürdigkeiten am westlichen Gardasee an zwei Tagen besichtigen können. Die jeweiligen Highlights werden auf den nächsten Seiten näher beschrieben.

Erster Tag

Vormittags und mittags

Starten Sie schon früh in 13 **Limone sul Garda** (➤ 62) Richtung Süden auf der Seeuferstraße. Nach 6 km und vier Tunnels biegen Sie dann rechts ab in die Straße nach Tremosine und weiter nach Tignale. Folgen Sie der Spazierfahrt (➤ 158) über die schöne Hochebene. Statten Sie der Kirche Madonna di Monte Castello (➤ 63; Abb. rechts) einen Besuch ab und genießen Sie den Ausblick. Steuern Sie unterwegs die Panorama-Aussichtspunkte an und freuen Sie sich am Blick über den See und das Ostufer. Sie fahren nun bergab und treffen bei 15 **Gargnano** (➤ 64) wieder auf die Uferstraße. Essen Sie in Gargnano einen Snack, vielleicht in der *Bar Azzurra* an der Piazza Zanardelli 9.

Nachmittags

Fahren Sie auf der Uferstraße nach Süden. Halten Sie kurz in 19 **Toscolano-Maderno** (➤ 67), bevor es weitergeht nach 11 **Gardone Riviera** mit dem Besuch des **Vittoriale** (➤ 58).

Abends

Entspannen Sie sich in einem der Café-Restaurants an der Promenade von Gardone, wo Sie auch übernachten können (➤ 69). Machen Sie dann einen Spaziergang am Seeufer entlang, und genießen Sie die Kühle des frühen Abends. Essen Sie später in der Trattoria da Marietta in der Via Montecucco.

Zweiter Tag

Vormittags

Brechen Sie wieder früh auf, sodass Sie vor den Besucherströmen in 4 **Salò** (➤ 55) sind, wo die Suche nach einem Parkplatz in der Hochsaison zu einem echten

Problem werden kann. Hauptattraktion des Ortes ist der Dom. Am Lungolago erinnert eine Statue an den berühmten Geigenbauer und Kontrabassisten Gasparo da Salò.

Später Vormittag/Mittag

Auf der Fahrt von Salò nach 21 **Desenzano** (➤ 67) genießen Sie die immer neuen Ausblicken auf den See und die 20 **Isola del Garda** (➤ 67). In Desenzano können Sie am alten Hafen oder an der nahe gelegenen Piazza Malvezzi essen. Das Ristorante Caffè Italia (Nr. 19) ist empfehlenswert.

Nachmittags

Nun geht es nach ★1 **Sirmione** (➤ 50), das nur eine kurze Fahrt entfernt am Südufer liegt. Folgen Sie dem vorgeschlagenen Spaziergang (➤ 156) durch die Stadt. Er führt Sie zu den bedeutendsten historischen Stätten. Am späten Nachmittag können Sie sich für eine der vielen Einkehrmöglichkeiten zum Kaffeetrinken entscheiden und dem Spiel von Licht und Schatten auf dem Wasser zuschauen.

Abends

Zum Abendessen empfiehlt sich die Trattoria La Fiasca in der Via Santa Maria Maggiore. Anschließend können Sie noch einen kleinen Spaziergang machen, während am Firmament schon die ersten Sterne leuchten über dem so romantisch gelegenen und malerischen Ort.

Sirmione

Wenn Sie die Autobahn A4 an der Ausfahrt Sirmione/San Martino verlassen oder der Straße entlang dem Südufer des Sees folgen, kommen Sie nach Colombare, von dem aus eine Straße nach Sirmione abzweigt. Die 4 km lange Fahrt führt zunächst geradeaus, dann wird die Halbinsel zunehmend schmaler, sodass es scheint, als habe der See den Seitenstreifen überspült. Schließlich wird die Straße wieder breiter und mündet in einen Parkplatz (Sirmione ist autofrei, deshalb müssen Sie Ihr Auto hier abstellen). Freuen Sie sich nun auf eine der zauberhaftesten Ortschaften am Gardasee.

Der Zugang zur Stadt erfolgt über eine Zugbrücke und ein Tor in der Stadtmauer, die im 13. Jh. von den Skaligern, den Herren von Verona, gebaut wurde. Vor den Skaligern, die neben der Stadtmauer auch die Burg errichteten, hatten die Römer in Sirmione gelebt.

Burg

Die Rocca Scaligera wurde von Mastino I. della Scala als Garnison und Hafen für seine Galeerenflotte erbaut. Neben Dante haben Dutzende Künstler den Bau bewundert. Die Burg ist heute zwar leer, aber allein der hinreißende Blick vom Hauptturm, der sich 47 m über dem See erhebt, ist einen Besuch wert. Türme und Wehrgang der Rocca sind von Schwalbenschwanzzinnen gekrönt. Das angeschlossene Museum zeigt Steintafeln und Galeeren.

Altstadt

Hinter der Burg drängt sich Sirmione auf rund der Hälfte der 70 ha großen Spitze der Halbinsel zusammen. Der Ort ist ein Gewirr aus Gassen und Straßen. Wenn man sich

Sirmiones Skaligerburg wurde bereits im 13. Jh. teils aus Natursteinen, teils aus Ziegeln errichtet, um die ihr vorgelagerte Altstadt zu schützen.

VOM LEBEN UND DER LIEBE IN ANTIKER ZEIT

Gaius Valerius Catullus (um 87–54 v. Chr.) wurde in Verona geboren, ging nach Rom und stieg dort zu dichterischem Ruhm auf. Er zählte zu einem Kreis junger, fortschrittlicher Dichter, für die die hellenistische Dichtkunst als Maßstab galt und der gelehrte Dichter ein Ideal darstellte. Aus seiner Sammlung von rund 120 Gedichten, die die Widmung an den Schriftsteller Cornelius Nepos tragen, sind vor allem seine Verse über Freundschaft und Geselligkeit von großer Lebendigkeit und Frische. Persönliche Einfühlung zeichnen seine Liebesgedichte um die zentrale Frauenfigur Lesbia aus, in Anspielung auf die Dichterin Sappho aus Lesbos. Von starker Ausdruckskraft sind auch seine Hochzeitsgedichte in hexametrischem oder elegischem Versmaß sowie seine bedeutenden Epigramme, während sich andere Texte auch durch beißenden Spott auszeichnen. Sirmione bezeichnet er in einem seiner Werke als »Juwel unter den Halbinseln und den Inseln in stillen Seen«.

Bei den »Grotten des Catull« handelt es sich um die Reste einer römischen Villa.

von der Burg entfernt, liegt rechter Hand die **Kirche Santa Maria Maggiore** aus dem 15. Jh. Halten Sie nach der römischen Säule Ausschau, die die Erbauer in die Fassade integrierten.

Wenn Sie Sirmione durchqueren, stoßen Sie am anderen Ende des Ortes auf die **Thermalanlage Terme di Catullo**. Schon die Römer nutzten die Heilquelle auf der Halbinsel. Das schwefelhaltige Wasser, das mit einer Temperatur von 69 °C aus dem Erdreich unterhalb des Sees aufsteigt, soll besonders bei der Behandlung von Muskel- und Sehnenbeschwerden heilend wirken. Mehrere Hotels in der Stadt bieten ihren Gästen Thermalbehandlungen an.

An der Spitze der Insel gibt es Bademöglichkeiten, am **Lido delle Bionde** und bei den flachen Kalkterrassen der Punta Grotte, die rings um das Kap wenige Zentimeter über oder unter der Wasseroberfläche liegen. Von hier hat man einen der besten Weitblicke am See, sowohl Ost-West-Blick über den »Bauch«, als auch gen Norden.

Surfen ist zwar die Domäne des Nordens, dennoch macht der Untersee vor allem Warmwasser- und Schönwettersurfern viel Spaß (www.centrosurfsirmione.it).

Zu Schutz und Trutz

Die mächtige, um 1300 entstandene Wasserburg der Familie della Scala ist das Wahrzeichen von Sirmione und die bedeutendste Befestigungsanlage am Gardasee.

Vom Hauptturm der Anlage hat man einen fantastischen Blick.

❶ **Mauerwerk:** Die Mauern bestehen aus Ziegelsteinen, die in der Nähe gebrannt wurden, und aus Naturstein, der vom nahen Hügel Cortine stammt.
❷ **Tor und Zugbrücke:** Früher gab es hier eine Zugbrücke. Man erkennt am Tor noch heute, dass die Zugbrücke mittels Hebelkraft geschlossen wurde. Die langen Hebel, Schwungruten genannt, verschwanden beim Schließen in Mauerschlitzen, die über dem Tor zu sehen sind. Die Ruten hatten ihren Drehpunkt in den Schlitzen, ihr äußeres Ende war mit Ketten am Ende der Brücke befestigt. Das innere Balkenende wurde nach unten gezogen, die Brücke hob sich.
❸ **Innenhof:** Den rechteckigen Innenhof umschließen massive Mauern.
❹ **Turmkomplex:** Die Ecktürme sind durch Wehrgänge verbunden, zu denen Treppen hinaufführen. Vom 47 m hohen Hauptturm, dem Mastio, genießt man eine herrliche Aussicht über den unteren See.
❺ **Hafen:** Der große ummauerte, mit Zinnen versehene Burghafen ist einzigartig nicht nur am Gardasee, sondern im gesamten europäischen Festungsbau. Einst diente er der Versorgung und Verteidigung, heute wachsen hier Seerosen.

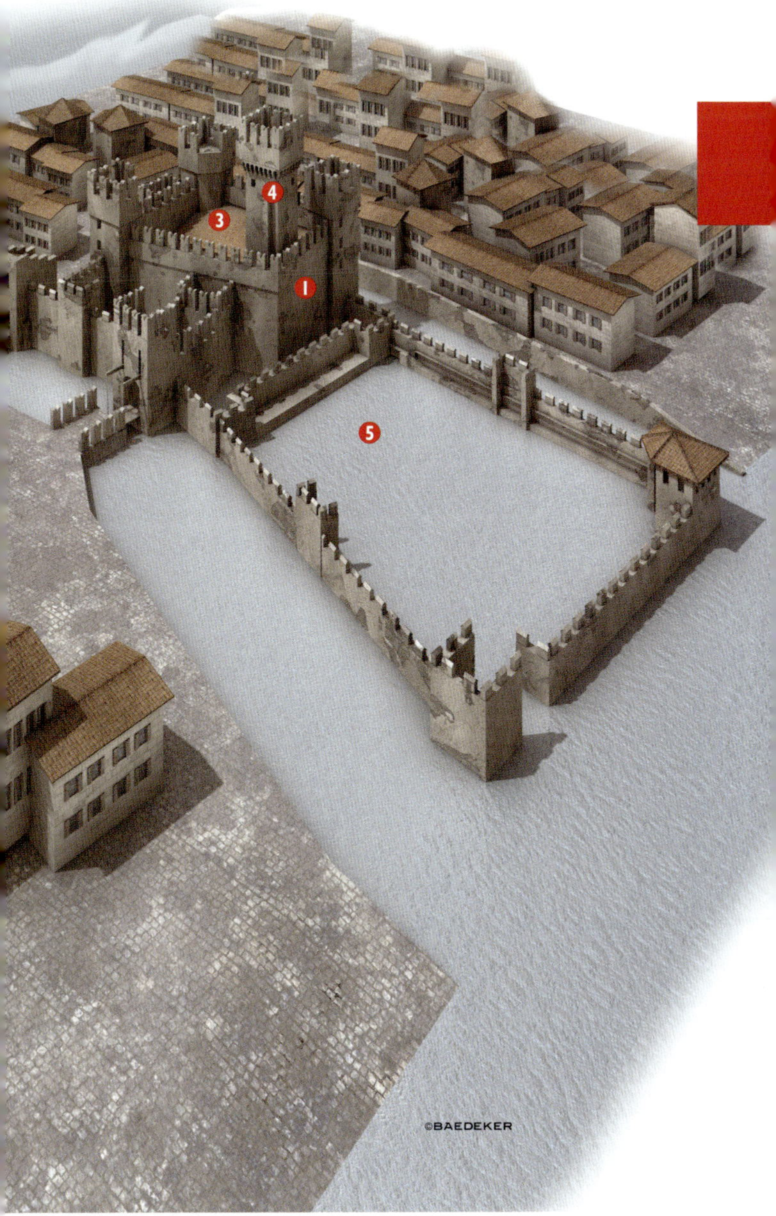
3
4
1
5
©BAEDEKER

Grotte di Catullo

Die Bezeichnung »Grotten des Catull« weckt falsche Vorstellungen, denn es handelt sich weder um Grotten noch um einen Ort, an dem der Dichter Catull (► Infokasten, 51) wohnte. Vielmehr handelt es sich um die Reste eines repräsentativen römischen Gästehauses oder einer großen Villa eines wohlhabenden Privatmannes. Die Bezeichnung »Grotte« oder »Höhle« benutzte ein Chronist in der Renaissance für den eingestürzten, überwucherten Komplex. Auch die fälschliche Annahme, es könnte sich dabei um den Wohnsitz Catulls handeln, kam damals auf. Einmalig sind die herrliche Lage auf den weißen Klippen oberhalb des Gardasees und die gewaltigen Ausmaße der Anlage von mehr als 20 000 m² – sie ist die größte ihrer Art in ganz Italien. Erbaut wurde die Villa um das Jahr 150, eingestürzt ist sie wohl im 4. Jh. Nimmt man den nördlichen und südlichen Vorbau der Villa aus, so hat man eine rechteckige Anlage von 167,5 x 105 m vor sich. Da das Gelände nicht eben ist, wurden z. T. Untergeschosse errichtet oder in den Fels gehauen. Diese Unterbauten sind es im Wesentlichen, die man heute noch sehen kann, von den darüberliegenden zwei Stockwerken mit Herrschaftsräumen sind keine Reste erhalten. Zwischen den Ruinen wachsen Olivenbäume, Rosmarin, Thymian, Minze und Oregano, die einen intensiven Geruch verströmen. Im 2. Jh. wurde die Thermenanlage angebaut, in der das Wasser der heißen Boiola-Quelle genutzt wurde. Am Westrand der Villa waren wohl kleine Läden eingerichtet.

KLEINE PAUSE

Ausgezeichnet ist die **Bar Ai Cigni**, Vittorio Emanuele 12. Die beste heiße Schokolade der Stadt gibt es in der **Gelateria Mancini Da Gino**, Piazza Flaminia 2.

---

180 C2

Castello Scaligero (Rocca Scaligera)
0 30 91 64 68 · Di–So 8.30–19 Uhr (nur außen) · 4 €

Grotte di Catullo und Museo
180 C2 · 030 91 61 57 · März–Okt. Di–So 8.30–19 Uhr; Nov.–Feb. 8.30–17 Uhr · 4 €

BAEDEKER TIPP

- Sirmione kann **im Hochsommer unangenehm voll** werden. Meiden Sie wenn möglich die Zeit zwischen Juli und September.
- Personen unter 18 und über 65 Jahre haben freien Eintritt zum **Castello (Rocca Scaligera)** und zu den **Grotte di Catullo**.
- In der Nähe der Thermalquelle liegt die Kirche **San Pietro in Mavino**. Sie wurde im 8. Jh. errichtet und um 1000 neu erbaut. In der Kirche befinden sich einige schöne mittelalterliche Fresken der Veroneser Schule: Achten Sie besonders auf das Jüngste Gericht (14. Jh.).

4 Salò

Das gute Klima und die schöne, windgeschützte Lage in einer großen, sanft geschwungenen Bucht zu Füßen des mit Weinreben, Lorbeer- und Olivenbäumen bewachsenen, 569 m hohen Monte San Bartolomeo wussten schon die Römer zu schätzen.

Blick auf Salò und den sich am gegenüberliegenden Ufer erhebenden, oft noch weit bis in das Frühjahr hinein mit Schnee bedeckten Monte Baldo.

Schon unter den Römern, die ihre hier gegründete Siedlung »Salodium« nannten, später auch unter den Mailänder Visconti (14. Jh.), die Salò zu einem ihrer Verwaltungssitze machten, sowie unter den Venezianern (1405–1797) war die Stadt als politisches Zentrum des Westufers der Dreh- und Angelpunkt dieser Uferregion. Später lockte das milde Klima die Reichen und Vornehmen aus Nordeuropa an.

1901 erschütterte ein Erdbeben die Region. In den folgenden Jahren wurde der alte Stadtkern komplett wiederaufgebaut, wobei man eine neue Uferpromenade anlegte, die nun auf Pfeilern im See steht.

Die Republik von Salò

In die Schlagzeilen geriet die Stadt im Zweiten Weltkrieg, als sie 1943 bis 1945 **Sitz der Repubblica Sociale Italiana** war, der mit deutscher Hilfe errichteten letzten faschistischen Regierung Italiens. Vorausgegangen war 1943 die Verhaftung Benito Mussolinis. In einer riskanten Aktion wurde er daraufhin im Auftrag Hitlers aus seinem Gefängnis in den Abruzzen befreit und als Chef einer Marionettenregierung eingesetzt, die in Salò und Gargnano ihren Sitz hatte. In Salò wurden das Kulturministerium und im heutigen Hotel Laurin das Außenministerium eingerichtet. Im April 1945 wurde Salò von den Alliierten, die am Ostufer standen, beschossen; am 29. April floh Mussolini an den Comer See, wo er und seine Geliebte wenig später von Partisanen ermordet wurden.

Duomo

Mitten zwischen den Plätzen und schmalen Gassen der Altstadt erhebt sich der **Dom**, eines der schönsten Bauwerke der Spätgotik am See. Im Innenraum begegnet man einer überwältigenden Kombination aus dunklem Stein und helleren Gemälden, darunter Werke von Romanino und Zenon Veronese sowie ein goldenes Polyptychon von Paolo Veneziano. Auf dem Platz vor dem Dom geben im Sommer Europas beste Orchester Konzerte.

Die Ausstattung des Doms erfolgte durch Künstler aus Brescia und Venedig, die illusionistische Langhausbemalung schuf Tommaso Sandrini.

Museen

Das **Museo Civico Archeologico** zeigt Ausgrabungen aus dem römischen Salodium; das **Museo del Nastro Azzurro** in

WUSSTEN SIE DAS?

»Nastro Azzurro« bedeutet »Blaues Band«. Die Farben der italienischen Fahne sind zwar Rot, Grün und Weiß, doch Italiens Nationalfarbe ist Blau; die Fußballnationalmannschaft läuft in Blau auf und wird »Azzurri«, die »Blauen«, genannt.

BAEDEKER TIPP

- Salòs Einbahnstraßensystem wird zum Labyrinth, wenn man in der Nähe des Doms einen Parkplatz sucht. Folgen Sie stattdessen den Schildern zum Stadtzentrum und zum Krankenhaus und parken Sie auf dem nahe gelegenen Parkplatz. Von hier ist es ein kurzer Weg zur **Via Canottieri**, von der man über neue Brücken rasch zur Hauptpromenade gelangt. In wenigen Minuten erreichen Sie somit die Altstadt und den Dom.
- Wenn Sie wenig Zeit haben, laufen Sie nur durch die Altstadt und schauen sich den Dom an.
- In der **Pasticceria Vassalli** in der Via San Carlo 84/86 findet man die beste Pralinenauswahl. Und das leckerste Bio-Eis am See gibt's in der **Casa del Dolce** direkt am Domplatz.

der Via Fantoni 49 deckt die Geschichte des italienischen Militärs von der napoleonischen Zeit bis 1945 ab. Ein eigener Raum ist der Republik von Salò (► 55) gewidmet.

KLEINE PAUSE

An der Uferpromenade sowie in der Altstadt gibt es viele Cafés und Restaurants. Tipp: **Bar Posta**, Via Canottieri 16.

---

180 B3

Museo Civico Archeologico
Via Fantoni 49 · 33 86 48 21 17 · Mo–Fr 10–12 Uhr · 2 €

Museo del Nastro Azzurro
Via Fantoni 49 · 03 65 29 07 65 · März–Nov. Sa, So 10–12, 15–18 Uhr · 2 €

Flanieren an Salòs Uferpromenade

11 Gardone Riviera

Das beschauliche Gardone Riviera war schon im 19. Jh. eine der elegantesten Adressen am Gardasee und zählte Persönlichkeiten wie den ägyptischen König Faruk, Kaiser Wilhelm II. und die österreichische Kaiserin Elisabeth zu seinen Gästen. Noch heute prägen das Ortsbild ehrwürdige Hotels, noble Sommersitze und Prachtvillen mit herrlichen Parks.

Da unweit des Ufers schon die Hänge des Monte Lavino (907 m), des Pizzocolo (1583 m) und des Monte Spino ansteigen, drängen sich die noblen Unterkünfte in Gardone Riviera dicht am See. Oberhalb der Gardesana (Corso Zanardelli) schmiegt sich der alte Ortskern, Gardone Sopra, an den grünen Hang. Die Berge schützen den Ort vor den kühlen Tramontana-Winden und bescheren ihm ein mediterranes Klima, das die Gestaltung eines schönen Botanischen Gartens möglich machte. Nach Süden hin gehen Gardone und Salò fast ineinander über: Hinter Palmen, Zypressen und Oleander verborgene Palazzi bilden die Verbindung zwischen den Orten.

Seit dem Erdbeben von 1901 steht die breite, aber relativ kurze Promenade **Lungolago D' Annunzio** auf Pfählen im See. Sie wird von Restaurants und Cafés gesäumt und en-

Rechte Seite: Im Garten des Vittoriale liegt das »gestrandete« Vorschiff eines Marinekreuzers.

Unten: Die neoklassizistische Villa Alba dient heute als Kongresszentrum.

GABRIELE D'ANNUNZIO: EIN »INTERPRET DES MENSCHLICHEN WAHNSINNS«

Gabriele d'Annunzio (1863–1938) war ein bedeutender, wortgewaltiger italienischer Dichter, ein »Kriegsheld« und ein erfolgreicher Casanova. Er selbst bezeichnete sich als »Interpret des menschlichen Wahnsinns«. Von 1921 bis zu seinem Tod lebte d'Annunzio in Gesellschaft seiner Frau und mehrerer Geliebten in seiner skurrilen Villa am Gardasee. Wenige Tage vor ihrem Erwerb musste er die eigenmächtige, 16-monatige Besetzung von Fiume (heute: Rijeka) beenden: Entgegen dem Waffenstillstandsabkommen hatte er 1919 die Stadt, die Jugoslawien zugesprochen worden war, mit einer kleinen Gruppe von Bewaffneten besetzt, um sie quasi im Alleingang für Italien zurückzuerobern. Ein anderes verrücktes Kriegsabenteuer hatte er sich am 9. August 1918 geleistet, als er mit seinem Doppeldecker über dem feindlichen Wien kreiste und antiösterreichische Flugblätter abwarf. Haus und Garten seines »Vittoriale« stellte er mit Kriegsgerät voll. Kuriosestes Denkmal ist der riesige Bug des von ihm einst befehligten Schlachtschiffes »Puglia«. Das vielleicht befremdlichste Zeugnis seiner Selbstüberhöhung aber ist das marmorne Mausoleum im Park: In der Mitte eines Aussichtsplateaus thront sein Sarkophag, umgeben von den sternförmig angeordneten Marmorsärgen seiner Kriegskameraden aus Fiume. Politisch fühlte er sich Mussolini verbunden, als dieser noch ein unbekannter Sozialist war. Die Nähe zum Faschismus, der ausschweifende, unkonventionelle Lebensstil, seine Egozentrik brachten d'Annunzios schriftstellerisches Werk ins Zwielicht. Bereits mit 16 Jahren hatte er seinen ersten Gedichtband veröffentlicht, bekannt wurde er durch den 1889 veröffentlichten, von Nietzsche beeinflussten Roman »Il Piacere« (»Lust«). Seine Stärke lag in der Aufnahmebereitschaft für literarische Strömungen, v. a. für den französischen Symbolismus. Er bekannte sich zu einem heidnischen Sinnen- und Schönheitskult und wurde so zu einem der am meisten umstrittenen Lyriker Italiens.

det im Norden hinter der Anlegestelle am **Grandhotel**, dessen 300 m lange Sonnenterrasse direkt am See liegt. In den 1880er-Jahren wurde es als erstes Hotel im Ort gebaut. Heute erinnert die **Piazza Luigi Wimmer** an den Deutschen, der den Tourismus auf diese Seite des Gardasees brachte und das luxuriöse Grandhotel errichten ließ.

Naturparadies: André Heller bezeichnet den Botanischen Garten als »Florasammlung von Weltgegenden«.

Im **Heller Garden** erwartet Besucher ein herrliches Labyrinth aus engen, verschlungenen Wegen, die durch dichte Vegetation führen; an künstlichen Bächen und Seerosenteichen vorbei, die von kleinen Holzbrücken überspannt werden. Bänke laden an versteckten Plätzen unter Nilpapyrus, Lotusblüten und schwarzem Bambus zum Entspannen ein. Der Park wurde um 1900 von dem Innsbrucker Zahnarzt und Naturwissenschaftler Arthur Hruska (1880–1971) um seine Villa angelegt, er pflanzte ca. 2000 Gewächse aus allen Klimazonen der Erde an. Das Herzstück des Gartens ist eine Miniaturfelslandschaft aus Dolomitgestein. Der österreichische Künstler André Heller erwarb das Anwesen in den 1980er-Jahren, als es zu verwildern drohte. Die Skulpturen im Garten stammen von ihm und Künstlerfreunden wie Mimmo Palladino. Das Areal ist nach Themen gegliedert und beginnt mit dem asiatischen Raum. Es folgen Zonen, die sich mit den Alpen-, Duft-, Heil- und Fettpflanzen beschäftigen.

Vom Parkplatz neben dem Giardino Botanico führt ein Treppenaufgang hoch nach **Gardone Sopra** und zum **Vittoriale.** Gardone Sopra ist der alte, beschauliche Ortskern am Hang.

Kurz vor dem Eingang ins Vittoriale steht die Kirche San Nicolà (1740), deren Aussichtsbalkon einen herrlichen Blick über den See eröffnet. Das Innere ist mit Fresken und sehr viel Stuck ausgestattet.

Zum Komplex gehören ein großer Park (Vittoriale) und das Wohnhaus (Casa d'Annunzio) des Dichters. »Vittoriale degli Italiani«, »Siegesdenkmal der Italiener«, hat d'Annunzio sein Anwesen genannt, das er aber doch mehr als skurrile Selbstbeweihräucherungsstätte gestaltete. Zunächst kommt man am Freilichttheater vorbei, in dem im Juli und August Konzerte, Ballett- und Theateraufführungen stattfinden. Im Schifamondo (ital. = Verschmähung der Welt) ist ein kleines Museum mit Fotos, Schriften und Erinnerungsstücken des Poeten sowie das Auditorium untergebracht. An der Decke hängt das Flugzeug SVA, von dem aus d'Annunzio im Ersten Weltkrieg Flugblätter über Wien abwarf. Zwischen Wohnhaus und Schifamondo hindurch geht es in den Park, in dem Andenken an die Kriegseinsätze und -erlebnisse d'Annunzios verteilt sind, u. a. das

Schnellboot MAS und der gewaltige Bug des Schlachtschiffs Puglia. Weiter oben trifft man auf das strahlend weiße Mausoleum mit dem Marmorsarg des eitlen »Kriegshelden«. Das mit Kunst, Kitsch und Kuriositäten vollgestellte Wohnhaus d'Annunzios, die sogenannte Priora, ist nur mit Führung zu besichtigen.

KLEINE PAUSE

Suchen Sie sich einen Platz nahe am See, vielleicht im **Caffè Wimmer** an der Piazza Wimmer gegenüber dem Schiffsanleger. Zum Essen gibt es in der Stadt viele Gelegenheiten.

180 B3

Il Vittoriale degli Italiani

03 65 29 65 11, www.vittoriale.it Park: April–Sept. tägl. 8.30–20 Uhr; Okt.–März 9–17 Uhr; Villa: April–Sept. Di–So 9.30–19 Uhr; Okt.–März Di–So 9–13, 14–17 Uhr; Museum: April–Sept. Di–So 9.30–19 Uhr; Okt.–März 9 bis 13, 14–17 Uhr 8, 13 oder 16 € je nach Umfang der Besichtigung

Heller Garden

336 41 08 77, www.hellergarden.com Mitte März–Mitte Okt. tägl. 9 bis 19 Uhr 9 €

Luxuriöse Oase: Ruhig, beschaulich und sehr gediegen logieren Gäste im direkt am Seeufer gelegenen Grand Hotel Gardone.

BAEDEKER TIPP

- Um beim Besuch des Vittoriale die größten **Warteschlangen** zu vermeiden, kommen Sie früh oder gegen Mittag.
- Italienisches Strandleben kann man bestens im **Strandbad Rimbalzello** am südlichen Lungolago erleben. Es stehen (kostenpflichtige) Sonnenschirme und -liegen zur Verfügung.
- Folgen Sie dem **Barbarano-Bach** von Gardone bergaufwärts durch kleine Schluchten mit Wasserfällen. Die Wasserräder haben früher eine Eisenschmiede angetrieben.

Nach Lust und Laune!

Am alten Hafen von Limone

12 Lago di Ledro

Von Rivas Ortsmitte gelangt man über eine gut ausgeschilderte Umgehungsstraße in den Tunnel zum Lago di Ledro. Dort entdeckte man 1929 bei Bauarbeiten zufällig Reste von Pfahlbauten aus der Bronzezeit. Am Ostende des Sees hat man solche Pfahlbauten rekonstruiert, das angeschlossene **Museo delle Palafitte** veranschaulicht die Lebensweise dieser frühen Bewohner der Gardaseeregion. Hinter Molina führt eine Straße dicht am Nordufer des Sees entlang. Folgen Sie ihr und nehmen Sie für den Rückweg nach Molina die kurvenreichere Straße, die nahe dem Südufer des Sees verläuft.

180 C/D5

Museo delle Palafitte
04 64 50 81 82 Juli–Aug. tägl. 9–18 Uhr; März–Juni und Sept.–Nov. 9–17 Uhr
3,50 €

13 Limone sul Garda

Limone hatte einst die ausgedehntesten Zitronenhaine der Gardaseeregion. Ihren guten Ruf verdankt die Touristenhochburg am Gardasee aber nicht den Früchten, sondern der wunderschönen Altstadt und der einzigartigen Lage. Auch der Name leitet sich vermutlich nicht von den Zitronen *(limone)* ab, sondern eher vom lateinischen Wort *limes* (Grenze). Denn Limone war früher eine Grenzstadt zwischen Italien und Österreich. Gleichwohl wurden früher Zedratzitronen – eine saftarme Zitronenart, die zur Herstellung des *Acqua di cedro* (Zitronenschnaps) benötigt wird – und andere Zitrusfrüchte auf den Terrassen oberhalb des Sees angebaut. Im Winter umschlossen große Gewächshäuser *(Limonaie)* die Bäume, um sie vor

Frosteinbrüchen zu schützen. Bald nach der Einigung Italiens verdrängte Sizilien Limone als Hauptproduzenten von Zitronen, heute ist von den alten Terrassen nur noch wenig erhalten.

1979 kam Limone in die Schlagzeilen: Der Mailänder Professor Cesare Sirtori hatte durch einen Zufall ein besonderes Protein, das Apolipoprotein, kurz A-1 Milano, entdeckt, das Arteriosklerose und Herzinfarkten vorbeugt und weltweit bislang nur bei Einwohnern von Limone nachgewiesen wurde. Es zirkuliert im Blut einer einzigen Familie aus dem Ort und wird mit dem Erbgut von Generation zu Generation weitergegeben. Die Folge: Limone verzeichnet die höchste Konzentration von über 80-Jährigen in Italien.

Der Bau der Gardesana Occidentale sicherte Limones Aufstieg zum Fremdenverkehrsort – bis 1931 konnte man den Ort nur per Boot erreichen. Die breite Uferpromenade Lungolago Marconi, an der sich zahlreiche Souvenirgeschäfte, Cafés und Lokale niedergelassen haben, führt zur zentralen Piazza Garibaldi. Wenige Meter weiter öffnet sich überraschend der alte Hafen; ein kleines, von blumenüberrankten Häusern umstandenes Becken. Man kann entweder durch die meist überlaufenen Hauptgassen nahe dem Ufer flanieren, in denen sich Laden an Laden und Café an Café reihen, oder aber die steileren, verwinkelten Gassen den Hang

Madonna di Monte Castello bei Tignale

hinaufsteigen. Hier findet man stille Plätze, niedrige Bogengänge und efeubewachsene Hausfassaden.
181 D4

14 Tremosine & Tignale

Zwischen Limone und dem weiter südlich gelegenen Gargnano liegen die Hochplateaus von Tremosine und Tignale. Mit ihren Blumenwiesen, bewaldeten Hängen, Felswänden, Hügeln und kleinen Dörfern zählt diese Region zu den

Die Idylle hat einen Namen: Gargnano

schönsten am Gardasee. Genießen Sie die Almlandschaft im Rahmen einer gemütlichen Spazierfahrt (► 158) oder einer Wanderung. Wenn Sie nur wenig Zeit haben, fahren Sie an einem klaren Tag die Straße, die nördlich von Gargnano von der Gardesana Occidentale abzweigt, nach Tignale hinauf. An dieser Straße liegen mehrere Aussichtspunkte mit Blick über den See und auf den Monte Baldo. Einige Kilometer weiter führt eine steile Straße zur Kirche **Madonna di Monte Castello**, die auf den Ruinen eines Skaliger-Kastells errichtet wurde und für ihre Aussicht und ih re Kunstwerke berühmt ist. Dazu zählen vier Kupfermedaillons, die

Palma il Giovane zugeschrieben werden, und ein Fresko *Madonna mit Jesus-Kind* aus der Giotto-Schule.
180 C4 (Tignale) 180 D4 (Tremosine)

Madonna di Monte Castello
180 C4 (bei Tignale) 036 57 30 19
Ostern–Okt. tägl. 9.30–19 Uhr frei

15 Gargnano

Das ehemalige Fischerdorf besitzt einen kleinen, verwinkelten Ortskern um einen beschaulichen Hafen und eine kurze Uferpromenade mit den obligatorischen Cafés und Trattorien. Nördlich oberhalb des Ortskerns steht an der Gardesana die Pfarrkirche San Martino, die 1837 im Stil des italienischen Klassizismus erbaut wurde. Hinter einer Säulenhalle öffnet sich ein gewaltiger, ovaler Innenraum. Geht man durch eine der Gassen hinunter zum See, kommt man zum hübschen, kleinen Hafen. Während des Risorgimento (1866) hatten sich französische und italienische Schiffe hierher zurückgezogen und wurden von sechs österreichischen Kanonenschiffen beschossen. Noch heute bezeugen einige Gebäude, in deren Wänden nach wie vor Kanonenkugeln stecken, dieses Ereignis, beispielsweise das Rathaus aus dem 16. Jh.

In den Blick der Weltöffentlichkeit rückte Gargnano nochmals 1943 bis 1945, als die Deutschen hier die Marionettenregierung unter Benito Mussolini einsetzten. Von der »Staatskanzlei« im Palazzo Feltrinelli am nördlichen Ende der Uferpromenade regierte Benito Mussolini die »Republik von Salò« (► Salò). Der Palast im Stil der Neorenaissance gehört heute der Universität Mailand, die hier Sprachkurse für Ausländer veranstaltet. Wenige Meter entfernt liegt der Park La Fontanella, wo es Kiesstrände und betonierte Uferzonen zum Sonnen und Baden gibt. Dahinter befindet sich – schon im Ortsteil Faustino – die sich heute als stilvolles Luxushotel präsentierende einstige Sommerresidenz der Papiermagnatenfamilie Feltrinelli.In der Via Roma südlich des Hafens steht die einschiffige Kirche **San**

Luxusherberge: In der Villa Feltrinelli logiert man nicht – hier wird residiert!

Francesco. Schon ab 1289 hatte hier der Franziskanerorden ein Gotteshaus und ein Kloster errichtet, von denen nur die Kirchenfassade und der Kreuzgang erhalten geblieben sind, während die Kirche ihr heutiges Aussehen im 17. Jh. erhielt. Der romanisch und spätgotisch geprägte Kreuzgang ist ein Kleinod. Seine zierlichen Säulen tragen unterschiedliche, fantasievoll ornamentierte Kapitelle mit Zitrusfrüchten und Tieren. Die Kirche ist nur selten und unregelmäßig geöffnet; wer sonntags kommt, hat meistens Glück.
180 C3

Kirche San Francesco und Kreuzgang
036 57 10 17 tägl. 8–20 Uhr frei

16 Villa & Bogliaco

Zu Gargnano gehören noch zwölf winzige Orte, darunter die sich südlich am Ufer anschließenden Villa und Bogliaco; die übrigen Dörfer klammern sich oberhalb Gargnanos an den Hang. An der Hauptgasse von Villa liegt das Haus, in dem der englische Schriftsteller D. H. Lawrence (1885–1930) ein Jahr lang lebte und arbeitete. Oberhalb des Orts bietet sich bei der Kirche San Tommaso ein schöner Blick über den See.

Das auffälligste Gebäude Bogliacos ist der – öffentlich nicht zugängliche – Palazzo Bettoni. Der prächtige, dreiflügelige Palast, dessen beeindruckende Front auf den See ausgerichtet ist, wird durch die Durchgangsstraße von seinem Park getrennt. Errichtet wurde er um 1750 nach dem Vorbild des Wiener Schlosses Schönbrunn für den Conte Giovanni Bettoni, einen Reitergeneral im Dienste Maria Theresias. Zu Bogliaco gehört auch ein schöner, 1912 gegründeter Golfplatz (www.golfbogliaco.com), damals der dritte in Italien. Noch etwas weiter südlich liegt der moderne Jachthafen Marina di Bogliaco.
180 C3

17 Lago di Valvestino

Von Gargnano führt eine Serpentinenstraße hinauf ins Val Toscolano, in dem der von Bergen eingerahmte Stausee Lago di Valvestino liegt. Ab dem äußersten Ende des Sees, an dem es keine Bademöglichkeiten gibt, verläuft das Tal in Richtung Norden steil hinauf zum Dorf Magasa – ein idealer Ausgangspunkt für schöne Wanderungen in dramatischer Landschaftsszenerie.
180 C4

18 Lago d'Idro

Fährt man vom Lago di Valvestino gen Westen oder von Salò durch das hübsche Val Sabbia, erreicht man Idro am gleichnamigen kleinen See. Werfen Sie einen Blick in die Kirche San Michele, und bewundern Sie die Schnitzereien am Hauptaltar, dem Orgelgehäuse und dem Chorgestühl. Von Idro führt eine Straße am Ostufer des Sees bis Vesta und endet dort. An schönen Tagen blicken Sie von hier bis zu den Vorbergen der Alpen. Am Westufer des Sees bahnt sich die Straße ihren Weg durch die Hügel bis nach Anfo. Das dortige Schloss (in Privatbesitz) war1866 das Hauptquartier von Giuseppe Garibaldi während seiner Kampagne für den Anschluss des Veneto an das

Königreich Italien. Die Kirche San Antonio hat einen Turm aus dem 12. Jh. und Renaissancefresken.
180 B4

19 Toscolano-Maderno

Aus dem Zusammenschluss zweier durch die Mündung des Flusses Toscolano getrennter Orte – Maderno im Süden und Toscolano im Norden – entstand das Städtchen Toscolano-Maderno am Westufer des Gardasees. Mit seiner halbrunden Bucht, der langen Seepromenade, den schönen Villen, dem Altstadtkern und dem Hafen bietet Maderno eindeutig mehr als Toscolano, das eigentlich nur für Camper attraktiv ist wegen der Campingplätze im Norden. Zwischen Maderno und Torri del Benaco am gegenüberliegenden Ostufer des Sees besteht eine regelmäßige Fährverbindung. Eine Attraktion der Doppelgemeinde ist der **Orto Botanico Ghirardi**, in dessen Gewächshäusern auch tropische Pflanzen gedeihen. Sehenswert ist an der Piazza San Marco nahe dem Hafen die um 1140 erbaute romanische Kirche Sant' Andrea Apostolo mit einem spätgotischen Campanile (1469). Links neben der Kirche beginnt die – durch die Altstadt zum Toscolano-Bach führende – Via Benamati. Auf dem Weg liegen in einem verwunschenen Garten am Hang die Reste einer römischen Villa (Nr. 79) mit einer Freitreppe. Nur wenige Schritte entfernt steht die Pfarrkirche Sant' Ercolano, die Mitte des 18. Jhs. an der Stelle einer Burg gebaut wurde, deren Turm man zum Glockenturm umgestaltete.
180 C3

Orto Botanico Ghirardi
Via Religione 03 65 64 12 46 Mai bis Sept. Mi und Fr 16.30–20 Uhr frei

Linke Seite: Inseljuwel im Gardasee – die Villa der Grafen Borghese-Cavazza auf der Isola del Garda

20 Isola del Garda

Dicht vor der Spitze der Landzunge San Fermo ragt die 1 km lange Isola del Garda, die größte Gardasee-Insel, aus dem Wasser. Heute ist sie in Privatbesitz der Grafen Borghese-Cavazza, die in einer traumhaften Villa (1901) inmitten eines Parks residieren. Die Insel kann im Rahmen von zweistündigen Führungen besichtigt werden. Dabei werden Geschichte und Legenden der Insel erzählt sowie die italienischen und englischen Gärten besucht. So soll der heilige Franziskus von Assisi hier im Jahr 1221 eine Einsiedelei gegründet haben, in der fünf Mönche ein kontemplatives Leben in absoluter Armut führten. Im darauffolgenden Jahrhundert, wird berichtet, besuchte auch der Dichter Dante Alighieri die Insel.
180 C3 Fähren fahren von Mai bis Okt. von Gardone Riviera und von Garda zur Insel. Die aktuellen Abfahrtszeiten finden Sie jeweils unter www.isoladelgarda.com 25 € für Überfahrt, Führung und Erfrischung

21 Desenzano del Garda

Das reizvolle alte Hafenbecken der größten Stadt am Gardasee ist vom Hafenbereich durch eine niedrige Brücke abgetrennt. Der venezianische Palazzo Todeschini am Kopf-

ende des Hafens diente früher als Getreidelager, heute befindet sich darin die Touristeninformation. An der Uferpromenade Lungolago Cesare Battisti ist ein großer, verzierter Sarkophag aufgestellt, der als letzte Ruhestätte einer Römerin namens Atilia Urbica diente. An der Piazza Malvezzi unmittelbar hinter dem Hafen sitzt man gemütlich in den Cafés und Restaurants unter niedrigen Arkaden. Das Denkmal in der Platzmitte erinnert an die Schutzpatronin der Stadt, Santa Angela Merici, die 1535 den Ursulinen-Orden gründete. Die Nordseite der Piazza nimmt der Duomo Santa Maria Maddalena ein, den der Architekt Giulio Todeschini (1524 bis 1603) im Stil der Spätrenaissance entwarf. Im Innern überrascht die Vielzahl großer Ölgemälde. Das bedeutendste ist wohl Tiepolos *Letztes Abendmahl* (1738) in der Sakramentskapelle, der zweiten Kapelle links.

Mitten in einem Wohnviertel (Via Crocefisso 22) entdeckte man 1921 die Reste von drei römischen Gebäuden, darunter die **Villa Romana**, die zu den schönsten und bedeutendsten ihrer Art in Oberitalien gehört. Das freigelegte Areal ist vor allem wegen seiner Mosaikböden berühmt. Ein Museum zeigt vor Ort die Ausgrabungsfunde.

180 B2

Villa Romana
Via Crocefisso 22 · 03 09 14 35 47
Di–Fr 8.30–19 Uhr · 4 €

Museo Archeologico Rambotti
Santa Maria de Senioribus, Via Anelli
03 09 99 42 75 · Di–Fr 15–19, Sa, So 14.30 bis 19 Uhr · frei

»Rivoltella« heißt einer der schönsten Strände von Desenzano: Hier erinnern Ruderer an die alte Tradition der Serenissima.

Wohin zum ...
Übernachten?

Preise
Für ein Doppelzimmer pro Nacht:
€ unter 80 Euro **€€** 80–130 Euro **€€€** über 130 Euro

DESENZANO DEL GARDA

Piroscafo €€
Direkt am alten Hafen. Die gepflegten Zimmer sind einfach und mit Klimaanlage; einige haben Balkon.
180 B2 Via Porto Vecchio 11
03 09 14 11 28; www.hotelpiroscafo.it

GARDONE RIVIERA

Grand Hotel Gardone €€€
Grandezza in großem Stil: mit Kronleuchtern, Antiquitäten und gemütlichen Zimmern. Beheizter Pool, Steg mit Seezugang.
180 B3 Corso Zanardelli 84
036 52 02 61; www.grangardone.it
Mitte Okt.–April geschl.

Monte Baldo €€
Direkt am See. Helle, klimatisierte Zimmer, drei Luxussuiten in der Dependance Villa Acquarone. Pool, Steg mit Seezugang, Restaurant.
180 B3 Corso Zanardelli 110
036 52 09 51; www.hotelmontebaldo.it
Mitte Okt.–März geschl.

GARGNANO

Grand Hotel a Villa Feltrinelli €€€
Eines der besten Hotels Europas mit stilsicherer Eleganz und perfektem Service – Hubschrauberlandeplatz für illustre Gäste inklusive.
180 C3 Via Rimembranza 38–40
03 65 79 80 00; www.villafeltrinelli.com

Lefay Resort & Spa €€€
Das schönste Resort »über dem See«, im Limonaia-Stil, oberhalb von Gargnano mit Traumblick. Zwei Außenpools, Top-Spa, einzige Suite am See mit Privatpool.
180 C3 Via Feltrinelli 118
03 65 24 18 00; www.lefayresorts.com

LIMONE SUL GARDA

Lido €€
Behaglich eingerichtet, direkt am See. Nur mit Halbpension.
181 C4 Via IV Novembre 34
03 65 95 45 74; www.lidohotel.com
Okt.–April geschl.

SALÒ

Duomo €€€
Fantastische Lage, schöne Zimmer, sehr gutes Restaurant.
180 B3 Lungolago Zanardelli 63
036 52 10 26; www.hotelduomosalo.it

SIRMIONE

Flaminia €€€
Gepflegtes Altstadthotel direkt am See. Schöne Sonnenterrasse.
180 C2 Piazza Flaminia 8
030 91 60 78; www.hotelflaminia.it

Villa Cortine €€€
Kleines Grand-Hotel in einer Traumvilla mit ruhigem Park.
180 C2 Via Grotte 6
03 09 90 58 90; www.hotelvillacortine.de

TREMOSINE

Village Hotel Lucia €
Hotel und »Feriendorf« am Rand von Tremosine.
180 C4 Via del Sole 2 03 65 95 30 88; www.hotellucia.it Mitte Okt.–März geschl.

Wohin zum ... Essen und Trinken?

Preise
Für ein Drei-Gänge-Menü ohne Getränke und Service:
€ unter 30 Euro €€ 30–60 Euro €€€ über 60 Euro

DESENZANO DEL GARDA

Ristorante Pizzeria Kapperi €
Moderne große Pizzeria, in der es auch gute Nudelgerichte gibt.
180 B2 Via N. Sauro 7 03 09 99 18 93
Mo geschl.

GARDONE RIVIERA

Trattoria da Marietta €€
Das freundliche Lokal liegt nicht weit vom Vittoriale entfernt. Exzellente Gerichte, gute Weinkarte.
180 B3 Via Montecucco 78
036 52 09 60 Do geschl.

Villa Fiordaliso €€€
Ein Besuch hier zählt zu den großen kulinarischen Erlebnissen am westlichen Seeufer: sündhaft teuer, sündhaft gut. In der schönen Villa werden auch einige Zimmer vermietet. Küche, Bedienung und Weinkarte sind erstklassig. Unbedingt reservieren.
180 B3 Corso Zanardelli 150
036 52 01 58 Mo und Di Mittag sowie Mitte Nov.–März geschl.

GARGNANO

La Tortuga €€€
Eines der wenigen Restaurants am Obersee mit Michelin-Stern.
180 C3 Via XXIV. Maggio 5
036 57 12 51 Di geschl.

PIEVE DI TREMOSINE

Miralago €€
Durch seine Lage am Steilhang von Pieve di Tremosine ist es wohl das schönstgelegene Restaurant am Gardasee, der Blick ist an klaren Tagen sensationell! Die Gerichte werden ausgezeichnet präsentiert, probieren Sie einmal eines mit Esskastanien und Pilzen.
180 D4 Piazza Cozzaglio 2
03 65 95 30 01 Di und Mitte Dez.–Mitte Jan. geschl.

SALÒ

La Campagnola €€€
Leckerer Fisch aus dem Gardasee: Forelle, Schleie, Hecht, Renke.
180 B3 Via Brunati 11
036 52 21 53 Mo geschl.

Osteria di Mezzo €€
In einer Parallelstraße zur Promenade, zwei Straßen vom Rathaus entfernt, bietet dieses kleine Restaurant eine einfache Karte. Freundlicher Service.
180 B3 Via di Mezzo 10
03 65 29 09 66 Di geschl.

SIRMIONE

Locanda La Noce €
Die nette Spaghetteria finden Sie zwischen Jacky Bar und Hotel Sole. Von den Tischen auf der Terrasse hat man einen hübschen Blick über den See.
180 C2 Via Monsignor Comboni 33
03 65 95 40 22 Mi und Nov.–Jan. geschl.

Trattoria La Fiasca €
Charmantes Restaurant in einer Seitenstraße. Leckere Minestrone.
180 C2 Via Santa Maria Maggiore 11
03 09 90 61 11 Mi geschl.

Wohin zum ... Einkaufen?

Die meisten Orte am Westufer des Gardasees sind klein und haben mit Ausnahme von Salò und Desenzano nur begrenzte Einkaufsmöglichkeiten. In den Zentren dominieren Cafés, Restaurants, Souvenirläden und einige Läden für den Alltagsbedarf.

DESENZANO DEL GARDA

Cashmere Ironia (Via Porto Vecchio) verkauft schöne Pullover und Schals aus eigener Herstellung, während im **Intimamente** (Via Santa Maria) Designerunterwäsche für Damen und Herren angeboten wird.

Schmuck können Sie bei **Gioielleria Franzoni** (Via Roma 16) erstehen. Lederwaren – besonders Handtaschen und Gürtel – sollte man bei **Martinetti** (Via Generale Achille Papa 40) und bei **La Bagagerie** in der Via Porto Vecchio 22 kaufen.

In der **Galleria La Cornice** an der Piazza Giuseppe Malvezzi 45 gibt es Kunstwerke in Holz, Metall und Keramik sowie Gemälde auf Holz.

GARDONE RIVIERA

Enoteca Bedussi (Corso Repubblica 40) bietet eine umfangreiche Auswahl von Weinen, Spirituosen und lokalen Likören an. **Antique Marino** an der Piazza Marconi 6 bietet eine schöne Auswahl an Antiquitäten – ungewöhnlich für eine so kleine Stadt.

LIMONE

Im Ort gibt es nur wenige Geschäfte, zu den schönsten zählen **Pace Mirella** am Lungolago Marconi 14 mit einer großen Auswahl an Nüssen und Trockenfrüchten sowie **Raffi** in derselben Straße (Nr. 48), wo es stylische Designermode zu kaufen gibt.

SALÒ

Handtaschen und Schmuck bietet **Tranquilli** (Via San Carlo 58), elegante Mode gibt's bei **MR** (Via S. Carlo 39), und Schuhe verkauft **Principe** (Lungolago Zanardelli 21). Eine tolle Auswahl an Silberwaren hat **GB Argento** (Via Fantoni 10) im Angebot. Bei **Quartiere Chic** (Via Fantoni 1) gibt es Küchengeschirr und Leinenwäsche für die Wohnung; Gold, Silber und Kristall bei **Ottica Scotti** an der Piazza G. Zanardelli 7. Die besten Antiquitäten kauft man bei **Arte e Antiquariato da Marinella**, Lungolago Zanardelli 29/30. **Colorificio Nastuzzo** (Via Fantoni 35) bietet Künstlermaterialien und Aquarellkurse.

SIRMIONE

An der Via Vittorio Emanuele, die die Burg mit den Terme di Catullo verbindet, sowie in einigen Seitenstraßen findet man Modegeschäfte.

Erwähnenswert ist die **Art Gallery Donavil** (Via Dante 15) für chinesische Antiquitäten, englisches Silber und Muranoglas. Sowohl **L'Enoteca** (Corte Salvelli 6) als auch **Enoteca Il Volto** (Via Piana 16) haben eine große Weinauswahl. Bei **Sogni Profumati** (Piazza Castello 12) wird Sie die beeindruckende Sammlung von Seifen, Kerzen und Parfüm überraschen. Wenn Sie Edelsteine und Bernstein mögen, sollten Sie einen Blick bei **Più Gioielli** (Via Vittorio Emanuele 54) hineinwerfen.

MÄRKTE

Wochenmärkte gibt es in **Desenzano** (Di), **Limone** (Di), **Manerba** (Fr), **Salò** (Sa), **Sirmione** (Fr), **Toscolano-Maderno** (Do). Am ersten Sonntag im Monat (nicht im Aug.) wird in **Desenzano** ein Antiquitätenmarkt veranstaltet.

Wohin zum ... Ausgehen?

SPORT UND FREIZEIT

Wassersport

Empfehlenswerte Segel- und Surfschulen gibt es in Sirmione (**Martini**, Tel. 3201112465, und **Lana**, Tel. 3386243650, zählen zu den besten), in Desenzano (**Fraglia Vela**, Tel. 0309143343) und Campione (**Vela Club**, Tel. 0365916975).

Die im September in Gargnano ausgetragene **Regatta Centomiglia** (www.centomiglia.it) zählt zu den wichtigsten Segelevents in Europa.

Tauchen kann man gut am Südufer des Sees; in Desenzano sind mehrere Schulen wie **Asso Sub Il Pelicano** (Tel. 0309144449).

Einen **Bootsverleih** werden Sie in fast jedem Ort am See finden.

Erlebnissport

Rund um Tremosine-Tignale kann man gut wandern. Auf den Plateaus bieten sich auch Trendsportarten wie **Parasailing** und **Canyoning** an.

Golf

Am Westufer gibt es gleich mehrere Plätze. Zum **Club Palazzo Arzaga** bei Padenghe (www.palazzoarzaga.com) gehören ein 18- und ein 9- Loch-Platz. Auch im nahen Soiano del Lago gibt es einen 18-Loch- und einen 9-Loch-Platz im **Garda-Golf Country Club** (www.gardagolf.it). Einen 18-Loch-Platz findet man zudem bei Toscolano-Maderno im Bogliaco Golf Resort (www.golfbogliaco.com).

MIT DEM MOUNTAINBIKE VOM SEEUFER AUFS ALTIPLANO

Garantiert weiche Knie bekommen Mountainbiker bei einer Fahrt vom Hafen Campione di Tremosine aufs Plateau nach Pieve di Termosine – Landschaft und Strecke begeistern. Die Tour ist 23 km lang, überwindet im wiederholten Auf und Ab insgesamt 750 Höhenmeter und kann in 4 bis 5 Stunden gefahren werden.

THERMALBAD

Sirmione bietet viele Gelegenheiten zur Entspannung, nicht nur in Hotels, sondern auch in den Terme di Sirmione, Stabilimento Catullo in der Via Punta Staffalo 1 (Tel. 03091681; www.termedisirmione.com).

FESTIVALS

Estate Musicale del Garda Gasparo da Salò ist ein Klassikfestival mit Freiluftkonzerten auf der Piazza Duomo in Salò (Juli–Sept.). Weitere Konzerte werden in Gardone Riviera, Desenzano del Garda und Gargnano zwischen Juli und September veranstaltet. Schön sind auch ein Klassikkonzert im **Palazzo Fantoni** in Salò (Mai und Juni) sowie das **Internationale Klassikfestival** im August in Manerba. Im September wird in Gargnano ein **Gitarrenfestival** veranstaltet, in Gardone Riviera treffen sich zwischen Juni und September Freunde der blauen Noten beim **Jazz-Festival**.

NACHTLEBEN

Während des Sommers gibt es ein **Freiluftkino und -theater** in Desenzano im Castello. Rund um Desenzano finden sich auch die meisten Diskotheken und Musikbars. Zu den besten zählen der **Art Club** (Tel. 0309127285; www.artclubdisco.com) in der Via Mella 4 und das **Sesto Senso** (Tel. 3462178804 in der Via dal Molin); in Lonato sind es das **Dehor** in der Via Fornace dei Gorghi 2 (Tel. 3462178804; www.dehor.net) und das **Fura** (Tel. 3200566704) in der Via Lavagnone 13.

Östlicher Gardasee

Kleine Erlebnisse

Einmal zum Wochenmarkt

Den Markt mit den meisten Ständen gibt es in **Malcesine** (➤ 78). Samstags findet man auf dem gesamten Rathausplatz eine breite Auswahl, besonders an Lederwaren.

Das flüssige Gold

Am Santa-Caterina-Tag (25. Nov.) probiert man beim **Olivenölfest** im – zwischen Torri del Benaco (➤ 91) und Malcesine (➤ 78) gelegenen Castelletto di Brenzone das neue, kalt gepresste Extra Vergine direkt beim Erzeuger.

Das Toskana-Gefühl

Schlanke Zypressen auf sanften Hügeln, Weinreben und das wie ein Vierkanthof angelegte Hotel & Spa **Principe di Lazise** (➤ 93) lassen Toskana-Gefühle aufkommen.

Erste Orientierung

Auf den ersten Blick könnte man sagen, dass das Westufer des Gardasees mit seinen schönen Villen und Gärten sowie den historischen Ortskernen eher den an Kunst und Kultur interessierten Reisenden anspricht, während das Ostufer mit seinen Stränden und Campingplätzen mehr etwas für Sonnenliebhaber und Aktivurlauber ist. Vom Grundsatz her stimmt das – doch beide Uferseiten haben jeweils noch einiges mehr, auch Unerwartetes, zu bieten.

An der Südostspitze des Gardasees findet man klassische Freizeitparks wie Gardaland und die nahe gelegenen Wasserparks. Zugleich ist das Ostufer aber auch eine bekannte Weinbauregion: Der berühmte Bardolino wird aus Trauben gekeltert, die in Sichtweite des Sees wachsen. Weiter landeinwärts befinden sich die Weinlagen des Valpolicella. Auch auf historische Zeugnisse trifft man in diesem Teil des Gardaseegebietes: In Peschiera bauten die Österreicher riesige Befestigungsanlagen, die ihre Machtposition in diesem Teil des Landes stärken sollten. Die massiven Mauern ihrer Verteidigungsanlagen beeindrucken noch heute.

Die strategische Bedeutung des Sees zeigt sich auch in den Burgen. Weithin sichtbar sind die Skaligerkastelle mit ihren typischen Schwalbenschwanzzinnen. Lazise ist ein gutes Beispiel für ein solches Kastell, das eindrucksvollste aber steht in Malcesine: Sein Turm ist zu einem Wahrzeichen des Sees geworden. Zwischen beiden Orten liegt Garda – die Stadt, die dem See ihren Namen lieh. An der Spitze des Sees ist Riva del Garda schon seit Langem ein bedeutender Fremdenverkehrsort. Die Burg der Stadt erinnert an die nicht immer friedliche Vergangenheit des Ortes. Und der Osten hat auch seine Naturschönheiten: Der Monte Baldo oberhalb von Malcesine ist ein beliebtes Wandergebiet. Nicht übersehen sollte man hier die vielen kleinen Sehenswürdigkeiten links und rechts am Wegesrand: die berühmte Flora der Region. Da der Monte Baldo während der Eiszeiten unvergletschert blieb, überlebten hier viele Reliktpflanzen die lange Kälteperiode, darunter zahlreiche Endemiten.

Sonne tanken in Torri del Benaco, das von den Römern zur selben Zeit kolonialisiert wurde wie Verona.

TOP 10

- 2 Malcesine & Monte Baldo ➤ 78
- 3 Garda ➤ 83
- 5 Riva del Garda ➤ 85

Nach Lust und Laune!

- 22 San Martino della Battaglia & Solferino ➤ 88
- 23 Parco Giardino Sigurtà ➤ 88
- 24 Peschiera del Garda ➤ 88
- 25 Gardaland ➤ 89
- 26 Lazise ➤ 89
- 27 Bardolino ➤ 90
- 28 Punta di San Vigilio ➤ 91
- 29 Torri del Benaco ➤ 91
- 30 Nago-Torbole ➤ 92
- 31 Arco ➤ 92

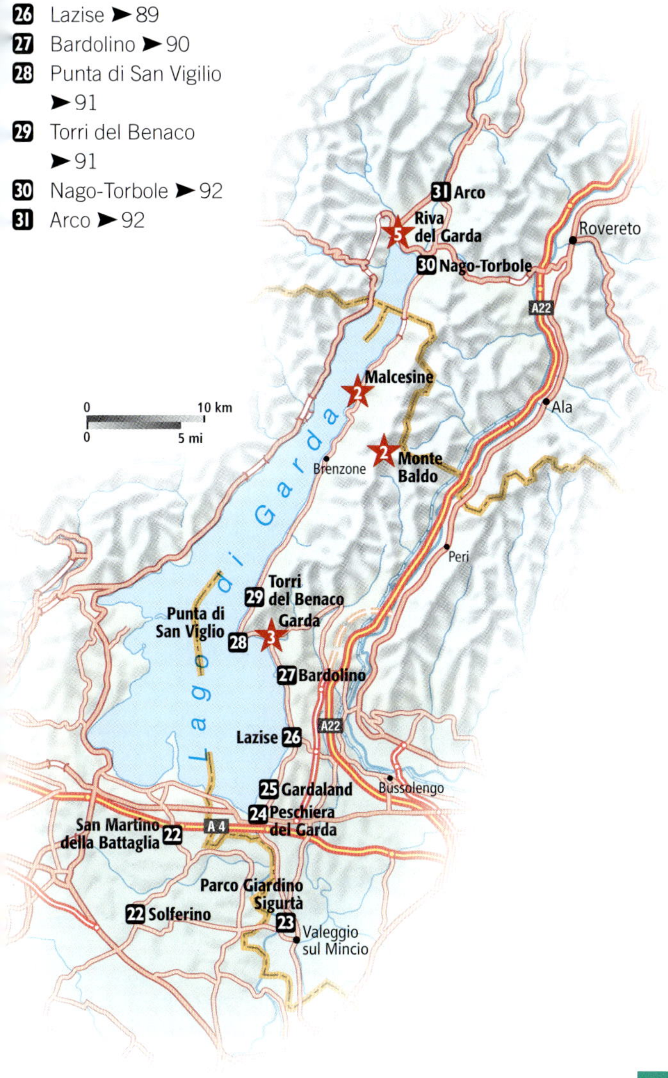

In zwei Tagen

Dieser Routenvorschlag zeigt Ihnen, wie Sie einige der interessantesten Sehenswürdigkeiten am östlichen Gardasee an zwei Tagen besichtigen können. Die jeweiligen Highlights werden auf den nächsten Seiten näher beschrieben.

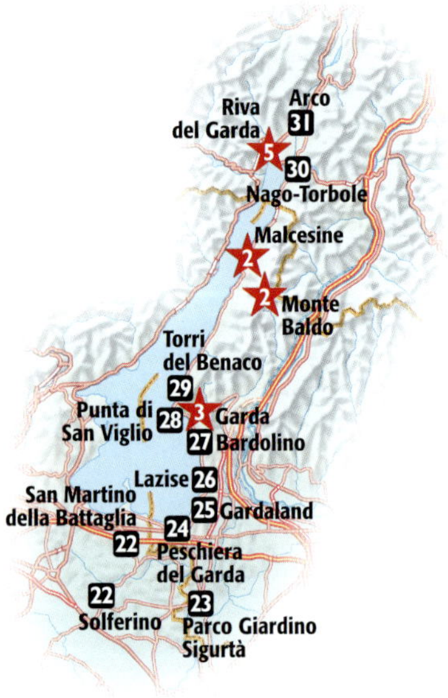

Erster Tag

Vormittags
Beginnen Sie den Tag mit einem Spaziergang um die massive Festung von 24 **Peschiera del Garda** (➤ 88). Fahren Sie dann auf der Uferstraße nach Norden bis 26 **Lazise** (➤ 89). Der alte Hafen mit seinen Erinnerungen an die Republik Venedig und das noch immer eindrucksvolle Skaligerkastell weisen einmal mehr auf die Bedeutung der Region im mittelalterlichen Italien hin. Essen Sie in einem der Hafenrestaurants in Lazise – vielleicht im *Alla Grotta* mit seinem hübschen Hafenblick.

Nachmittags
Weiter geht es Richtung Norden nach 27 **Bardolino** (➤ 90, Abb. rechte Seite), dessen Weinberge die Stadt berühmt gemacht haben. Sie können das Weinmuseum besuchen oder einen kleinen Umweg über einen Abschnitt der Weinroute machen, die an einigen *cantine* vorbei durch die Weinberge führt. Später fahren Sie weiter nach Norden bis nach 3 **Garda** (➤ 83).

Abends
Nach einer Kaffeepause setzen Sie Ihre Fahrt zur rund 4 km entfernten 28 **Punta di San Vigilio** (➤ 91) fort. Genießen Sie ein Bad an einem der Strände am Ostufer. Zurück in Garda, wo Sie auch übernachten können, wartet das Abendessen – testen Sie etwa die *Casa Lady* in der Via Verdi.

Zweiter Tag

Vormittags und mittags
Vielleicht möchten Sie noch einmal zur Punta di San Vigilio für ein morgendliches Bad? Anschließend geht es in Richtung Norden nach 29 **Torri del Benaco** (➤ 91), wo eine weitere Skaligerburg auf Sie wartet. Sie beher-

bergt ein Museum, das sich mit der lokalen Olivenölproduktion beschäftigt. Oliven wachsen an den Hängen des Monte Baldo, die Olivenplantagen sehen Sie auf der Weiterfahrt. Fahren Sie bis Malcesine, aber noch nicht in die Stadt hinein, sondern zunächst zur Talstation der Seilbahn. Gönnen Sie sich ein leichtes Mittagessen im Café auf dem Gipfel des Monte Baldo.

Früher Nachmittag
Wenn es die Zeit erlaubt, machen Sie einen Spaziergang auf dem Bergrücken (➤ 154). Anschließend kehren Sie mit der Seilbahn zurück nach 2 **Malcesine** (➤ 78), wo Sie Zeit für einen schönen Bummel durch die Gassen und zur Burg haben.

Spätnachmittags
Von Malcesine führt die Straße am See entlang nach Norden. Genießen Sie die Aussicht auf das Wasser zu Ihrer Linken und die Hänge des 2 **Monte Baldo** (➤ 81f) zu Ihrer Rechten. Um den Monte Brione herum geht es nach 5 **Riva del Garda** (➤ 85).

Abends
Der Blick vom Monte Brione auf den See ist außergewöhnlich, die kurze Fahrt zum Gipfel lohnt sich auf jeden Fall. Sie können aber auch auf der Straße nach Trento 6 km gen Norden bis nach 31 **Arco** (➤ 92) fahren. Falls der Ausflug auf den Monte Baldo Ihnen nur wenig Zeit gelassen hat, schlendern Sie über die Uferpromenade in Riva, bevor Sie in einem der vielen Lokale der Stadt zu Abend essen (➤ 94).

2 Malcesine & Monte Baldo

Dicht drängen sich in Rot und Ocker die mittelalterlichen Häuser und Palazzi von Malcesine um das Kastell und den Hafen. Beim Bummeln durch die verschlungenen Gassen entdeckt man reizvolle Winkel und schattige Plätze mit Cafés, zahlreiche Geschäfte und Souvenirläden laden zum Stöbern ein. Überragt wird die Stadt vom höchsten Berg am Gardasee: Das majestätische Massiv des Monte Baldo zieht sich über 35 km die Ostküste entlang bis Torri del Benaco im Süden.

Nördlich von Peschiera del Garda durchquert die Gardesana Orientale die **Riviera degli Olivi**, die Olivenriviera. Zunächst führt die Uferstraße mehr an Weinbergen denn an Olivenbäumen vorbei, aber weiter nördlich schimmern die silbrigen Blätter dieser Bäume an den Hängen, als spiegelten sie die Lichter auf den Wellen des Sees. Hinter Cassone liegt das Val di Sogno – das »Tal der Träume« ist ebenso friedlich, wie sein Name vermuten lässt. Vor der Küste befinden sich zwei kleine Inseln, die Isola Sogno und die Isola dell' Olivo; der eine Name verheißt Träume, der andere

Malcesines Skaligerburg krönt einen steil zum See hin abfallenden Felsen.

verspricht Oliven. Dann erreicht man Malcesine, den Höhepunkt am Ostufer des Sees.

Malcesine

Dominiert wird die Stadt von der **Skaligerburg Malcesine** aus dem 13./14. Jh. Am eindrücklichsten präsentiert sich diese von der Seeseite, von dort erschließt sich auch erst so richtig die ausgeklügelte Konstruktion der Anlage: Eine Reihe befestigter Mauern umfasst drei Innenhöfe, die sich über eine zerklüftete Landzunge erstrecken. Der ganze Komplex ist heute als Museum zugänglich. Hinter dem Haupteingang links liegt die 1620 erbaute Casermetta (kleine Kaserne), in der zwei kleine Naturkundemuseen untergebracht sind, die sich mit Flora, Geologie und Vogelwelt des Monte Baldo beschäftigen (Museo del Baldo) sowie mit der Pflanzen- und Tierwelt des Gardasees (Museo del Garda). Vom Aussichtsbalkon am anderen Ende des Hofs blickt man auf die Berge am Westufer. Eine Treppe führt zur ehemaligen Pulverkammer, in der ein Goethe-Saal untergebracht ist. Hier kann man eine Kopie der Zeichnung betrachten, die Goethe auf seiner »Italienischen Reise« von der Burg anfertigte – und die ihn fast ins Gefängnis brachte (➤ 81, Kasten). Ein weiterer Aufgang führt durch ein Portal zu einem dritten Hof mit

Die gesamte, sich aus mehreren Gebäuden zusammensetzende Festung ist heute als Museum zugänglich.

einer Zisterne und einem Fresko, einer im spätbyzantinischen Stil gemalten Mutter Gottes. Im Erdgeschoss der Residenz zeigt das Fischereimuseum (Museo della Pesca) neben Exponaten zum Fischfang auch Bilder vom Transport der venezianischen Kriegsschiffe über die Berge zum Gardasee im Jahr 1435 (➤ Nago-Torbole) und von den Bergungsversuchen der vor ➤ Lazise gesunkenen Galeere. In das Obergeschoss und zum Turm gelangt man nur über die Außentreppe. Am Mauerwerk des fünfeckigen Turms erkennt man, bis wohin der ältere, wahrscheinlich von den Langobarden (➤ 137) erbaute Turm reichte – ein heute vergittertes Fenster zeigt, wohin die Zugbrücke früher führte. Von der Plattform des Turms kann man den berühmten Ausblick über die Dächer der Stadt und den See genießen.

Der breite Corso Garibaldi führt ins Herz der mittelalterlichen **Altstadt**. Linker Hand liegt die **Piazza Statuto**, an deren Ostseite das Rathaus steht. Von der Piazza Statuto abwärts kommt man direkt zum See und zum Hafen. Nördlich der Piazza geht es in kleine Gassen, die sich zu hübschen Plätzen mit Cafés, Bars und Läden öffnen. Durch die verwinkelten Sträßchen findet man den ausgeschilderten Weg zum etwas höher gelegenen Kastell. Zwischen Hafen und Kastell gibt es keine Uferpromenade, sondern nur Stichstraßen zum See. Dafür haben Cafés und Restaurants Terrassen direkt am Wasser.

Der zinnenbekrönte gotische **Palazzo dei Capitani** erinnert an die venezianische Herrschaft (1405–1797): Hier residierte meist der Gouverneur des Ostufers. Durch ein Eingangstor kommt man ins Vestibül, durch das man geradeaus in einen hübschen, kleinen Garten am See gelangt. Die Decke im Vestibül trägt ein riesiges Fresko, das die Burg zeigt. Im linken Flügel des Gebäudes ist eine Touristeninformation untergebracht. Im Obergeschoss befindet sich der Sitzungssaal (Sala delle Sedute) mit einem breiten Renaissancefries und der etwas kleinere Audienzsaal, der

Wer mit dem Boot nach Malcesine fährt, der bekommt den schönsten Eindruck von der Stadt, die Goethe als ersten venezianischen Ort an der Morgenseite des Sees bezeichnete.

Beim Shoppingbummel in der Altstadt von Malcesine öffnet sich das Gassengewirr vielfach zu einer kleinen Piazza, auf der Tische zur Verschnaufpause einladen.

ebenfalls Fresken aufweist und für Veranstaltungen genutzt wird. Eine lange Promenade führt vom Hafen an mehreren Stränden vorbei nach Süden zu einer grünen Landzunge (45 Min.), dem Val di Sogno (Tal des Traums). Vor dem Lido Sopri ragt die winzige Isola dell‘ Olivo aus dem Wasser; nahe dem Strand am Südende der Landzunge sieht man die Isola del Sogno.

Monte Baldo

Von Malcesine fährt eine Seilbahn auf die Spitze des Monte Baldo. Oben angekommen, kann man einfach die Aussicht genießen oder einen Spaziergang auf dem Bergrücken unternehmen (► 154). Die Flanke des hohen Gipfels über dem See wird wegen der Artenvielfalt und der Vielzahl der Pflanzen oft als Botanischer Garten Italiens bezeichnet. Zwei Naturschutzgebiete wurden eingerichtet: Die obere Grenze der Riserva Naturale Integrale Lostoni Selva Pezzi verläuft über den Kamm des Monte-Baldo-Bergrückens,

EIN DEUTSCHER DICHTER ALS ÖSTERREICHISCHER SPION?

»Den 3. September [1786] früh drei Uhr stahl ich mich aus dem Karlsbad weg, man hätte mich sonst nicht fortgelassen. Man merkte wohl, daß ich fort wollte. Ich ließ mich aber nicht hindern, denn es war Zeit.« Insgesamt eindreiviertel Jahre lang war Johann Wolfgang von Goethe, der die eben zitierten Zeilen in sein Tagebuch schrieb, in Italien unterwegs. Diese Zeit, die er in seiner »Italienischen Reise« ausführlich schilderte, bezeichnete er später wiederholt als glücklichste seines Lebens. Dabei schien sie anfangs unter gar keinem guten Stern zu stehen: Am 13. September wurde er in Malcesine, damals nahe der Grenze zwischen Venedig und Österreich gelegen, um ein Haar verhaftet. Man hatte ihn dabei beobachtet, wie er die Burg zeichnete, die für ihn nichts anderes als ein »ruinöses Gemäuer« darstellte, und daraufhin hielten ihn die Venezianer für einen österreichischen Spion, der militärische Anlagen auskundschaften wollte. Nur mit Mühe konnte er die misstrauischen Bewohner davon überzeugen, dass er von bildungsbürgerlichem Eifer beseelt und ohne politische Absichten war.

Auf dem Monte Baldo bieten sich immer wieder herrliche Panoramablicke auf den »Benaco«, wie der See nach Benacus, einer einst in Oberitalien verehrten keltischen Gottheit, auch genannt wird.

die untere Grenze verläuft oberhalb der Uferstraße. Das zweite Schutzgebiet, die Riserva Naturale Integrale Gardesana Orientale, liegt am Fuß der Berge zwischen Malcesine und Torbole.Der Vegetationswechsel lässt sich während der Seilbahnfahrt gut beobachten. Nahe am See wachsen Olivenhaine sowie Steineichen und Pinien. Weiter oben findet man alpine Arten wie Enzian, Alpenorchidee sowie Feuerlilie und Alpenveilchen. Oben auf dem Bergrücken wachsen schließlich Spezies, die man eher in der arktischen Tundra als im sonnenverwöhnten Südeuropa erwarten würde – Steinbrech und Silberwurz zum Beispiel. Neben Pflanzen, die man aus anderen europäischen Regionen kennt, wachsen am Monte Baldo drei endemische Arten, eine Anemone *(Anemone baldensis)*, ein Labkraut *(Galium baldensis)* und ein Ehrenpreis *(Veronica bonorata)*.

Nördlich von Malcesine hatten die Erbauer der Gardesana Orientale so wenig Platz zwischen See und Bergseite, dass sie Tunnel schlagen mussten. Der kürzere der beiden Tunnel überquert die Grenze zwischen dem Veneto und dem Trentino.

KLEINE PAUSE

In der Stadt sind das **Caffè al Porto** und die **Bar San Marco**, beide am kleinen Hafen gelegen, eine gute Wahl. Im San Marco kehrte schon Goethe während seiner Italienischen Reise ein.

Malcesine 181 D4 **Monte Baldo** 181 D4

Museo Castello Scaligero

04 56 57 03 33 April–Okt. tägl. 9.30–19 Uhr 6 €

Seilbahn auf den Monte Baldo

Sommer tägl. 8–17 Uhr; Winter 8–16 Uhr. Die Bahnen fahren alle 30 Min.; Fahrtdauer 10 Min. Die Seilbahn ist im Nov. und Anfang Dez. meist wegen Wartungsarbeiten geschl. 10 € (mit Rückfahrt 15 €)

BAEDEKER TIPP

- Wer den Mut hat, einen **Paragliding-Tandemflug vom Monte Baldo** zu wagen, der wird die besten Blicke mitnehmen und die Freiheit über dem See im wahrsten Sinne des Wortes grenzenlos genießen. Abflug ist auf 1800 m, jeder zwischen 12 und 80 Jahre sowie zwischen 40 und 110 kg kann ohne Vorbereitung mitfliegen, Ankunft nach 30 bis 45 Min. am See bei Malcesine (www.paragliding-academy.com, 100 €).
- Machen Sie einen Ausflug in die Vorortgemeinde **Cassone** und staunen Sie über den kürzesten Fluss der Welt: Der **Aril** misst nur 175 m, inklusive kleinem Wasserfall.

3 Garda

Der beliebte Ferienort zeichnet sich durch ein ausgesprochen mildes Klima aus, da er windgeschützt zwischen den Hängen des Monte Luppia im Norden und dem Tafelberg im Süden liegt, auf dem die Ruinen der mittelalterlichen Burg thronen.

Dass Garda schon sehr früh besiedelt war, bezeugen Reste von Pfahlbauten am Fuß des Rocca-Hügels und die Ruinen eines keltischen Heiligtums auf dem Berg. Im späten 5. Jh. errichtete Theoderich, der König der Goten, dort eine Burg. Eine zentrale Rolle in der Geschichte des Ortes und gar ganz Italiens spielte im 10. Jh. aber eine Frau: Zu jener Zeit hauste der Langobarde Berengar II. auf der Burg, der nach der italienischen Königswürde strebte. Diesem Ansinnen stand König Lothar von der Provence im Weg, den Berengar – was nicht bewiesen, aber höchst wahrscheinlich ist – ermorden ließ, um dessen Witwe Adelheid 951 auf seine Burg zu entführen. Berengar dachte taktisch: Sie sollte seinen Sohn ehelichen, um diesem den Anspruch auf die italienische Krone zu ermöglichen. Doch Adelheid weigerte sich, worauf Berengar sie in den Kerker werfen ließ. Adelheid konnte fliehen und wurde kurz darauf die Gemahlin König Ottos des Großen, der Berengar besiegte und ihn lebenslänglich in Bamberg einkerkerte. Gegen Ende des 13. Jh.s regierte in Garda die Familie der Scala, ab Anfang des 15. Jh.s Venedig, unter dessen Herrschaft der Ort aufblühte, die Burg aber verfiel.

Die Luft, das Licht, die Bläue des südlichen Himmels und die Vegetation seien ihm »ein tägliches Entzücken« gewesen, schrieb Goethe. Und wer an einem lauen Sommerabend in Garda am Hafen steht, dem geht es nicht viel anders als dem Dichter.

Stadt und Rocca

Die reizvollen Palazzi in der Altstadt entstanden im 15./16. Jh. unter den Venezianern. An zentraler Stelle am Hafen steht der gotisch-venezianische **Palazzo del Capitano**. Früher schwappte das Wasser des Sees noch unmittelbar an das blassgelbe Gebäude mit seinen sechs Spitzbogen-

fenstern, später schüttete man das Hafenbecken zu, sodass sich heute hier die **Piazza Catullo** mit Cafés und Trattorien ausdehnen kann. Ebenfalls am Hafen erbaute der Veroneser Baumeister Michele Sanmicheli den **Palazzo Carlotti** (auch Palazzo Losa genannt). Über den Arkaden im Untergeschoss des Renaissancebauwerks erhebt sich eine Loggia mit fünf Bogen.

Parallel zur Uferpromenade verläuft die Hauptgasse **Corso V. Emanuele**, die weiter südlich in die Via S. Stefano sowie schließlich in den Corso XX Settembre übergeht und von zwei Stadttoren begrenzt wird. Nahe dem Nordtor wurde 1510 der Palazzo Fregoso erbaut.

Das bedeutendste Bauwerk Gardas liegt am nördlichen Ende der Altstadt hinter einer hohen Mauer. Der ältere Teil der **Villa Albertini** ist an der gelben Fassade zu erkennen und entstand 1779, die roten Türme mit Zinnenkränzen wurden erst im 19. Jh. angefügt. Am 10. Juni 1848 weilte der König von Sardinien und Piemont, Carlo Alberto, in der Villa Albertini in Garda, wo nach einer Volksabstimmung der Anschluss der Lombardei an sein Königreich proklamiert wurde. Da sie sich in Privatbesitz befindet, ist eine Besichtigung nicht möglich.

Die knapp einstündige Wanderung zur Ruine der Rocca auf dem 300 m hohen Berg südöstlich der Stadt lohnt wegen der Aussicht über den See. Festes Schuhwerk ist vonnöten. Man biegt links neben der Kirche **Santa Maria Maggiore** (15. Jh., später barockisiert) in die Via S. Bernardo ein, die einige Meter weiter rechts abknickt. Von da geht rechts die Via degli Alpini ab, die den Berg hinaufführt.

DIE NYMPHE MIT DEM BLAUEN HAAR

Es heißt, der Ort und auch der See hätten ihren Namen der blauhaarigen Nymphe Engardina zu verdanken, die hier einem jungen Wassergott so den Kopf verdrehte, dass dieser für sie einen großen See schuf und sich mit ihr unverzüglich in diesen hineinwarf, woraufhin das Wasser die herrlich blaue Farbe ihres Haares annahm. Doch so schön diese Legende auch klingt – tatsächlich leitet sich der Name »Garda« wohl eher vom germanischen »warden« ab, das im Althochdeutschen zu »garden« (Burg) wurde.

KLEINE PAUSE

Wie wäre es mit einem Kaffee in der **Bar da Franco** am Seeufer oder in der **Trattoria Bar Bella Venezia**, Vicolo del Pio 12?

180 C2

BAEDEKER TIPP

- Jeden Freitagvormittag findet in der Altstadt ein **schöner Markt** statt.
- Durch ein Tor rechts neben der Kirche Santa Maria Maggiore gelangt man in den Kreuzgang eines ehemaligen Klosters aus dem 14. Jh. Dort sind u. a. oberhalb des Treppenaufgangs zur Loggia verzierte Steine aus langobardischer Zeit eingemauert.
- Die knapp einstündige Wanderung hinauf zur Rocca empfiehlt sich im Vormittagslicht genauso wie am frühen Abend, um den Sonnenuntergang zu beobachten; der Weg bergab ist auch in der Dämmerung gut erkennbar.

5 Riva del Garda

Die elegante, zu den größten und bekanntesten Urlaubsorten der Region zählende Stadt hat einen der wichtigsten Häfen am See sowie ein schönes Altstadtzentrum, und während manche Gardaseestrände kaum breiter als ein Handtuch sind, ist der Strand in Riva so groß, dass er selbst im Hauptferienmonat August kaum überlaufen ist. Schatten spendende Bäume gibt es zur Genüge – und Eintritt zum Strand wird auch nicht verlangt.

Riva liegt im äußersten Nordwesten des Gardasees und wird von zwei Bergen flankiert: Im Osten trennt der nur 376 m hohe Monte Brione den Ort vom benachbarten Torbole, im Westen ragen die letzten Ausläufer des Monte Rocchetta (1521 m) als steile, hohe Felsen auf. Ihre strategisch günstige Lage, mittels der sich der Nord-Süd-Handel von den Alpen bis zur Po-Ebene kontrollieren ließ, weckte immer wieder Begehrlichkeiten: die der Trentiner Fürstbischöfe, der Grafen von Arco, der Skaliger aus Verona, der Visconti aus Mailand und der Venezianer. Die entscheidende Seeschlacht der Venezianer gegen die Mailänder, die die Venezianer in Besitz des gesamten Gardaseeraums brachte, fand 1438 vor Riva statt. Nach dem Wiener Kongress fiel Riva 1815 an Österreich, bei dem es bis 1918 blieb. Um 1900 war die Stadt ein beliebtes Reiseziel des Adels und Großbürgertums, der Künstler und Schriftsteller. Franz Kafka, Thomas Mann, Friedrich Nietzsche, Rainer Maria Rilke, Sigmund Freud und D. H. Lawrence sind nur einige der namhaften Persönlichkeiten, die hier zeitweise Quartier nahmen.

Das Zentrum der Altstadt bildet die **Piazza Tre Novembre** am Hafen. Unter den bunt gestrichenen Häusern mit ihren langen Laubengängen fällt an der Westseite des Platzes

Die im lombardisch-venezianischen Stil errichteten Palazzi (rechts im Bild der Palazzo Municipale) und Arkaden in Riva lassen den Einfluss Veronas wie der Serenissima auf die Stadt erkennen.

BAEDEKER TIPP

- Ein Spaziergang durch die Straßen der Altstadt sollte auch zur »Kirche der Unberührten« führen, dem kunsthistorisch bedeutendsten Bauwerk Rivas: Die äußerlich schmucklose, im Inneren prächtig ausgestattete **Chiesa dell' Inviolata** wurde Anfang des 17. Jh.s von einem unbekannten portugiesischen Architekten über achteckigem Grundriss errichtet.
- Etwa 200 m über der Stadt ragt aus den Baumwipfeln am Hang des Monte Rocchetta ein Rundturm heraus, der einzige Überrest der 1703 von Franzosen zerstörten venezianischen Festung. Von dort blicken Sie herrlich auf Stadt und See.
- Am Ufer entlang kann man bis zum Monte Brione auf einer schönen Promenade spazieren, vorbei an kilometerlangen Stränden und gepflegten Liegewiesen, Lokalen und Campingplätzen.
- **Muss nicht sein:** Wenn Sie sich für **Pfahlbauten** interessieren, ist das Museum am Lago di Ledro (► 62) interessanter als das Museum in der Rocca von Riva del Garda.

BAEDEKER TIPP

Eines der beiden schönsten Schiffe, der **Schaufelraddampfer »Zanardelli«** von 1903, verkehrt ausschließlich im Norden, im Viereck Riva, Limone, Malcesine, Torbole. Die schnellste **Direktverbindung von Riva nach Peschiera**, also die längste Strecke, dauert 3,5 Stunden. Eine komplette **Schiffsrundfahrt zu den wichtigsten Orten am See** lässt sich also an einem Tag nur machen, wenn man auf einen Bummel durch die einzelnen Orte verzichtet (Strecke Riva – Malcesine 7,50 €; Fahrplan: www.navigazionelaghi.it).

ein Ensemble aus drei bedeutenden Palazzi ins Auge, in denen heute u. a. das Rathaus untergebracht ist: Aus dem 14. Jh. stammen der **Palazzo Pretorio** und der über Eck gebaute **Palazzo del Provveditore**, beide unter Cansignorio della Scala erbaut. Der **Palazzo Municipale**, in dem die venezianischen Gouverneure residierten, wurde im 15. Jh. angefügt. Durch den Laubengang und ein zinnenbekröntes Stadttor (Porta Bruciata) kommt man auf die kleine **Piazza Rocco**; rechter Hand kann man in die offene Apsis der früheren Kirche San Rocco sehen. An der Ostseite des Platzes ragt etwas schief der 34 m hohe **Torre Apponale** auf, der als Teil der Stadtmauer im 13. Jh. zur Verteidigung errichtet wurde. Die **Rocca** östlich des Torre Apponale steht mitten im Grünen auf einer kleinen, von Wassergräben umgebenen Insel. Sie wurde 1124 von den Skaligern erbaut sowie später von den Österreichern umgebaut und als Kaserne genutzt. Das darin eingerichtete Museum **(Museo Alto Garda)** zeigt archäologische Funde der Region und besitzt eine Pinakothek mit Gemälden vom 16. bis zum 20. Jh.

Linke Seite: Vom leicht schiefen Uhrturm Torre Apponale an der Ostseite der Piazza Rocco am Hafen war Friedrich Nietzsche so begeistert, dass er sich wünschte, sein Leben darin als Eremit zu beschließen.

Umgebung

Von Riva erreicht man über die Straße 421 (Richtung Lago di Tenno) nach ungefähr 4 km Varone: Hier stürzt die **Cascata del Varone** 90 m in eine enge Schlucht. Dank einiger Wege kommt man sehr nahe an die Fälle heran und erlebt so umso intensiver die Kraft des Wassers, den Lärm und die Gischt. Wasserfeste Kleidung ist zu empfehlen.

KLEINE PAUSE

Riva hat eine der schönsten Uferpromenaden am See. Setzen Sie sich beispielsweise in das **Caffè Città** oder ein Restaurant an der Piazza Tre Novembre, und genießen Sie die Atmosphäre. Ein ruhigeres Plätzchen findet man in der **Maroni Pasticceria** an der Ecke Via Maria/Piazza Cavour.

---

181 D5

Museo Alto Garda (MAG) und Torre Apponale (Rocca di Riva)
0464 573869; www.museoaltogarda.it März–2. Nov. Di–So 10–18 Uhr; Juni, Juli, Aug. und Sept. tägl. geöffnet Museum und Turm einzeln jeweils 2 €, beides zusammen 3 €

Cascata del Varone
0464 521421 Mai–Aug. tägl. 9–19 Uhr; April und Sept. 9 bis 18 Uhr; März und Okt. 9–17 Uhr; Nov.–Feb. nur So und feiertags 10–17 Uhr 5,50 €

Nach Lust und Laune!

22 San Martino della Battaglia & Solferino

Ein Besuch von San Martino, Solferino und Castiglione delle Stiviere im Süden von Desenzano konfrontiert mit dem Risorgimento, dem italienischen Unabhängigkeitskrieg gegen die Habsburger, dessen entscheidende »Schlacht von Solferino« am 24. Juni 1859 ausgetragen wurde. Das unendliche Leid von mehreren Tausend Verwundeten, die ohne ärztliche Hilfe qualvoll auf dem Schlachtfeld sterben mussten, führte zur Gründung des Roten Kreuzes durch den Schweizer Humanisten christlicher Prägung Henri Dunant. An klaren Tagen schon vom Gardasee aus sichtbar, ragt der 65 m hohe Turm von San Martino auf, das den Beinamen »della Battaglia« trägt. Hinter dem Aussichtsturm ist ein Museum zur Schlacht von 1859 eingerichtet. Eine 400 m lange Rampe schraubt sich bis zu einer Aussichtsplattform hoch. Die Wände entlang der Rampe sind mit großen Gemälden über die italienischen Befreiungskriege seit 1848 bemalt. Im wenige Meter entfernten Museo della Battaglia sind Uniformen, Ausrüstung, Waffen, zerfetzte Fahnen, Briefe und Münzen aus dem Krieg von 1859 ausgestellt. Im Beinhaus (Ossario), werden mehr als 1400 Schädel und die Gebeine von gefallenen Soldaten aufbewahrt.

180 B1

Torre di San Martino e Museo
03 09 91 03 70
März–Sept. tägl. 9–12.30, 14.30–19 Uhr; Okt.–Feb. Di–So 9–12.30, 14–16.30 Uhr
2,50 €

Museo Della Croce Rossa
Via Garibaldi 50, 46044 Castiglione delle Stiviere
03 76 63 85 05
April–Okt. Di–So 9–12, 15 bis 18 Uhr; Nov.–Feb. 9–12, 14–17 Uhr
5 €

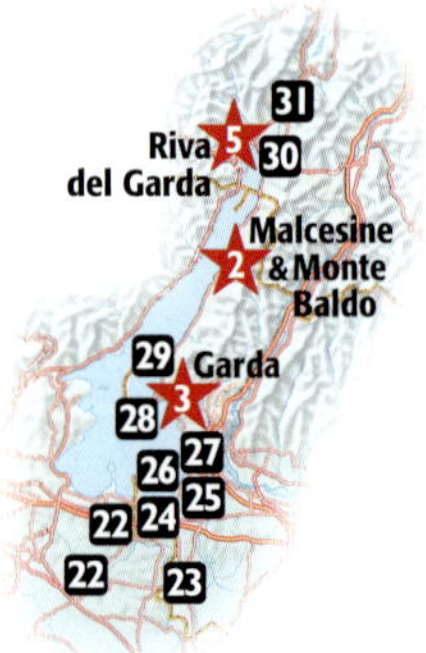

23 Parco Giardino Sigurtà

Etwa 8 km südlich von Peschiera, bei Valeggio sul Mincio, liegt der rund 0,6 km² große Naturpark Giardino Sigurtà, das Werk des Grafen Carlo Sigurtà (1898–1983). Mithilfe des Wassers aus dem Mincio, dessen Nutzungsrechte sich der Graf gesichert hatte, verwandelte er die zuvor von trockenen Moränenhügeln geprägte Landschaft in eine der schönsten Gartenanlagen Europas. Fast 40 Jahre lang widmete sich Sigurtà der Hege und Pflege, danach übernahm sein Neffe Enzo diese Aufgabe. Seit 1978 ist der Park der Öffentlichkeit zugänglich.

180 C1 04 56 37 10 33
April–Sept. 9–19, März, Okt. und Nov. 9–18 Uhr 12 €

24 Peschiera del Garda

Peschiera, wo der Mincio den Gardasee verlässt, hatte schon immer eine besondere strategische Bedeutung. Bereits die Römer besetzten den Ort, im Mittelalter wurden eine Burg und ein ummauerter Hafen errichtet. Als die Österreicher das

Südlich von Peschiera zieht die Wallfahrtskirche Madonna del Frassino viele Pilger an.

Gebiet in ihren Herrschaftsbereich eingliederten, rissen sie die Burg nieder, verstärkten aber die Mauern und machten Peschiera zu einem der vier Eckpfeiler ihres Verteidigungsgürtels (neben Legnano, Mantua und Verona). Die österreichischen Wehranlagen sind immer noch beeindruckend anzusehen – um sie vollständig zu betrachten, muss man sich jedoch aufs Wasser begeben. Achten Sie auf dem Hauptplatz auf die Rathausuhr: Zwei Bronzeadler zeigen mit ihren Schnäbeln die Stunde an.

180 C1

25 Gardaland

Nördlich von Peschiera findet man Italiens größten und beliebtesten Freizeitpark. Jedes Jahr kommen neue Attraktionen hinzu, sodass es auch denjenigen nicht langweilig wird, die immer wieder hierherkommen. Der Park eignet sich für Kinder aller Altersstufen, Erfrischungen gibt es reichlich. Zum Gardaland gehören auch das Sealife und das Delfinarium. Ein Pendelzug fährt an Sommerwochenenden kostenlos vom Bahnhof von Peschiera zum Gardaland. Vor allem an den Wochenenden in der Hauptsaison sind Park und Parkplätze allerdings meist überfüllt.

180 C2 045644 97 77 Ostern–Juni und Mitte–Ende Sept. tägl. 10–18 Uhr; Juli bis Mitte Sept. 9–24 Uhr; Okt. Sa und So 9.30 bis 18 Uhr 31 €; Eintritt frei für Begleitpersonen von Menschen mit Handicap und Kinder unter 1 m. Ermäßigung für Besucher unter 10 und über 60 Jahre

26 Lazise

Eine intakte Stadtmauer umgibt das historische Zentrum von Lazise. Da es sich um eine verkehrsberuhigte Zone handelt, kann man in Ruhe durch die hübschen, mittelalterlich anmutenden Gassen mit zahlreichen Läden, Cafés, Trattorien und Restaurants bummeln. Schon im Mittelalter war die römische Siedlung Lasitium zu einem Marktort mit Kastell aufgestiegen. Die Skaliger erneuerten die Burg im 13. Jh. und verliehen ihr das heutige Aussehen mit zinnenbekrönten Türmen und Wehrgängen. Später fiel ihr unter der Herrschaft Venedigs eine

Schlüsselstellung zu. Heute ist die Skaligerburg bewohnt und zusammen mit der Villa Bernini von einem Park umschlossen (keine Besichtigung). Das schmale Hafenbecken am Ende der Piazza Vittorio Emanuele wird eingerahmt von einer hübschen Häuserzeile mit Restaurants und Trattorien. Zum Hafen hin wie zum See öffnen sich die beiden weiten Bogen des im 14. Jh. erbauten Arsenals (Vecchia Dogana). Das aus weißem Bruchstein und Kieseln gefertigte Gebäude diente u.a. als Zollhaus und wird heute für wechselnde Ausstellungen genutzt. Hinter dem Arsenal ragt der schmale Glockenturm der mit schönen Fresken geschmückten Kirche San Nicolò (12. Jh.) auf.

180 D2

27 Bardolino

Zu den bekanntesten Weinanbaugebieten an den Ufern des Sees gehört die Region um Bardolino, in der der gleichnamige Rotwein gekeltert wird. Vom Weinmuseum aus kann man der ausgeschilderten Route durch das Weinbaugebiet folgen (► 165). Auch Oliven spielen in Bardolino eine wichtige Rolle: Das Museo dell'Olio d'Oliva zeigt u.a. eine hydraulisch angetriebene Ölpresse aus dem 19. Jh.

Den Mittelpunkt der Altstadt bildet die Piazza Matteotti, eigentlich mehr eine breite Flaniermeile als ein Platz, mit vielen Läden, Cafés und Trattorien. Der Eingangsbereich der neoklassizistischen Kirche Santi Nicolò e Severo wird von vier hohen Säulen markiert (19. Jh.). Vor dieser Kulisse geben die Bardoliner Philharmoniker von Juni bis September jeden Mittwochabend ein Konzert im Freien.

An der Uferpromenade ist mit einem verwitterten Turm ein spärlicher Rest der Skaligerfestung zu sehen. Schöne Wanderungen kann man auf der Uferpromenade nach Norden bis Garda (3 km) machen – der Spazierweg führt an Olivenhainen, Badestellen und kleinen Wäldchen vorbei – oder nach Süden bis Cisano. Zu den schönsten und besterhaltenen romanischen Kirchen im Veroneser Raum gehört San Severo mit einem hohen, schlanken Campanile. Der Grundriss des Ende des 11. Jh.s aus Bruchsteinen errichteten Baus ist nicht symmetrisch, die Seitenschiffe sind unterschiedlich lang und breit. Die Wände im Innern bedecken ungewöhnlich lebendig wirkende Fresken. Zu den ältesten Bauwerken aus karolingischer Zeit gehört die kleine, versteckt in der Via San Zeno liegende Kirche San Zeno. Der winzige, schmal und hoch wirkende einschiffige Bau über kreuzförmigem Grundriss wurde im 8. Jh. errichtet. Am Ende des Borgo Cavour stößt man auf die herrschaftliche Privatvilla der alteingesessenen Familie Guerrieri Rizzardi. Sie steht in einem großen, im 16. Jh. angelegten Park, der sich bis zur Seepromenade ausdehnt. In einem Laden neben dem Tor kann man Wein und Öl aus hauseigener Produktion erstehen.

180 D2

Museo del Vino
Via Costabella 9 · 04 56 22 83 31; www.museum.it · tägl. 8.30–12.30 und 14.30–18.30 Uhr, außer den Feiertagen in Dez. und Jan. · frei

Museo dell'Olio d'Oliva
Via Peschiera 54 · 04 56 22 90 47 · März–Mitte Jan. tägl. 9–12.30, 14.30–19 Uhr · frei

Punta di San Vigilio: Die kleine Landzunge gehört zu den schönsten Orten am Gardasee.

28 Punta di San Vigilio

Schon die Römer müssen den Reiz dieser 3 km westlich von Garda gelegenen, von Wiesen, Olivenbäumen und Zypressen bedeckten Landzunge gespürt haben, denn sie erbauten hier eine Villa. Heute steht am Ende einer Zypressenallee die privat genutzte Villa Guarienti. Im First-Class-Hotel Locanda di San Vigilio mit nur 14 Zimmern stiegen schon Laurence Olivier und Winston Churchill ab. Hier befinden sich auch die einem Einsiedler des 13. Jh.s gewidmete Kirche San Vigilio, ein Privathafen und ein Restaurant. Wer an der Punta baden will, kann das an der gepflegten Baia delle Sirene (Sirenenbucht) tun, die mit Restaurant, Duschen und Spielplatz ausgestattet ist.

180 C2

Strandbad

Parco Baia delle Sirene Mo–Sa. 9.30 bis 20, So 9–20 Uhr 12 €

29 Torri del Benaco

Eine weitere, noch mit einem Teil der alten Stadtmauer verbundene Skaligerburg bewacht die Landzunge an der östlichen Anlegestelle der Autofähre zum gegenüberliegenden Ufer. Die eindrucksvolle Anlage beherbergt heute ein Museum, das den hier am See heimischen Erwerbszweigen gewidmet ist: der

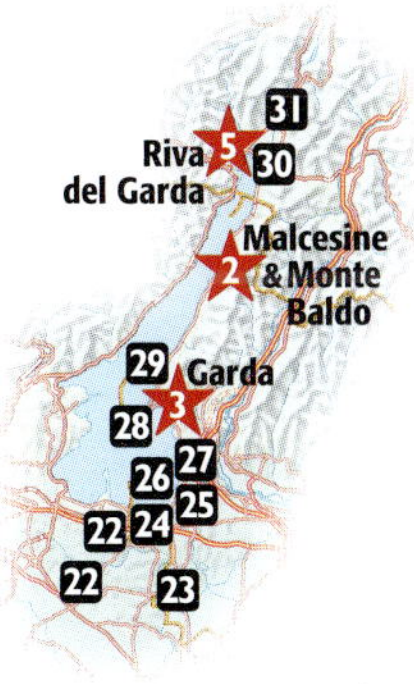

Olivenöl- und Zitronenproduktion, dem Fischfang und der Gewinnung von Naturstein – Torri del Benaco war einst für seinen rotgelben Marmor berühmt. Dazu kommt noch eine Sammlung prähistorischer Felsgravuren aus der Region. Das alte Zitronenhandelshaus, die im Jahr 1760 erbaute Lemonaia, ist ebenfalls zu besichtigen: Nur wenige Häuser haben aus dieser Zeit überlebt, in der Zitronen für die Wirtschaft des Gardasees ebenso wichtig waren wie Oliven. Wer Zeit hat, sollte auch einen Blick auf die Fresken aus dem 14. Jh. in der Kirche Santa Trinità werfen – sie wurden im Stile Giottos gefertigt. Die Chiesa steht am hübschen alten Hafen, dem Ortsmittelpunkt von Torri del Benaco, zu dessen Schutz auch einst die Burg errichtet worden ist.

180 C3

Museo del Castello Scaligero di Torri del Benaco und Lemonaia

04 56 29 61 11 Juni–Sept. tägl. 9.30 bis 13, 16.30–19.30 Uhr; April–Mai und Okt. tägl. 9.30–12.30, 14.30–18 Uhr 4 €

30 Nago-Torbole

Während sich in der Regel das ganze Jahr über nur wenige Reisende nach Nago verirren, ein rund 150 m über dem Hauptort Torbole auf einem Felsplateau gelegenes Dorf, strömen täglich Tausende an die

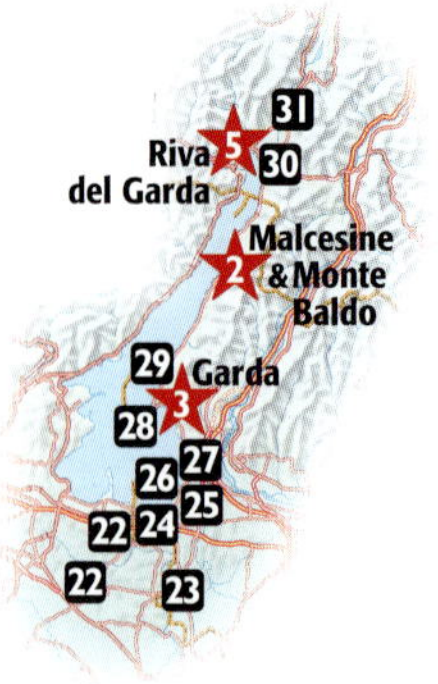

Strände von Torbole, das sich direkt ans Seeufer schmiegt und zu einem der wichtigsten Surf- und Segelzentren am Gardasee geworden ist. Auch Mountainbiker und Kletterer finden hier ideale Bedingungen, denn der Norden des Gardasees ist fast völlig von Bergen umschlossen; Wanderwege und Kletterfelsen sind gut ausgeschildert. Nagos einzige Sehenswürdigkeit ist die Ruine eines erstmals im Jahr 1210 erwähnten Kastells (13. Jh.), das einst das Gebiet vom Etschtal bis zum Gardasee überwachte. Die strategisch günstig gelegene Festung war im Besitz der Grafen von Arco, der Castelbarco, der Trentiner und der Venezianer, bevor sie im Jahr 1703 von den Franzosen zerstört wurde.

181 D5

31 Arco

Nördlich des Gardasees, etwa 6 km von Riva und Nago-Torbole entfernt, erhebt sich der steile Burgberg von Arco, zu dessen Füßen der gepflegte Luftkurort mit Palmenalleen, schön renovierten Renaissancehäusern und hübschen Geschäften liegt. Das milde Klima des Städtchens veranlasste schon 1872 den österreichischen Erzherzog Albert, seine Winterresidenz hierher zu verlegen. Heute zieht Arco vor allem Freeclimber an: Jedes Jahr im September ermitteln die Felskletterer beim »Rock Master« in Arco ihren Weltmeister. In Miniaturlandschaften nach den Herkunftsländern der Pflanzen angelegt ist Arcos Baumgarten (Arboreto), ursprünglich der Park des Erzherzoglichen Palasts.

181 D5

Castello di Arco

Via Castello 4 64 51 01 56 April–Sept. tägl. 10–19 Uhr; Okt.–Feb. 10–16 Uhr 4 €

Parco Arciducale Arboreto

Via Lomego 4 64 58 36 36 April bis Sept. 8–19, Okt.–März 9–16 Uhr frei

Wohin zum ... Übernachten?

Preise
Für ein Doppelzimmer pro Nacht:
€ unter 80 Euro **€€** 80–130 Euro **€€€** über 130 Euro

BARDOLINO

Aqualux €€
Eines der besten Spa-Hotels am See mit sechs Pools und sechs Saunen, am Ortsrand gelegen.
180 D2 Via Europa Unita 24
04 56 22 99 99; www.aqualuxhotel.com

Hotel du Lac et Bellevue €€€
90 Zimmer und Suiten, Restaurant, Bar, Pool, Sauna, Fitnesscenter und Bootssteg – ruhig gelegen.
180 C2 Via Santa Cristina
04 56 21 03 55; www.hotel-du-lac-et-bellevue-bardolino.it

GARDA

Locanda San Vigilio €€€
In exquisiter Lage auf der Punta San Vigilio. Erlesen ausgestattete Zimmer, Privathafen, Sonnenterrasse und vieles mehr, aber zu teuer.
180 C2 Punta San Vigilio
04 57 25 66 88; www.punta-sanvigilio.it

LAZISE

Principe di Lazise €€
Hübsches Landhotel am Ortsrand, in einer Hügellandschaft wie in der Toskana gelegen, mit Pool. Sehr gutes Spa- und Restaurantangebot.
180 D2 Località La Greghe
04 56 49 01 77; www.hotelprincipedilazise.com

MALCESINE

Hotel Aurora €
Besonders romantisch gelegenes, modern eingerichtetes Hotel im Herzen von Malcesine. Die Ausstattung ist schlicht, aber die Zimmer sind gemütlich, und das Personal ist sehr freundlich. Parkplatz.
181 C4 Piazza Vittorio Emanuele
04 57 40 01 14; www.aurora-malcesine.com

Villa Monica €€
Haus an einem der schönsten Strände am See, nördlich des Orts. Hallenbad, Parkplatz.
181 C4 Località Baitone
04 56 57 01 11; www.villamonica.com

PESCHIERA DEL GARDA

Hotel Ristorante Bel Sito €
Idealer Ausgangspunkt für Ausflüge zu den örtlichen Attraktionen und nach Verona. Pool, Garten und Tennisplatz, Fahrradverleih.
180 C1 Via Venezia 62
04 56 40 09 21; www.belsitohotel.com

RIVA DEL GARDA

Lido Palace €€€
Das jüngste, Tradition und Moderne exzellent miteinander verbindende 5-Sterne-Haus ist eines der besten Hotels am See. Sehr gutes Restaurant, sehr elegantes Spa.
181 D5 Via Carducci 10
04 64 02 18 99; www.lido-palace.it

TORRI DEL BENACO

Baia dei Pini €€€
Die Villa liegt direkt am Strand, ist modern und etwas eigenwillig ausgestattet. 3 Sterne, die sich wie 4 anfühlen. Pool, Parkplatz.
180 C3 Via Gardesana 115
04 57 22 52 15; www.baiadeipini.com

Wohin zum ... Essen und Trinken?

Preise
Für ein Drei-Gänge-Menü ohne Getränke und Service:
€ unter 30 Euro **€€** 30–60 Euro **€€€** über 60 Euro

BARDOLINO

Café Italia €
Eher eine Weinbar als ein Café. Zu frischen Gerichten wird eine gute Auswahl lokaler Weine serviert.
180 D2 Piazza Principe Amadeo 2–4
04 57 21 15 85 geschl. Di März–Okt. und Mo–Fr Nov.–Feb.

BRENZONE

Belvedere €
Der Familienbetrieb bietet regionale Spezialitäten wie Kaninchen, hausgemachte Nudeln und Holzofenpizza. Klasse Grappaauswahl.
180 D4 Località Marniga
04 57 42 00 55 Di geschl.

GARDA

Bussola Domani €
Der Besitzer kocht die Pasta, als Hauptgericht können Sie zwischen Fisch und Fleisch wählen. Es gibt auch Sitzgelegenheiten im Garten hinter dem Haus.
180 C2 Via Spagna 29
04 57 25 64 75 geschl. Nov.–März

Trattoria Al Graspo €€€
»Die Speisekarte bin ich«, sagt Küchenchef und Hausherr Luca. Viel Fleisch, guter Fisch.
180 C2 Piazza Calderini 12
04 57 25 60 46 geschl. Nov.–März

LAZISE

Alla Grotta €€
Am alten Hafen gegenüber dem venezianischen Zollhaus und der alten Kirche. Die Gerichte werden z.T. über offenem Feuer gekocht. Traditionelle italienische Karte.
180 D2 Via F. Fontana 8
04 57 58 00 35 Di geschl.

Corte Olivo €€
Gegessen wird in einem schönen Innenhof, direkt innerhalb der alten Stadtmauer, im Sommer Tische im Garten. Traditionelle Speisen.
180 D2 Corso Cangrande 22
04 57 58 13 47 Di geschl.

MALCESINE

Vecchia Malcesine €€€
Die umfassende Karte bietet u.a. Süßwasserfisch – probieren Sie den pochierten Hecht –, Meeresfrüchte und Fleischgerichte, außerdem traditionelle Gerichte mit Pfiff. Riesige Weinkarte. Reservierung empfohlen.
181 C4 Via Pisort 6 04 57 40 04 69
Mi geschl., Feb. geschl., Nov.–Jan. und März mittags geschl.

PESCHIERA DEL GARDA

La Torretta €€
Schönes altes Gebäude mit hölzernen Deckenbalken im Herzen der Altstadt. Auch Tische im Freien.
180 C1 Via G. Galilei 12
04 57 55 01 08 Mi geschl.

RIVA DEL GARDA

Mediterraneo €€
Gutes Restaurant mit traditionellen Gerichten und Holzofenpizzen.
181 D5 Piazza Garibaldi 6
04 64 55 01 75 Di geschl.

Wohin zum ... Einkaufen?

BARDOLINO

Augusta (Piazza Matteotti 37–39) hat eine große Auswahl an Handtaschen, Schuhen und Kleidung. Ungewöhnlicheres bietet das Atelier von **Maura Bontempi** an der Piazza Statuto.

GARDA

Lederwaren gibt es bei **Mola** auf dem Corso Vittorio Emanuele 40. Ausgezeichneten Schmuck findet man bei **Modini** in der gleichen Straße (Nr. 26), und **Bella e Buona** (Nr. 38), bietet eine große Auswahl an Geschenken.

Wer Kunst sucht, wird fündig bei **Garda Ceramiche** in der Via A. Manzoni 20, das ausgezeichnete Keramik vertreibt. Das **Studio per l'Arte** (Calle dei Sottoportici 6) ist das Atelier von Adriano Foschi. Der Maler verkauft auch Künstlerbedarf.

LAZISE

Keramik findet man bei **Il Gatto Nero**, Corso Ospedale 33. **Antico Mulino alla Torre** in der Via Raffaello 35 verkauft italienisches Kunsthandwerk wie Schmuck, Seife und Korbwaren. Bei **Clacson** (Corso Ospedale 28) gibt es schöne Kinderbekleidung.

MALCESINE

Millenium Pelletteria (Piazza Statuto 18) bietet eine schöne Auswahl an Handtaschen und anderen Lederwaren. Schmuck finden Sie bei **Voglia d'Oro** in der Via Capitanato 1. In der Stadt gibt es einige Kunstläden: Der beste ist **Onice** (Corso Garibaldi 53), der sich auf Keramik spezialisiert hat. **Casanova** (Vicolo di Mezzo 5) bietet eine interessante Auswahl an Spitzen, Kerzen, Ölen und anderen Mitbringseln.

PESCHIERA DEL GARDA

Ein Besuch lohnt sich bei **Più Gioielli** in der Via Rocca 21, hier finden Sie schönen Schmuck und Silberwaren. **Antichità** in der Via Cavallotti gegenüber der Touristeninformation hat sich auf Antiquitäten spezialisiert. Die **Candela d'Arte Giesse** an der Piazza Betteloni 14 (neben der Touristeninformation) bietet handgefertigte Kerzen.

RIVA DEL GARDA

Wenn Sie etwas Ausgefallenes suchen, schauen Sie bei **Fronte Lago** (Viale San Francesco 9) vorbei, wo es schöne Taschen und Schals gibt. Schmuck finden Sie bei **Easy Gold** in der Via Santa Maria 3, bei **Orafo** in der Via Montanara 16 (Goldschmuck) und bei **Re Artu Bijoux** in der Via Lipella, Letzterer verkauft ultramodernen Schmuck.

TORBOLE

Coast to Coast, Via Lungolago Verona, bietet junge Mode, die **Gioielleria Santoni** in derselben Straße verkauft schönen Schmuck. Zudem stehen Surfen und die entsprechenden Accessoires im Blickfeld. Der legendäre **Point-7-Store-Torbole** liegt etwas außerhalb in der Via Sabbioni 15 und bietet stets das Aktuellste in der Szene.

MÄRKTE

Bardolino (Mo sowie jeden 3. So Antiquitätenmarkt); **Brenzone** (Di); **Garda** (Fr); **Lazise** (Sa); **Malcesine** (Sa); **Peschiera del Garda** (Mo); **Riva del Garda** (Juni– Sept. 2. und 4. Mi im Monat; Okt.–Mai 2. Mi im Monat); **Torbole** (2. und 4. Di im Monat); **Torri del Benaco** (Mo; im Sommer Mi Antiquitätenmarkt).

Wohin zum ... Ausgehen?

SPORT UND FREIZEIT

Wassersport

Am Nordende des Sees gibt es viele Surf- und Segelschulen. Die beste Surfschule in Riva del Garda ist **Sailing du Lac** (Hotel du Lac, Tel. 0464552453), in Torbole sind **Circolo Surf** (Tel. 0464505385) und **Conca d'Oro Windsurf** (Tel. 0464548192) sowie **Surfcenter Lido Blu** (Hotel Lido Blu, Tel. 0464506349). Ebenfalls empfehlenswert: **Surf Segnana** (Hotel Paradiso, Tel. 0464505963). Von dem ehemaligen Surfweltmeister Heinz Stickl geführt wird das **Stickl Sportcamp** (Via Gardesana 144 in Val di Sogno di Malcesine, Tel. 0457401697, www.stickl.com).

Wenn Sie segeln möchten, wenden Sie sich an **Fraglia Vela Riva** (Tel. 0464552460), **Sailing Club Riva** (Tel. 0464552453), Lega **Navale Italiana** (Tel. 0464555201) oder **Gardaseecharter** (Tel. 3355274554) in Riva del Garda oder an **Circolo Vela Torbole** (Tel. 0464506240) und **Surf Segnana** (Tel. 0464505963) in Torbole.

In Riva del Garda gibt es außerdem eine Tauchschule – **Gruppo Sommozzatori** am Porto S. Nicolò (Tel. 0464555120).

Kanus können bei **Canoa Club Canottieri Riva** (Tel. 0464555294) ausgeliehen werden.

Erlebnissport

Mehrere Organisationen bieten Felsklettern, Canyoning und Gleitschirmfliegen an oder helfen mit Tipps, u.a. in Riva del Garda, Torbole und Arco am Nordende des Sees. Eine detaillierte Liste erhalten Sie bei der örtlichen Touristeninformation. Für Canyoning wenden Sie sich an **Canyon Adventures** (Tel. 3348698666) in Torbole.

GOLF

Der 18-Loch-Platz **Club Paradiso del Garda** in Peschiera del Garda (Tel. 0365913540) ist der einzige Golfplatz am Ostufer.

FESTIVALS

Im Juni findet in Lazise ein **Fest mit mittelalterlichen Spielen** statt.
In Peschiera und Bardolino feiert man im Juni **Weinfeste**. Peschiera veranstaltet im August außerdem einen **Palio**, bei dem Ruderboote auf den Kanälen der Stadt ein Wettrennen austragen. Ein **Festival internationaler junger Musiker** findet jedes Jahr Ende Juli in Riva del Garda statt. Malcesine veranstaltet im Sommer eine Reihe **Musikalischer Abende** (20.30–22 Uhr) – montags auf der Piazza Cavour, Dienstag, Donnerstag und Sonntag auf der Piazza del Porto, freitags auf der Piazza Matteotti.

NACHTLEBEN

Von allen Orten am Ostufer des Gardasees hat Riva das heißeste Nachtleben. Diskotheken finden Sie in der Via Gazzoletti mit dem **Novecento** und an der Piazza Catena mit dem **No Name**. Kneipen/Musikbars sind u.a.: **Pub all'Oca**, Via Santa Maria 9, **Pub House**, Viale Rovereto 11, **Pub Lochness**, Viale Dante, und **Barracuda**. Die einzige echte Diskothek im Ort ist das **Maracaibo** in der Via Monte Oro 14. Mehr Auswahl an Discos gibt's in Arco im Hinterland. In Torbole gibt es *den* Hotspot schlechthin, die für viel Surftratsch bekannte **Wind's Bar** in der Via Matteotti 11, und den **Cutty Sark Pub**, Via Pontalti 2.

In Assenza di Brenzone geht's in den Sommerabenden in der **Beach Bar Vaca Loca** in der Via Gardesana 9 stets laut, lang und hoch her.

Verona

Kleine Erlebnisse

Alimentari wie gemalt

So, wie die Lebensmittel in der **Antica Salumeria Albertini**, Corso Sant'Anastasia 41 duften, fühlt man sich hier in ein Paradies für alle Sinne versetzt. Einfach prächtig!

Süße Küsschen von Julia

Die **Pasticceria de Rossi** verführt zu »Baci di Giulietta« (Küsschen von Julia), verfeinertem Marzipan mit Zuckerguss. Unbedingt probieren: Corso Porta Borsari 3.

Nodi di Amore (Liebesknoten)

In Valeggio sul Mincio, einem zauberhaften Städtchen östlich von Verona, wurden die hier zärtlich »Liebesknoten« genannten **Tortellini** erfunden. Und hier schmecken sie auch am besten (www.ristorantivaleggio.it).

Erste Orientierung

»Es war die Nachtigall und nicht die Lerche / Die eben jetzt dein banges Ohr durchdrang«: So versuchte einst eine gewisse Julia ihren Romeo zu halten, und wie die Geschichte der beiden ausging, ist weltbekannt. Weltberühmt ist Verona auch als Ort der Opernfestspiele, die jedes Jahr im Juli und August unter freiem Himmel in der Arena stattfinden, dem drittgrößten erhaltenen römischen Amphitheater Italiens. Und das ist noch lange nicht alles, was die am Ufer der Etsch gelegene Stadt, deren historisches Zentrum von der UNESCO zum Erbe der Welt erklärt wurde, zu bieten hat.

Einen herrlichen Blick zur Einstimmung hat man vom Aussichtsbalkon des Torre dei Lamberti: Verona, die Hauptstadt der gleichnamigen Provinz, liegt auf einer von der Etsch umflossenen Halbinsel, von der zehn Brücken zu den Stadtteilen am linken Ufer führen. Bedeutung erlangte der Ort schon unter den Römern ab 89 v. Chr. Im 6. Jh. machte der Ostgotenkönig Theoderich († 526) die Stadt neben Pavia und Ravenna zum Königssitz. Später hatte Pippin (777–810), der zweite Sohn Karls des Großen, als König des fränkischen Unterkönigreichs Italien hier das Sagen. Im Mittelalter wählten die deutschen Kaiser die Stadt am Ende der Brennerstraße als Stützpunkt ihrer Herrschaft über Oberitalien. 1164 gründeten die Veroneser mit anderen Städten des östlichen Oberitalien den Veroneser Bund, ein Militärbündnis, das sich 1167 zur lombardischen Liga erweiterte. Damals kam Verona durch Handel zu großer Bedeutung und konnte seinen Herrschaftsbereich erweitern. Ab der Mitte des 13. Jh.s herrschte das Fürstengeschlecht della Scala (ital. Scaligeri = Skaliger), das die Stadt zum Höhepunkt ihrer Macht führte. 1387 fiel Verona an die Mailänder Visconti, 1405 an die Republik Venedig. 1797 wurde Verona mit Venetien österreichisch und bildete ab 1814 mit Peschiera, Mantua und Legnago ein Festungsviereck. Als Österreich Venetien an Italien verlor, wurde die Stadt 1866 ins Königreich Italien eingegliedert.

Moderne Julias und ein römisch kostümierter Romeo auf der Piazza Bra

TOP 10

Nicht verpassen!

Nach Lust und Laune!

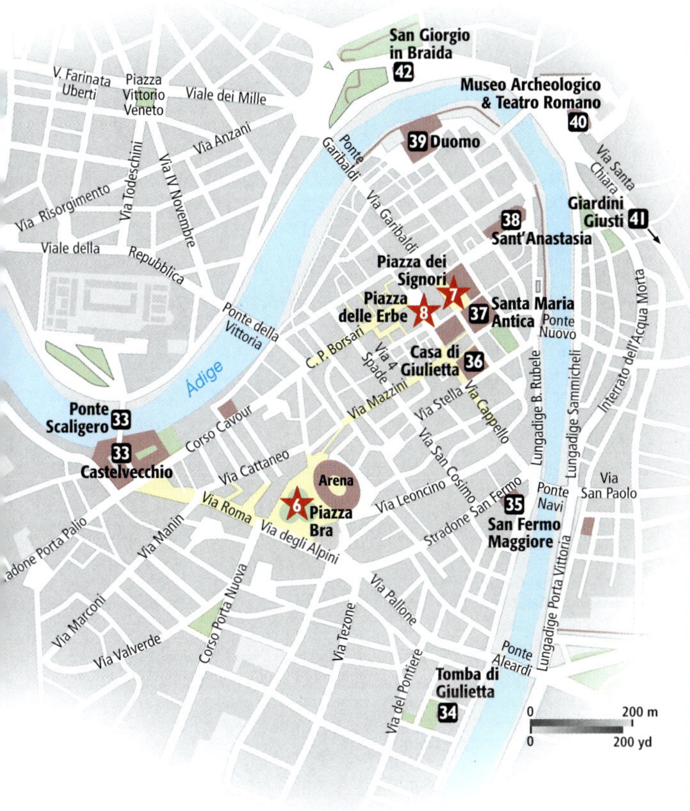

An einem Tag

Einen Tag sollten Sie sich für die Besichtigung von Verona auf jeden Fall Zeit nehmen. Folgen Sie unserem Tagesprogramm, und Sie werden kein Highlight verpassen.

10.00

Spazieren Sie als Erstes zum 39 **Duomo Santa Maria Matricolare** (➤ 117). Lassen Sie zunächst die Fassade und das Gesamtbauwerk auf sich wirken, ehe Sie den im Jahr 1187 geweihten Dom selbst betreten und sich die herrlichen Kunstschätze darin ansehen, allen voran Tizians überwältigend eindrucksvolles, im Jahr 1532 vollendetes Gemälde »Die Himmelfahrt Mariä« (in der ersten Kapelle des linken Seitenschiffes). Von der Kathedrale geht es an der **Galleria d'Arte Moderna** zu Ihrer Rechten, über die Via Duomo nach Südosten zur Kirche 38 **Sant' Anastasia** (➤ 116) mit spätgotischen Fresken. Halten Sie im Kircheninneren nach dem Pisanello-Fresko Ausschau.

11.00

Bleiben Sie erst einmal auf der Via Duomo und gehen Sie dann rechts in die Via delle Arche Scaligere. Bald schon haben Sie die **Casa di Romeo** erreicht. Von diesem strengen Bau aus dem 14. Jh. heißt es, er habe der Familie Montecchi gehört, woraus Shakespeare im Englischen Montague gemacht haben soll. Gehen Sie weiter zur Kirche 37 **Santa Maria Antica** (➤ 116) und durch den Bogen auf die 7 **Piazza dei Signori** (➤ 108).

11.45

Nachdem Sie Dante (➤ 109) Ihren Respekt gezollt und die schönen Gebäude rund um seine Statue auf der Piazza dei Signori bewundert haben, steigen Sie auf den Torre dei Lamberti, um den Blick auf den Platz wie die ganze Stadt zu genießen.

12.30

Die Piazza dei Signori (Abb. oben) ist mit der ★8 **Piazza Erbe** über den Arco della Costa, den »Bogen der Rippe«, verbunden. Dabei handelt es sich um einen im Torbogen aufgehängten Walknochen. Der Sage nach wird er herabfallen, sobald zum ersten Mal ein anständiger Mensch unter ihm hindurchgeht. An den Ständen ringsum werden neben vielen anderen Dingen auch Karnevalsmasken verkauft. Lassen Sie die Atmosphäre des Platzes auf sich wirken und verlassen Sie ihn dann an der Südostecke über die Via Cappello. Dazu wenden Sie sich, von der Piazza dei Signori kommend, nach links. Bald erreichen Sie links die 36 **Casa di Giulietta** (➤ 115) mit dem berühmten Balkon.

13.30

Von der Via Cappello biegen Sie die erste Straße rechts ab. Das sollte die Via Stella sein, in deren Verlängerung Sie auf die ★6 **Piazza Bra** (➤ 102) stoßen. Wenn Sie noch nicht gegessen haben, können Sie in einem der Straßencafés oder Restaurants einkehren, vielleicht im Restaurant Liston (Nr. 19). Oder Sie gehen zum Ristorante Olivo (Nr. 18) und lassen dort die Piazza wie den Blick auf die Arena auf sich wirken.

14.45

Besuchen Sie die **Arena** (➤ 104), für deren Besichtigung Sie ungefähr eine Stunde einplanen sollten. Gehen Sie danach über den Liston zurück und dann rechts über die Via Roma zum 33 **Castelvecchio** sowie zum **Ponte Scaligero** (➤ 114).

16.45

Gehen Sie wieder zum Listone und kehren Sie im **Café Opera** (➤ 107) ein. Hier können Sie in aller Ruhe überlegen, ob Sie noch einmal zu den Ständen auf der Piazza Erbe zurückkehren oder in der Via Mazzini einen Einkaufsbummel machen wollen, bevor Sie sich ein Restaurant zum Abendessen suchen.

6 Piazza Bra & Arena di Verona

Einen Rundgang durch die Stadt beginnt man am sinnvollsten an der Piazza Bra, die mit der Arena di Verona in ihrem Zentrum einer der meist besuchten Plätze ist.

Piazza Bra

Man betritt die Piazza von Süden her durch die Portoni della Bra, ein doppelbogiges Stadttor mit einem Turm, den die Visconti um 1400 anfügten. Palazzi mit Fresken, Bogenfenstern und hübschen Balkonen (16.–18. Jh.) rahmen die Piazza Bra, an der sich Cafés und Restaurants aneinanderreihen. Die Südseite des Platzes wird begrenzt durch die Gran Guardia Nuova (Palazzo Municipale), das zwischen 1835 und 1843 errichtete Rathaus mit einem halbkreisförmigen Erweiterungsbau, der nach 1945 angefügt wurde. Daneben steht das lang gestreckte veneziani-

Abendstimmung auf der Piazza Bra: Rund um die Arena flanieren Paare, Passanten auf dem breit angelegten Bürgersteig.

»UND ES BLITZTEN DIE STERNE«

Mehr als 700 Personen arbeiten an einer Aufführung von Verdis »Aida« mit, von den Handwerkern, Technikern und Beleuchtern über die Kulissenschieber und Garderobieren bis zum Produktionsleiter. Die Opernfestspiele in der Arena sind kein ganz billiges Vergnügen, auch nicht für die Musikbegeisterten. Doch was zählen materielle Überlegungen angesichts eines so großartigen und einmaligen Kunstgenusses in historischem Ambiente unter freiem Himmel? Wenn Natur und Kunst verschmelzen, und der Maler Mario Cavaradossi im dritten Akt der »Tosca« von Puccini zu intonieren beginnt: »Und es blitzten die Sterne ...«?

Hinter der Arena werden Teile der Kulisse ausgelagert.

sche Gebäude der Gran Guardia, der alten Hauptwache mit einer riesigen Loggia (1614). Hinter der Gran Guardia befinden sich der Konzertsaal Teatro Filarmonico (1716) und das **Museo Lapidario Maffeiano**. Das Gebäude ließ der Veroneser

Musik und Spiele

Das römische Amphitheater wurde zur Zeit der flavischen Kaiser (1. Jh.) erbaut. Die Arena ist eine Spielstätte der idealen Maße, ihre Größe zeugt von der historischen Bedeutung Veronas.

Verdis »Aida« bei den Opernfestspielen in der Arena.

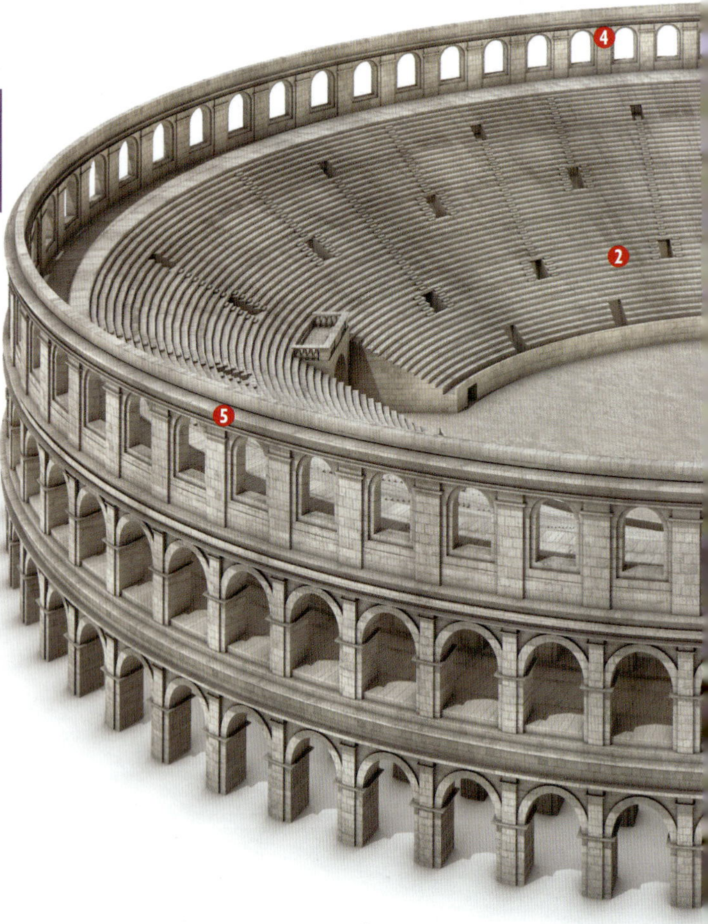

❶ **Oval:** Im Zentrum des Rundbaus befindet sich die eigentliche Arena, das innere ausgehobene Oval. Hier fanden einst die Kämpfe der Gladiatoren, Stierkämpfe und Hetzjagden statt. In seinen beiden Achsen misst es 73,68 m und 44,53 m.
❷ **Cavea:** Der Zuschauerraum, Cavea genannt, wird aus 45 jeweils 45 cm hohen Steinstufen geformt. Auf diesen Stufenreihen können heute noch bis zu 15 000 Menschen Platz nehmen. Die gesamte Länge des ellipsenförmigen Grundrisses beträgt von außen, in Höhe der Tore, 138,77 m.
❸ **Untergeschoss:** Unter der Arena befinden sich heute die technischen Einrichtungen des Theaters. Früher befanden sich hier die Räume für die Gladiatoren und die Tierkäfige.
❹ **Velaria:** Den Zuschauerraum des Amphitheaters konnte man mit kompliziert angebrachten Sonnensegeln überdachen.
❺ **Ala:** Ursprünglich wurde die Arena von einer Prunkfassade (Ala) umgeben, die aber durch ein Erdbeben 1183 fast vollständig verloren ging. Nur der Nordflügel blieb in ganzer Höhe vom Außenring übrig.
❻ **Fassade:** Die Rundbögen an der Fassade waren ursprünglich ein Bestandteil des Innenbaus. Man sieht, dass der rötliche Marmor von der Witterung angegriffen wird.

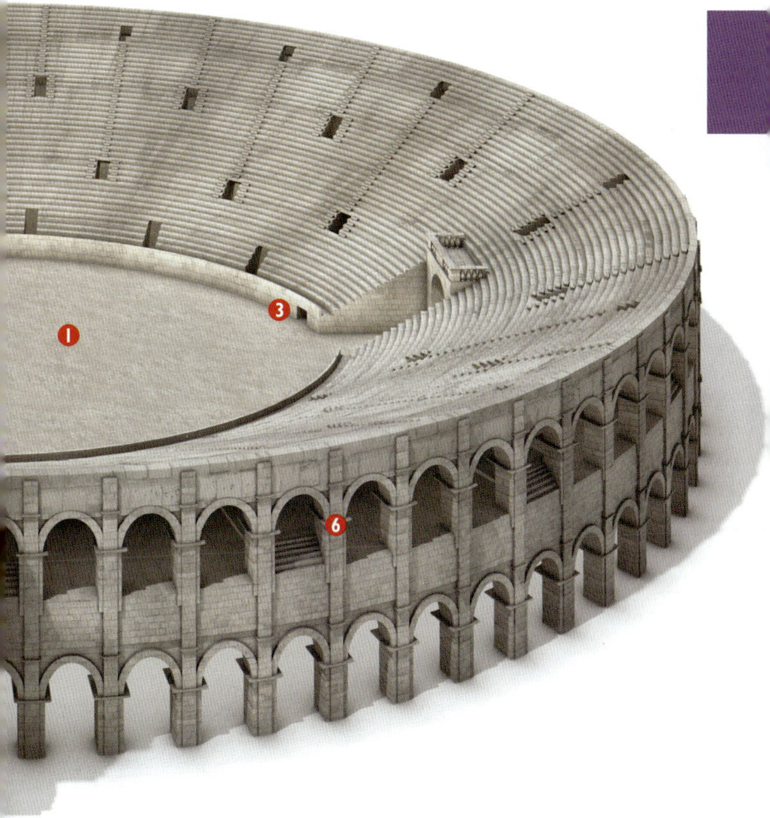

RISTORANTE - PIZZA - BAR -

Linke Seite: Die Kellner warten schon. Wie wär's noch mit einem Aperitif vor dem abendlichen Gang in die Arena?

Gelehrte Scipione Maffei (1675–1755) für seine Sammlung antiker griechischer und römischer Skulpturen, Sarkophage, Reliefs u. v. m. errichten.

Arena di Verona

Die zweigeschossigen Arkadenreihen, die heute das Bild des im 1. Jh. n. Chr. für Gladiatoren- und Tierkämpfe errichteten römischen Amphitheaters bestimmen, wurden ursprünglich von einer weiteren, dreigeschossigen Außenmauer aus rotem Veroneser Marmor umgeben: Von dieser Prunkfassade sind nur vier Arkaden an der Nordseite erhalten. Das Innere besteht aus einer ellipsenförmigen Fläche (138 m x 109 m) mit 45 Stufenreihen und 15 000 Zuschauerplätzen. Erdbeben beschädigten die Arena im 12. und 13. Jh., zeitweise wurde sie als Steinbruch, als Festung und unter den Skaligern gar als Hinrichtungsstätte genutzt. Ritterturniere und Stierkämpfe sah das altehrwürdige Gemäuer ebenfalls, bevor sich schließlich in venezianischer Zeit Handwerker und Prostituierte in den Arkaden im Erdgeschoss einrichteten. 1913 wurden anlässlich des 100. Geburtstags von Giuseppe Verdi erstmals die Opernfestspiele in der Arena veranstaltet. Sie finden jedes Jahr zwischen Juni und September statt.

KLEINE PAUSE

Im **Café Opera** (Nr. 10) gibt es hervorragenden Kaffee, das **Olivo** (Nr. 18) bietet sich für ein Mittagessen an.

---

183 D3

Museo Lapidario Maffeiano
045 59 00 87 Di–So 8.30–13.30 Uhr 6 €

Arena
04 58 00 32 04; www.arena.it
Mo 13.30–19.30, Di–So 8.30–19.30 Uhr.
Während der Opernfestspiele schließt die Arena schon um 14 Uhr 7 €

BAEDEKER TIPP

- Der breite, im Jahr 1730 angelegte, kopfsteingepflasterte Bürgersteig (Liston) rund um die Piazza Bra eignet sich gut zum Beobachten der vorbeiflanierenden Passanten. Darüber hinaus finden hier auch die besten **Straßentheateraufführungen** der Stadt statt. Wenn Sie sich gut unterhalten möchten, halten Sie ein paar Euro bereit, kaufen sich einen Kaffee und warten ab, was geschieht.
- An der **Piazzetta Mura Gallieno**, quasi der Hinterhof des Amphitheaters, lagern während der Festspielzeit die Requisiten der einzelnen Inszenierungen. An Wechseltagen sind Kräne im Einsatz, um die überdimensionalen Kulissen in die oder aus der Arena heraus zu bringen. Da lernt dann sogar die Sphinx fliegen ...
- Im **Museo Lapidario Maffeiano** zählen die römischen Grabreliefs zu den interessantesten Ausstellungsstücken des Hauses.

7 Piazza dei Signori

Die von prächtigen Palästen umstandene Piazza dei Signori, einst das Verwaltungs- und Regierungsviertel Veronas, ist der elegante »Salon« der Stadt. Die Straßendurchgänge zum Platz werden von fünf großen, die Paläste miteinander verbindenden, reich verzierten Bögen überspannt. In der Platzmitte steht ein Dante-Denkmal aus dem Jahr 1865. Bei archäologischen Grabungen fand man römischen Straßenbelag, Mosaiken und die Fundamente einiger öffentlicher Gebäude der Römerstadt.

Von der Piazza delle Erbe her kommend betritt man den Platz unter den mächtigen Mauern des **Palazzo del Comune** (auch: Palazzo della Ragione), dessen strenge romanische Struktur seit 1524 von eingefügten venezianischen Renaissance-Reliefs aufgelockert wird. Die der Piazza dei Signori zugewandte, nur durch wenige Fenster und Bogen aufgelockerte Fassade wird durch Lagen aus rotem Ziegel- und

Abends gleicht die rechteckig angelegte Piazza einem stimmungsvoll illuminierten Freilichttheater.

Sieben Jahre lang lebte Dante Alighieri in Verona.

hellem Tuffstein belebt. Im Innenhof, der von hohen Arkaden umgeben ist, führt eine marmorne, einst überdachte Freitreppe (um 1450) zum ehemaligen Ratssaal. Über dem Bau erhebt sich der Torre dei Lamberti (➤ 111).
1575 schuf man mit einem die schmale Via Dante überspannenden Bogen eine optische Verbindung vom Palazzo Comunale zum Palazzo dei Tribunali: Die festungsartige Vierflügelanlage mit ihrem Wehrturm ließ der gefürchtete Cansignorio della Scala errichten; später diente der Bau als Artillerieschule und als Sitz des venezianischen Statthalters. Die Loggia entstand 1476, das Renaissanceportal schuf 1530 Michele Sanmicheli.

An der Nordseite der Piazza steht die zweigeschossige **Loggia del Consiglio**, eines der schönsten Bauwerke der Frührenaissance, im venezianischen Stil entstanden in den Jahren 1486 bis 1493. Der Entwurf wird dem Dominika-

DIE SKALIGER IN VERONA

Hundertzehn Jahre lang, von 1277 bis 1387, herrschte die ghibellinische Adelsfamilie de la Scala über die Stadt. Aus den Wirren um die Nachfolge von Ezzelino da Romano, des wegen seiner Grausamkeit berüchtigten Schwiegersohns Kaiser Friedrichs II., der 1236 die Alleinherrschaft übernommen und bis zu seinem Tod 1259 ein furchterregendes Regiment geführt hatte, war zunächst Mastino I. della Scala als Sieger hervorgegangen. Durch geschicktes Paktieren mit der Lagunenstadt Venedig, der er Märkte und Transportwege Veronas zur Nutzung überließ, konnte er den wirtschaftlichen Aufschwung seiner Stadt fördern. Die Bürger dankten es ihm, indem sie auch seinen Bruder Alberto della Scala zum Stadtherrn machten. Dieser ließ alle seine Gegner beseitigen, um die Herrschaft der Familie weiter zu sichern. Deren einflussreichster Vertreter wurde Cangrande I. della Scala (1291–1329), der auch Dichter und Gelehrte wie Dante nach seiner Verbannung aus Florenz an den Hof holte. Unter ihm wandelte sich die Stadtrepublik zu einem Flächenstaat, in den Vicenza, Feltre, Belluno, Padua und Treviso einverleibt wurden. Die letzten Jahrzehnten der Dynastie aber waren gezeichnet von Intrigen und Greueltaten, bis sich die Scaligeri in einer aufsehenerregenden Folge von Familienmorden beinahe selbst ausrotteten und schließlich die kaum weniger grausamen Visconti von Mailand aus die Stadt einnahmen.

nermönch Giovanni Giocondo (auch: Giovanni da Verona, 1433–1515) zugeschrieben. Die Rundbögen der Arkadenreihe werden von schlanken Säulen getragen. Bekrönt wird das Gebäude von fünf Statuen berühmter Veroneser der Antike.

An der östlichen Seite des Platzes schließt der zinnenbekrönte **Palazzo del Governo** (auch: Palazzo della Prefettura) an, ebenfalls eine ehemalige Residenz der Familie della Scala, in diesem Fall von Cangrande I. Die Arkaden wurden 1419 in die Fassade gebrochen, Sanmicheli fügte 1553 das repräsentative Portal an. Giotto und Altichiero statteten den Palast mit Fresken aus, die heute noch teilweise erhalten sind.

Eine aufsteigende Treppe (ital. *scala*) führten die Skaliger in ihrem Familienwappen.

KLEINE PAUSE

Für den Hunger zwischendurch empfiehlt sich auf dem Platz die Trattoria/Pizzeria **Impero** (Nr. 8). Alternativ dazu besucht man das **Caffè Dante** (Nr. 2) mit Bar und Restaurant in einem um 1500 entstandenen Renaissancebau, der seit seiner Restaurierung im neuen Glanz erstrahlt.

183 E4

BAEDEKER TIPP

In den Scavi Scaligeri, den römischen Ausgrabungen unter dem Palazzo del Capitano, finden hin und wieder Fotoausstellungen statt – eine gute Gelegenheit, neben den Kunstwerken auch die historischen Straßen näher zu betrachten.

8 Piazza delle Erbe

Den Mittelpunkt der Altstadt bildet die lang gestreckte Piazza delle Erbe, einer der schönsten Plätze Italiens, auf dem wochentags ein Blumen- und Gemüsemarkt stattfindet.

An dieser Stelle befand sich schon das einstige Forum der Römerstadt; es liegt 4 m unter dem heutigen Bodenniveau. Auf dem Platz steht der **Capitello**, ein baldachinbekröntes Podest (16. Jh.), von dem aus dem Volk wichtige Entscheidungen und Gerichtsbeschlüsse verkündet wurden. Weiter nördlich sieht man den Marktbrunnen mit der Madonna Verona, einer römischen Marmorstatue. In der 1301 gebauten und 1878 wiedererrichteten Casa dei Mercanti gegenüber dem Palazzo del Comune versammelten sich in früheren Zeiten die Kaufleute. Nördlich des Palazzo del Comune stehen hinter dem Durchgang zur Piazza dei Signori die **Case dei Mazzanti**. Die schönen Renaissancefresken an ihren Fassaden entstanden als Auftragsarbeit der Familie Mazzanti, die diese Häuser 1517 erwarb. Im barocken Palazzo Maffei (1668) an der Nordseite des Platzes ist eine Touristeninformation untergebracht. In der Nähe erhebt sich die Torre del Gardello mit der ältesten Stadtuhr Veronas von 1370. Von dem 84 m hohen **Torre dei Lamberti** an der anderen Seite der Piazza hat man einen herrlichen Rundblick über den Platz. Vom Innenhof des Palazzo del Comune (► 108) führt ein Lift auf die Turmspitze.

Die Piazza delle Erbe ist der »Bauch der Stadt«.

KLEINE PAUSE

Gute heiße Schokolade (und W-Lan) gibt es im **Mezzaparte** (Nr. 8 a), leckeres Eis und Kaffee im **Orchidea** (Nr. 22).

183 E4

Torre dei Lamberti

☎ 04 59 27 30 27 Juni–Sept. tägl. 8.30–20.30, Fr bis 23 Uhr, Okt.–März tägl. 8.30–19.30 Uhr 6 €

BAEDEKER TIPP

- Da die Piazza Erbe nach Nordwesten/Südosten ausgerichtet ist, hat man **am späten Vormittag**, wenn der Platz der Länge nach in der Sonne liegt, von dem **Torre dei Lamberti** den besten Blick.
- An der Ecke Piazza Erbe und Via Cappello können Juliafans den »einzigen Juliawein« und zahlreiche andere Juliasouvenirs erstehen. Die **Cantina di Giulietta** bietet Cara-Giulietta-Wein, 0,7 Liter, ab 10 €.

32 San Zeno Maggiore

Die große Basilika San Zeno Maggiore, eine der schönsten romanischen Kirchen Norditaliens, wird von einem Glockenturm und einem zinnenbekrönten Wehrturm flankiert. Der heutige Bau entstand im 12. Jh. über dem Grab des Stadtpatrons, des heiligen Zeno, als Kirche eines einflussreichen Benediktinerklosters.

Der in den Jahren 362 bis 371 amtierende Bischof von Verona stammte aus Afrika, deshalb wurde die **gotische Sitzfigur** in seiner Grabkirche San Zeno aus schwarzem Marmor gefertigt. Er zählt zu den bedeutenden frühchristlichen Kanzelrednern, die die Lehre Jesu im Veneto gegen das aufflackernde Heidentum vehement verteidigten. Mittelalterlichen Legenden rühmen seine Fürsorge für Arme und Kranke und sein unerbittliches Vorgehen gegen den Arianismus und die spätantike Philosophie. Als Zeno am 12. April 371 starb, hinterließ er auch eine umfangreiche Sammlung von lateinischen Schriftauslegungen und Abhandlungen zu Taufe, Osterliturgie und Mariologie.

Der 1123 errichtete Kreuzgang, dessen Gewölbe im 14. Jh. dem Zeitstil angepasst wurden, ist vom nördlichen Seitenschiff aus zugänglich. Überragt wird er von einem der imposantesten Campaniles der Romanik.

Die Westfassade wird beherrscht von der großen Fensterrose und dem von Maestro Nicolò geschaffenen **Portal**, einem Meisterwerk der gotischen Bildhauerkunst. Es liegt hinter einem Baldachinvorbau, dessen Säulen auf zwei steinernen Löwen ruhen. Im Tympanon des Portals überreicht Bischof Zeno das Banner der freien Kommune an die Veroneser Bürger. Bei den berühmten **Bronzetüren** handelt es sich um Holztüren, auf die Bronzetafeln aufgenagelt wurden. Anhand stilistischer Unterschiede können sie zwei Entstehungsphasen zugeordnet werden. Die Darstellungen auf den älteren, um 1100 entstandenen Tafeln besitzen keinen Bildraum, und den Figuren fehlt die Standfläche, während auf den jüngeren Reliefs (um 1200) bereits mit den Mitteln der Perspektive eine räumliche Wirkung erzeugt wird. Dargestellt sind alt- und neutestamentliche Szenen, Wundertaten des hl. Zeno, Königsfiguren sowie Allegorien der Tugenden. Das hohe Mittelschiff schließt mit einer eigenwilligen Holzdecke (14. Jh.), während der erhöhte Chor rippengewölbt ist. Unter dem Chor befindet sich die **Krypta** in Form einer großen Unterkirche. Ihr Gewölbe spannt sich über 48 Säulen mit kunstvoll gearbeiteten Kapitellen. Eine Brüstung mit den Statuen von Christus und den Aposteln (um 1260) trennt das Langhaus vom Chor, wo das bedeutendste Kunstwerk des Gotteshauses aufgestellt ist: das dreiteilige **Altarbild** (Kopie) mit der thronenden Muttergottes im Zentrum, ein Frühwerk (1456–1459)

HOCH AUF DEM – VON OCHSEN GEZOGENEN – WAGEN

Früher stand im Seitenschiff von San Zeno der Kriegswagen *(carroccio)* der Stadt. Dabei handelte es sich um einen von Ochsen gezogenen Wagen, der im Bedarfsfall die in die Schlacht ziehenden Truppen anführte. Mit dabei waren Priester, die für den Sieg beteten und die Reliquien des Stadtheiligen Zeno verwahrten, sowie eine lärmende Kapelle, die mit Pauken und Trompeten die Soldaten anfeuerte. Die Eroberung dieses Symbols der Stadt durch den Gegner galt als Niederlage und Demütigung.

des bedeutenden Renaissancemalers Andrea Mantegna. Die leuchtende Farbigkeit und der Eindruck eines dreidimensionalen Bildraums, der sich in der Rahmenarchitektur fortsetzt, kennzeichnen Mantegnas hohe Meisterschaft.

KLEINE PAUSE

Gegenüber dem alten Turm an der Ecke Vicolo Abbazia befindet sich ein Café. Für eine richtige Mahlzeit sollten Sie ein Stück weiter gehen und auf der Piazza San Zeno in der **Trattoria Al Calmiere** einkehren.

182 B4

März-Nov. Mo–Sa 8.30–18 Uhr, So 12.30–18, Dez.–Feb. tägl. 10–13 und 13.30–17 Uhr

Blick ins Mittelschiff der Basilika: Im Inneren der Kirche des Stadtpatrons werden die romanischen Formen ins Monumentale gesteigert und zugleich verfeinert.

BAEDEKER TIPP

Jede Kutschtour in Verona führt auch nach San Zeno. Da die ersten Kutschen erst am späten Vormittag hier ankommen, die Kirche aber schon um 8.30 Uhr öffnet, lohnt sich ein Besuch am frühen Morgen: Dann haben Sie die Kirche fast für sich alleine.

Nach Lust und Laune!

Der Ponte Scaligero durfte nur von den Skaligern betreten werden.

33 Castelvecchio & Ponte Scaligero

Die in der Mitte des 14. Jhs. unter Cangrande II. errichtete Anlage am Ufer der Etsch besteht aus zwei Teilen: einem zur Stadt hin ausgerichteten Festungsbau mit Kaserne, der die Skaliger weniger gegen äußere Feinde als gegen die Veroneser schützen sollte, und einem Wohnpalast. Dazwischen ragt ein hoher Wehrturm auf, durch den man zum Ponte Scaligero gelangt. Diese 1375 fertiggestellte Brücke sollte den Bewohnern des Castelvecchio bei Gefahr die Flucht über die Etsch ermöglichen. In weitem Bogen spannt sich die zinnenbekrönte, mit Bastionen und Wehrgängen befestigte Brücke über den Fluss. Nach dem Sturz des letzten Skaligers 1387 verfiel die Festungsanlage. Bei ihrer Restaurierung (1923–1964) richtete man das **Museo di Castelvecchio** darin ein. In diesem Zusammenhang wurde dem ehemaligen Wehrbau eine venezianisch-gotische Fassade vorgesetzt. Der Architekt Carlo Scarpa gestaltete die historischen Innenräume des Kunstmuseums. Dessen eindrucksvolle Gemäldesammlung präsentiert in 29 Sälen Arbeiten von Veroneser Bildhauern und Malern des 12.–18. Jh.s. Zu Beginn sind Skulpturen des 12.–15. Jh.s ausgestellt, danach folgen Beispiele veronesischer Malerei (14./15. Jh.), u.a. eine »Madonna im Rosengarten« von 1425 und eine »Madonna mit der Wachtel« von Pisanello. Die Blüte der Veroneser Malerei in Gotik und Renaissance ist mit weiteren hervorragenden Werken vertreten, etwa von Turone und Bellini. Bedeutende Gemälde, u.a. von Veronese, Tintoretto und Tiepolo, dokumentieren das 16. und 17. Jh. Auf einem Sockel zwischen dem Wehr- und dem Wohnbau thront eines der bedeutendsten Kunstwerke des Museums: die vieldeutig lächelnde Reiterstatue des Cangrande della Scala (14. Jh.).

Museo di Castelvecchio
182 C3 · 04 58 06 26 11 · Di–So 8.30–19.30, Mo. erst ab 13.30 Uhr · 6 €

ROMEO UND JULIA IN VERONA

Die Liebe ist eine Himmelsmacht, aber manchmal muss man ihr auch ein bisschen nachhelfen. In Verona jedenfalls mangelt es an echten Stätten des Kults – also inszeniert man diesen und beantwortet zum Beispiel sogar Briefe, die an »Julia, Verona, Italy« gerichtet sind. Was ganz klar heißt: Julia lebt!

34 Tomba di Giulietta

Etwa 350 m südlich der Arena stößt man in der Barockkapelle des ehemaligen Klosters San Francesco al Corso in der Via del Pontiere auf das angebliche Grab der Julia, einen – leeren – Marmorsarkophag aus dem 14. Jh. Dass hier die Shakespeareheldin begraben liege, ist ebenso eine Legende wie jene, dass in diesem ehemaligen Kloster die Trauung von Romeo und Julia stattgefunden hätte; aber was für das Haus der Julia gilt, gilt auch für ihre letzte Ruhestätte: Schön ist vor allem die Illusion. Jenseits der Fiktion erzählen die in dem kleinen angeschlossenen **Museo degli Affreschi** gezeigten mittelalterlichen Fresken ihre ganz eigenen Geschichten.

Tomba di Giulietta/Museo degli Affreschi
183 E2 Via del Pontiere 35
04 58 00 03 61 Di–So 8.30 – 19.30, Mo. erst ab 13.30 Uhr 4,50 €

35 San Fermo Maggiore

Nördlich der Tomba di Giulietta steht an der der Stadt zugewandten Seite des Ponte Navi die Kirche **San Fermo Maggiore**. Über einem Vorgängerbau des 6. Jh.s, der den beiden Veroneser Märtyrern Fermo und Rustico († 361) geweiht war, erbauten Benediktinermönche 1065 bis 1138 eine Doppelkirche. Die Franziskaner, die die Kirche 1260 zugesprochen bekamen, wandelten die dreischiffige Oberkirche in eine Hallenkirche um und verlängerten sie nach Westen. Im Osten entstand die auffällige Chorgruppe, die vom Kontrast zwischen dem gotischen Hauptchor mit aufstrebenden Lanzettfenstern und den vier kleinen romanischen Apsiden geprägt wird. Im Innern empfiehlt sich ein Rundgang durch die gotische Oberkirche (13./14. Jh.), bevor man die romanische Unterkirche (11./12. Jh.) betritt. Herausragend sind in der Oberkirche die Bildhauerarbeiten, die Holzdecke und die Fresken. Die Unterkirche erscheint dagegen etwas schlicht, aber auch hier lohnen einige schöne Fresken den Besuch.
183 F3

36 Casa di Giulietta

Jahr für Jahr pilgern rund drei Millionen Menschen nach Verona, um sich selbst einen Eindruck von der Stadt zu machen, in der William Shakespeare die wohl bekannteste Liebesgeschichte der Weltliteratur

Der Juliastatue in der Casa di Giulietta an die Brust zu fassen, verspricht Liebesglück.

Blick vom Castel San Pietro auf die Etsch und die Innenstadt von Verona

ansiedelte. Gut möglich, dass der Dichter sich dabei an eine (Giordano Bruno zugeschriebene) italienische Redewendung hielt, die da lautet: *»Se non è vero, è (molto) ben trovato«* (Wenn es nicht wahr ist, ist es doch gut erfunden). In Verona jedenfalls lebt man gut mit der shakespearschen Erfindung, und um dem fiktiven Geschehen einen realen Ort zu verschaffen, ließ Antonio Avena, der damalige Direktor der Veroneser Museen, zu Beginn des 20. Jh.s einen Sarkophag aus seinem Museumsfundus zum Balkon umfunktionieren und am Haus der Cappello anbringen – der Name dieser Kaufmannsdynastie des 13. Jh.s erinnert ja entfernt an Julias Familie Capuleti. Die gotischen Fenster und das Spitzbogenportal wurden von anderen Gebäuden herbeigeschafft – fertig war die Inszenierung. Zwei Straßen weiter nördlich, in der Via Arche Scaligere, gibt es eine »Casa di Romeo« – die Reste eines ehemaligen Stadtpalastes der Familie Montecchi (Montague). Die lebten hier also wirklich – und falls einer ihrer Sprösslinge Romeo hieß, könnte er durchaus eine Julia geliebt haben.

183 E4 **Via Cappello 23**
Mo 13.30 – 19.30, Di – So 9.00 – 19.00 Uhr
04 58 03 43 03 **5 €**

37 Santa Maria Antica

Der Durchgang zwischen dem Palazzo del Governo und dem Palazzo dei Tribunali führt von der Piazza dei Signori zur kleinen dreischiffigen Kirche Santa Maria Antica (12. Jh.), der Hauskirche der Scaligeri. Über dem Kirchenportal befindet sich der Sarkophag des Cangrande I. († 1329), den zwei Hunde in Anspielung auf den Herrschernamen Cangrande (= großer Hund) tragen. Über dem Baldachin des Grabmals erscheint die Nachbildung einer ungewöhnlichen Statue mit lachendem Reiter (Original im Castelvecchio). Auf dem Familienfriedhof neben der Kirche befinden sich die gotischen Grabmäler der Familien della Scala (Arche Scaligere). Das kunstvoll gearbeitete Gitter um den Friedhof stammt aus dem 14. Jh. Auf dem Friedhof selbst sieht man den Sarkophag Mastinos II. († 1351) und den aufwendig gestalteten Prunksarg des Cansignorio († 1375), jeder unter einem reich verzierten Baldachin mit – von der Reiterfigur des jeweiligen Skaligers bekrönt em – Pyramidendach.

183 F4

38 Sant'Anastasia

Ebenfalls von der Piazza dei Signori geht es durch schmale Gassen zur

Kirche Sant' Anastasia in unmittelbarer Nähe des Etschufers. Dieser mächtige Backsteinbau – die größte gotische Kirche Veronas – wurde ab 1290 als Klosterkirche der Dominikaner errichtet und erst 1481 vollendet. Vom gegenüberliegenden Etschufer hat man einen guten Blick nicht nur auf den architektonisch fein gegliederten Glockenturm, sondern auch auf die Chorpartie mit ihren sechs polygonalen Kapellen. Der Gesamteindruck des schwach beleuchteten, durch hohe Säulen in drei Schiffe unterteilten Innenraums wird durch den farbigen Fußboden, die roten Marmorsäulen und die ornamentale Gewölbeausmalung bestimmt. Die beiden Weihwasserbecken am ersten Säulenpaar werden von buckligen Figuren, den »due gobbi«, getragen. Die linke Figur ist von 1500 und wird Caliari, dem Vater des berühmten Paolo Veronese, zugeschrieben; die rechte ist neun Jahre älter. Im Hauptchor steht das 1429 geschaffene Grabmal des Condottiere Cortesia Serego, der unter den Skaligern als Feldherr diente. Hervorragende spätgotische Freskenmalerei findet man in den

Vom Werden und Vergehen künden die prunkvollen Grabmäler der Skaliger.

Kapellen links und rechts des Hauptchores. Besonders interessant ist die südlichste Kapelle, in der Altichiero um 1390 die Wand mit dem Grabmal des Federico Cavalli mit einem grandiosen Votivfresko ausschmückte. Das Fresko »Aufbruch des heiligen Georg zum Kampf mit dem Drachen«, das Pisanello um 1435 über dem Bogen zur ersten Kapelle rechts vom Haupttor malte, gilt als eines der Hauptwerke oberitalienischer Malerei, mit dem der spätgotische Stil vollendet und zugleich überwunden wird – gut zu erkennen an der Darstellung des Pferdes, dessen extrem perspektivische Verkürzung bereits auf das Raumempfinden der Renaissance hinweist.

183 F4

39 Duomo

Von außen ist Veronas Kathedrale eine romanische Basilika. Ihr Bauschmuck konzentriert sich vor allem auf das Hauptportal, das als Werk von Maestro Nicolò gilt. An den Säulen des Portalgewändes sind neben Propheten auch zwei Kriegerfiguren zu sehen, bei denen es sich um Roland und Olivier, zwei Paladine Karls des Großen, handeln soll. Der monumentale, durch Bündelpfeiler in drei Schiffe nahezu gleicher Höhe unterteilte Innenraum ist geprägt von späteren Umbauten, insbesondere denen des 15. und beginnenden 16. Jahrhunderts. Zu den imposantesten Kunstwerken im Inneren gehört das großformatige Altarblatt in der ers-

ten Kapelle des nördlichen Seitenschiffs: Tizians Darstellung der »Himmelfahrt Mariens« (um 1540).
183 E5 045 59 28 13 Mo–Sa 10 bis 17.30, So 13.30–17.30 Uhr 2,50

40 Museo Archeologico & Teatro Romano

Jenseits des Ponte della Pietra – eine von zwei römischen Brücken der Stadt – steigen am Hang unter dem Castel San Pietro die Zuschauerränge des ehemaligen römischen Theaters aus der Zeit des Kaisers Augustus (63 v. Chr. bis 14 n. Chr.). Zwischen Juli und September wird es für Konzerte, Ballett- und Theateraufführungen genutzt. Oberhalb der Ränge stehen die Kirche Santi Siro e Libera (10. Jh.) mit einer barocken Marmortreppe und das spätmittelalterliche Kloster San Girolamo. In Letzterem ist das archäologische Museum (Museo Archeologico) untergebracht.
183 F5 Via Redentore 2 04 58 00 03 60 Di–So 9–19 Uhr 6 €

41 Giardini Giusti

Durch die Porta Organa kommt man zum Palazzo Giusti (1580). Der angeschlossene Renaissancegarten ist ein kleines Paradies: Hinter einem Irrgarten aus Hecken, in dem Statuen aufragen und Wasserspiele plätschern, zieht sich der Park mit kleinen Pfaden und Hohlwegen an Grotten und alten Pavillons vorbei den Hang hinauf. Weiter oben gibt es einen im 19. Jh. neu gestalteten Abschnitt, dessen Zypressen Goethe so entzückten, dass er ein paar Zweige als Erinnerung mitnahm.
183 südöstl. F5 Via Giardini Giusti 2 04 58 03 40 29 April–Sept. tägl. 9–20, Okt.–März 9–19 Uhr 7 €

42 San Giorgio in Braida

Wenn Sie sich nach der Überquerung des Ponte Pietra am Fluss rechts halten, gelangen Sie zur Kirche San Giorgio in Braida, die im 15. Jh. an der Stelle eines Vorgängerbaus entstand und erst 200 Jahre später von Sanmicheli ihre auffällige Kuppel erhielt. Zu den kostbaren Kunstwerken im Innern gehören Veroneses »Martyrium des heiligen Georg« und Tintorettos »Taufe Christi«.
183 E5

Gestutzte Hecken, Zypressen und Statuen verleihen den Giardini Giusti ein eigenes Flair.

Wohin zum ...
Übernachten?

Preise
Für ein Doppelzimmer pro Nacht:
€ unter 80 Euro €€ 80–130 Euro €€€ über 130 Euro

Hotel Accademia €€€
Von diesem Hotel mitten in der Altstadt ist es nicht weit zum Haus der Julia. Es ist in einem Palazzo aus dem 17. Jh. untergebracht und bietet historisches Mobiliar und modernen Komfort. Die Zimmer überzeugen durch Einrichtung und Ausstattung, das Restaurant ist exzellent.
183 E3 Via Scala 12
045 59 62 22; www.hotelaccademiaverona.it

Bologna €€
In einem reizenden alten Gebäude nahe der Arena, komplett renoviert. Gut ausgestattete, ruhige Zimmer, freundliches Personal, bewachte Parkgelegenheit.
183 D3 Piazzetta Sealette Rubiani 3
04 58 00 68 30; www.hotelbologna.vr.it

De Capuleti €€
Der freundliche Familienbetrieb befindet sich unweit des Grabes der Julia und in fußläufiger Entfernung zur Arena (10 Min.). Die Hotelzimmer wurden modernisiert und auf einen hohen Standard gebracht.
183 E2 Via del Pontiere 26
04 58 00 01 54; www.hotelcapuleti.it

Due Torri Hotel €€€
Der Palazzo aus dem 13. Jh. nahe Sant'Anastasia präsentiert sich heute als exklusivstes Hotel in Verona. Die stilvollen Zimmer und historischen Räumlichkeiten sind elegant ausgestattet und bieten alle denkbaren Annehmlichkeiten. Spitzenrestaurant.
183 F4 Piazza Sant'Anastasia 4
045 59 50 44;
hotelduetorri.duetorrihotels.com

Giulietta e Romeo €€
Hübsches Hotel direkt hinter der Arena. Von hier aus kann man alles zu Fuß machen. Fahrräder werden kostenlos gestellt.
183 E3 Vicolo Tre Marchetti 3
04 58 00 35 54; www.giuliettaeromeo.com

Grand Hotel €€€
Das Grand Hotel liegt günstig an der Verbindungsstraße zwischen dem Stadtzentrum und der A4, nur ein paar Minuten zu Fuß bis zur Piazza Bra. Reizender Garten.
183 D2 Corso Porta Nuova 105
045 59 56 00; www.grandhotel.vr.it

San Marco €€€
In der Nähe von San Zeno Maggiore, das Zentrum erreicht man zu Fuß in 20 Min. oder mit dem Bus. Frühstück wird im Garten serviert, es gibt auch einen Pool.
182 westl. A3 Via Longhena 42
045 56 90 11; www.sanmarco.vr.it

Verona €€
Gut ausgestattete Zimmer und Räumlichkeiten: »Geschmack ist die Kunst, sich auf Kleinigkeiten zu verstehen.« (Rousseau)
183 D2 Corso Porta Nuova 47/49
045 59 59 44; www.hotelverona.it

Hotel Veronesi La Torre €€€
Ein paar Kilometer außerhalb des Zentrums und vor allem zur Festspielzeit ein Tipp, da es in dem hübsch renovierten ehemaligen Kloster meist noch Zimmer gibt.
181 D1 Via Monte Baldo 22, VE-Dossobuono di Villafranca 04 58 60 48 11
www.hotelveronesilatorre.it

Wohin zum ...
Essen und Trinken?

Preise
Für ein Drei-Gänge-Menü ohne Getränke und Service:
€ unter 30 Euro **€€** 30–60 Euro **€€€** über 60 Euro

Al Capitan della Cittadella €€€
Das Fischlokal ist zwar nicht gerade günstig, aber was auf den Tisch kommt, schmeckt klasse.
183 D2 Piazza Cittadella 7
0 45 59 51 57; www.alcapitan.it
So und Mo Mittag geschl.

Al Cristo €€
Der restaurierte Palazzo (16. Jh.) nahe dem Ponte Nuovo liegt ein wenig außerhalb, doch der Weg lohnt wegen der netten Atmosphäre. Gute Fisch- und Fleischgerichte.
183 F4 Piazzetta Peschiera 6
0 45 59 42 87; www.ristorantealcristo.it
Mo geschl.

Antica Bottega del Vino €€
Die Antica Bottega nahe der Via Mazzini strahlt eine angenehme Atmosphäre aus. Zu den Spezialitäten zählen Tortellini, Polentagerichte und Pferdefleisch; die Weinkarte ist etwa 100 Seiten lang. Exzellente Bedienung.
183 E3 Via Scudo di Francia 3
04 58 00 45 35; www.bottegavini.it
außerhalb der Opernsaison Di geschl.

Arche €€€
Unter den Restaurants rund um den Skaliger-Friedhof belegt dieses den Spitzenrang. Täglich frischer Fisch fürs Abendmenü, das traditionelle Gerichte mit modernen Innovationen vereint. Lecker: gedämpftes Steinbuttfilett auf Spinatbett und Ingwersauce.
183 E4 Via Arche Scaligere 6
04 58 00 74 15; www.ristorantearche.com
So und Mo Mittag geschl.

La Costa in Bra €
Das Costa soll die älteste Pizzeria Veronas sein. Abgesehen vom Pizzaangebot, ist die Speisekarte klein, aber exzellent, und die Bedienung aufmerksam. Im Sommer können Sie im Freien speisen.
183 D3 Piazza Bra 2
0 45 59 74 68; www.lacostainbra.it

Il Desco €€€
Beste 2-Sterne-Küche in wunderbarer Atmosphäre. Ein großartiger Ort mit entsprechenden Preisen (Tasting Menu: 135 €). Reservierung erforderlich.
183 F3 Via Dietro San Sebastiano 7
04 5 59 53 58; www.ristoranteildesco.it
So und Mo geschl.

Il Dolmen €€
Passend zum Namen wirkt das steinerne Gewölbe ein bisschen düster, es gibt aber auch einen Garten. Spezialität des Hauses sind Fischgerichte. Große Weinkarte.
183 E2 Vicolo Cieco San Pietro Incarnario 5/7 045 80 07 45 Mo geschl.

Greppia €€
Ruhige Lage nahe Via Cappello und Piazza Erbe. Veronesische Speisen.
183 E4 Vicolo Samaritana 3c
04 58 00 45 77 Mo geschl. sowie je zwei Wochen im Jan. und Juni

Mondodoro €
Schöne alte Osteria nahe der Via Mazzini. Ganzjährig Tische im Freien. Regionale Gerichte und Weine.
183 E4 Via Mondo d'Oro 4
04 58 03 26 79; www.osteriamondodoro.it
Mo geschl.

Wohin zum ... Einkaufen?

VIA MAZZINI

In der Via Mazzini und den Seitenstraßen lässt sich generell sehr gut einkaufen. An der Via Mazzini selbst finden sich alle bekannten Designer, u. a. Gucci, Versace, Max Mara. Auch Geschäfte mit weniger bekannten Namen lohnen den Besuch. Junge Mode gibt es im **Promod**, **Pimkie** und **Oltre**. Für Schuhe schauen Sie bei **Rossetti** und **Bruschi** vorbei, wegen Taschen bei **Furla**. Ausgesucht schöne Kinderkleidung und -schuhe finden sich bei **Erbovoglio**. **Al Duca d'Aosta** bietet feine Herren- und Damenkleidung. Eine Vielzahl von Lederwaren finden Sie bei **Campana** – hier gibt es alles vom Portemonnaie bis zum Koffer. Auch das **Fiorucci** und das **Upim**, Veronas größte Warenhäuser, stehen an der Via Mazzini (Nr. 6 und Nr. 10).

LEDERWAREN

Außer den Geschäften an der Via Mazzini lohnt das **Principe** Ecke Via Alberto Mario/Piazzetta Scalette Rubiani den Besuch, ferner **Bettanin & Venturi** (Vicolo Morette 4) mit einer fast 150-jährigen Tradition in der Schuhfertigung sowie **Folli Follie** in der Via Oberdan 9a/b (Schuhe und Taschen).

MODE

Auf dem Corso Porta Borsari gibt es viele elegante Modegeschäfte, etwa **Carlo Bottico** und **Just Cavalli** für Damen oder **Dismero** (Nr. 53) sowie **Patrizia Pepe** und **iam** für eine jüngere Klientel. Erwähnenswert sind auch **Mariella Burani** (Nr. 28) und **Stizzoli** (Nr. 30), beide bieten elegante klassische Damenmode. Avantgardistischer ist das Angebot bei **Lazzari** (Piazza Erbe 15). **Class Country** in der Via San Rochetto 6 ist ein Herrenausstatter im klassischen Stil. Dies gilt auch für **Class Uomo** (Nr. 13b). **Camicissima** (Piazza Bra 3) bietet eine große Auswahl günstiger Herrenhemden an.

GALLERIA RIVOLI

Diese Passage bei der Piazza Bra beherbergt u. a. das Antiquitätengeschäft **Antiqua**, **Giancarlo** für Schuhe und Handtaschen, **La Dispensa Mamma Pia** für Wein und Olivenöl und **Nereo Stevanella** für feinen Silberschmuck.

ANTIQUITÄTEN

Die beste Gegend für Antiquitäten ist der **Corso Sant'Anastasia** und seine Seitenstraßen. Einige gute Geschäfte sind auch in Domnähe. Vorsicht: Der Handel mit Nachgemachtem blüht.

SCHMUCK

Damiani hat einen Laden in der Via Mazzini 59. Auch das auf Silber spezialisierte Geschäft **G&G Amighini** (Piazzetta Monte 3) verdient einen Besuch.

AUSSERHALB

Nördlich von Verona, im Centro Commerciale von **Affi**, gibt es ein Lager-Outlet, in dem eine große Auswahl italienischer Kleidung und Schuhe angeboten wird.

MÄRKTE

Auf der **Piazza Erbe** wird täglich ein Markt abgehalten. Weitere Märkte finden Sie auf der **Piazza San Zeno** (Di, Fr), **Piazza Isolo** (Di) und **Piazza Santa Toscana** (Mi, Fr). Jeden 3. Sa. im Monat gibt es Antiquitäten auf der Piazza San Zeno.

Wohin zum … Ausgehen?

KARNEVAL

Die Ursprünge des Karnevals von Verona reichen bis ins 16. Jh. zurück. Erfragen Sie bei der Touristeninformation (www.gardasee.de) die jeweils aktuellen Termine. Am Freitag vor dem Karnevalsdienstag (Bacanal del Gnoco) erreicht das Treiben seinen Höhepunkt: Der Papa del Gnoco, der auf einer Gabel einen riesigen Kartoffelkloß aufgespießt hat, betritt die Bühne.

FESTIVALS

Im April findet ein **Internationales Filmfestival** statt. Von Juni bis August werden im Teatro Romano in italienischer Sprache Shakespeare-Stücke aufgeführt. Im Dezember locken Weihnachtsmärkte auf der Piazza Bra, in der Via Romana wird die **Festa di Santa Lucia** gefeiert. Auf der Piazza Bra sind dann in den Arkaden der Arena Krippen aus aller Welt ausgestellt.

Die weltberühmten **Opernfestspiele** in der Arena finden jährlich zwischen Mitte Juni und Anfang September statt. Die Hotels sind zu dieser Zeit meist ausgebucht, auch die Karten sollte man rechtzeitig im Voraus bestellen (die »echten Fans« sitzen übrigens gern auf den – weniger teuren – Rangplätzen).

THEATER

Neben dem Teatro Romano gibt es noch etliche weitere Theater in der Stadt. Im **Teatro Nuovo** findet von Dezember bis April ein überregional bekanntes Theaterfestival statt, während von Februar bis April im **Teatro Filarmonico** Opern aufgeführt werden.

NACHTLEBEN

Die Veroneser sind begeisterte Kneipengänger, daher gibt es viele Bars, in denen am Wochenende oft Livemusik gespielt wird. Einige davon finden sich an der Piazza Bra und an der Piazza Erbe.

Diskotheken und Nachtclubs findet man dagegen nicht so häufig. Angesagt sind das **Dorian Gray**, eine stylishe Disco in der Via Belobono 13, der **Atlantis Pub** an der Piazza Cittadella 7 mit regelmäßig Livemusik und das **Alter Ego** (Via Torricelle).

Außerhalb der Stadt gibt es den **Berfei's Club**, eine Restaurant-Disco nahe an der Straße, die zur Ausfahrt Verona Sud der A4 führt (Via Lussemburgo 1). Der **Night City Club** befindet sich in der Via Bresciana 1f nahe der Straße Verona–Peschiera (SS 11).

HITS FÜR KIDS

Die Arena bietet Kindern die Gelegenheit, über die Spielfläche zu laufen und sich dabei wie die Gladiatoren zu fühlen. Auch die alten Rüstungen im Castelvecchio mögen einigen Kindern gefallen. Die alten Verteidigungswälle rund um die Stadt sind Grünanlagen, in zweien davon bieten sich gute Gelegenheiten zum Spielen: **Arsenale** in der Nähe vom Castelvecchio und **Raggio di Sole** nahe der Porta Nuova. Zu den Attraktionen des **La Spiaggia (ex Tropic del Sole) @ Village** bei Bussolengo im Nordwesten von Verona gehören ein riesiges Schwimmbecken mit Felsen und anderen der Natur nachempfundenen Anlagen sowie eine Rollschuhbahn. Es wendet sich nicht speziell an Kinder, aber auch diese haben ihren Spaß.

Der **Parco Natura Viva**, ebenfalls in Bussolengo gelegen, ist eine Kombination aus Safaripark und Zoo. Dazu gehört auch ein Dinosaurierpark mit lebensgroßen, recht eindrucksvollen Nachbildungen.

Nördliche Lombardei

Kleine Erlebnisse

Kalt und lecker

In Bergamo (➤ 128) wurde das berühmte **Stracciatella-Eis** kreiert. In der Gelateria Marianna, Via Colle Aperto 4, gibt's das Original.

Südfrüchte aus dem Norden

Auf der autofreien **Monte Isola** im Iseosee (➤ 134) staunt man nicht schlecht: An der geschützten Südseite wachsen Orangen, Zitronen, Kiwi und Bananen.

Risotto in Gold

Berühmt ist das **Ristorante Gualtiero Marchesi** in Erbusco am Iseosee (➤ 133) – mit zwei »Michelin«-Sternen eines der besten in ganz Italien – für sein mit echtem Blattgold verziertes Risotto.

Erste Orientierung

Bis heute bilden die alten Handelsknotenpunkte Bergamo und Brescia wichtige Wirtschaftsverbände am Übergang der südlichen Alpen zur Poebene. Ihre Altstädte bezaubern mit historischen Relikten von der Antike bis zur venezianisch geprägten Blütezeit. Eine malerische Landschaft prägt die Umgebung des Lago d'Iseo, zum Welterbe der UNESCO gehören die Felsritzungen im Val Camonica.

Brescia ist nach Mailand die zweitgrößte Stadt der Lombardei (Lombardia), eine florierende Gemeinde mit interessanten römischen Ausgrabungen, sehenswerten Renaissancegebäuden und einem Museum, in dem einige der schönsten kunsthistorischen Schätze Italiens aufbewahrt werden. Allerdings muss der Besucher erst die von wenig ansehnlichen Gewerbegebieten und Dauerstaus geprägte Peripherie der Stadt überwinden, bis er sich diesen Schätzen nähern kann.

Bergamo ist eine Stadt mit zwei ganz verschiedenen Gesichtern. In der Ebene breitet sich die *Città Bassa* aus, die geschäftige Unterstadt, deren Bild durch moderne Bauten und Industriebetriebe geprägt ist. Auf einem Bergrücken, rund 120 m oberhalb des Flusses Serio, liegt die *Città Alta*, die mittelalterlich gebliebene Oberstadt mit ihrem Labyrinth enger Gassen und zahlreichen Kunstschätzen.

Nördlich von Bergamo und Brescia durchschneiden schöne Täler die Voralpen. Nach Osten zu erstreckt sich das Val Camonica mit einem angesehenen Thermalbad und einem faszinierenden prähistorischen Bilderbuch im Parco Nazionale delle Incisioni Rupestri.

OP 10

Bergamo ➤ 128

Lago d'Iseo ➤ 133

licht verpassen!

3 Brescia ➤ 136

Nach Lust und Laune!

44 Boario Terme ➤ 139

45 Breno ➤ 139

46 Capo di Ponte ➤ 140

inke Seite: Die »Tausend Meilen« (Mille Miglia) waren der Klassiker unter den Langstreckenstraßenrennen. Von Brescia nach Rom und zurück ging die etwa 1000 englische Meilen (1600 km) lange Fahrt weitgehend über unbefestigte Landstraßen. Seit 1977 begeistert die Neuauflage dieses Klassikers, die »Mille Miglia Storica«, Sportwagenfans und Oldtimerenthusiasten. Wer das jährlich im Mai in Brescia startende Rennen verpasst, kann sich zumindest im Museo Mille Miglia (www.museomillemiglia.it), ebenfalls in Brescia, die schönsten Vertreter der teilnehmenden Oldtimer ansehen.

In drei Tagen

Dieser Routenvorschlag zeigt Ihnen, wie Sie einige der interessantesten Sehenswürdigkeiten in der nördlichen Lombardei im Rahmen einer dreitägigen Rundfahrt besichtigen können und dabei ganz sicher kein Highlight verpassen.

Erster Tag

Vormittags

Beginnen Sie den Tag in der Città Bassa (Unterstadt) von 9 **Bergamo**. Begrüßen Sie Donizetti vor dem nach ihm benannten Theater und werfen Sie einen Blick in die Geschäfte am **Sentierone** (➤ 129). Dann geht es auf der Via Roma/Via Vittorio Emanuele II zur Standseilbahn in die Città Alta (Oberstadt). Oben in der Altstadt angekommen, spazieren Sie geradeaus zur Piazza Vecchia. Besuchen Sie anschließend den Dom, Santa Maria Maggiore und die **Cappella Colleoni** (➤ 130). Essen Sie in einem der Restaurants an der Piazza Vecchia – vielleicht im Caffè del Tasso.

Nachmittags

Von der Piazza Vecchia gehen Sie durch die Via Gombito zurück zur Bergstation der Seilbahn. Steigen Sie aber nicht ein, sondern folgen Sie der Straße bergab – vorbei an der Rocca bis zu einem offenen Platz, von dem aus Sie die alten Stadtmauern sehen und nach Norden auf die Voralpen blicken können. Rechts geht es durch die Porta Sant'Agostino und dann links entlang der Via della Noca bis zur **Accademia Carrara** (➤ 129). Den Rest des Nachmittags über können Sie der dortigen Gemäldesammlung mit Werken von Bellini, Botticelli, Canaletto, Raffael, Tiepolo und vielen anderen widmen. Oder, wenn Sie sich mehr für zeitgenössische Kunst interessieren, besuchen Sie die Galleria d'Arte Moderna e Contemporanea gleich gegenüber dem neoklassizistischen Hauptsitz der Accademia.

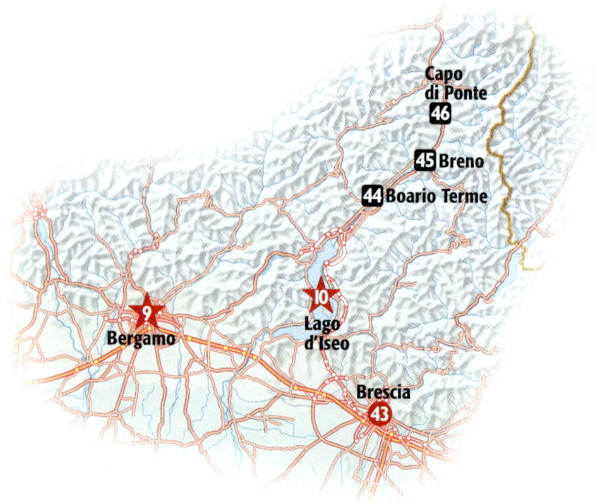

Abends
Laufen Sie zurück zur Piazza Vecchia, und essen Sie z. B. im Restaurant **Colleoni e dell'Angelo**, wo in schöner Umgebung exzellent gekocht wird. Im Laufe des Abends hüllt Flutlicht den Platz in ein stimmungsvolles Licht.

Zweiter Tag

Vormittags
Fahren Sie nach 43 **Brescia**, wo Sie am späten Vormittag eintreffen. Beginnen Sie Ihren Stadtbummel an der **Piazza della Vittoria** (➤ 138) mit ihrer Liberty-Architektur, der italienischen Variante des Jugendstils. Dann geht es gen Norden zur Piazza della Loggia mit einigen sehenswerten mittelalterlichen Gebäuden – kaum ein anderer Platz in der Stadt hat so eine schöne Atmosphäre.

Nachmittags
Durch die Passage unter dem Uhrenturm erreichen Sie die Piazza Paolo VI und die **beiden großen Domkirchen** von Brescia (➤ 137; Abb. rechts). Wegen ihrer Kunstschätze lohnen beide Kirchen einen Besuch. Anschließend gehen Sie vorbei am Broletto und biegen rechts in die Via dei Musei ein. Hier sehen Sie nicht nur die schönste der römischen Ruinen, den Tempio Capitolino, sondern können auch das Stadtmuseum besuchen.

Abends
Wenn Sie die Nacht lieber in Brescia als am Lago d'Iseo verbringen möchten, können Sie am frühen Abend einen Spaziergang zum Colle Cidneo unternehmen. Kehren Sie dann in die Altstadt zurück, und essen Sie dort beispielsweise im **La Sosta** in der Via San Martino della Battaglia.

Dritter Tag

Vormittags
Brechen Sie früh auf und folgen Sie zunächst dem Ostufer des 10 **Lago d'Iseo** (➤ 133), ehe Sie dann von Pisogne die Straße durch das Val Camonica nehmen. Mittags können Sie in 44 **Boario Terme** (➤ 139) einkehren, z. B. im **Airone** in der Via Nazionale 15.

Nachmittags
Nach einem raschen Gang durch die Stadt fahren Sie weiter auf der Hauptstraße des Tals bis 46 **Capo di Ponte** (➤ 140), wo Sie sich zu Fuß einige der Felsgravuren ansehen und das Museum besuchen können.

Abends
Sie können nun entweder gleich zurück nach Brescia fahren oder hier übernachten und noch die ländliche Stimmung am Lago d'Iseo genießen.

9 Bergamo

Über Bergamos recht moderner Città Bassa thront die durch Mauern und Bastionen gesicherte Città Alta wie ein Adlernest. Unten herrscht geschäftiges Treiben, oben erzählen Kirchen, Palazzi und Piazze von der alten Zeit. So befriedigt Bergamo das Bedürfnis nach Kunst- und Architekturgenuss genauso wie das nach dem entspannten Alltag einer italienischen Metropole. Verbunden werden diese beiden »Welten« praktischerweise von einer Standseilbahn.

Città Bassa

Zentrum der Unterstadt ist die Piazza Matteotti. Ihre Parkanlagen werden vom Viale Roma durchschnitten, der – in beiden Richtungen den Namen wechselnd – die Oberstadt mit dem Bahnhof verbindet. Auf einer Seite des Viale Roma geht die **Piazza Matteotti** in die Via XX Settembre über, die Haupteinkaufsstraße der Stadt. Auf der anderen Seite steht das **Teatro Donizetti**. Für 1300 Zuschauer errichtet wurde dieses ursprünglich bereits im 18. Jh., anlässlich des 100. Geburtstags des Komponisten Gaetano Donizetti (1797–1848) erhielt es eine neue Fassade und wurde dann auch nach dem berühmtesten Sohn der Stadt

Barockliebhaber kommen im Inneren des Doms von Bergamo ins Schwärmen.

ERÖFFNUNG MIT HINDERNIS

Die **Funicolare** (Standseilbahn) zur Oberstadt ist 240 m lang und überwindet 82 Höhenmeter. Die linke Spur ist wegen einer Kurve 6 m kürzer als die rechte. Am 20. September 1887, zur offiziellen Eröffnung der Bahn, drängten sich in der ersten Kabine lokale Würdenträger, die sich alle ihren Platz in der Geschichte sichern wollten. Leider brach ein Rad des Wagens, und die Herrschaften mussten über die Fahrspur wieder nach unten laufen.

Blick über die Funicolare hinweg auf die Unterstadt, die Città Bassa

benannt. Auf der hinter dem Theater liegenden Piazza Cavour sieht man Donizettis Statue gedankenverloren der Muse des Gesangs, Melpomene, lauschen.

Gegenüber dem Theater befindet sich der **Sentierone**, der »Große Weg«. Dabei handelt es sich um einen von vielen Cafés und Geschäften gesäumten Abschnitt der Via Torquato Tasso. Wenn Sie sich für sakrale Kunst interessieren, folgen Sie der Straße stadtauswärts, um Werke des Venezianers Lorenzo Lotto (um 1480–1556) zu sehen: Sein Altarbild der Madonna in der Kirche **San Bartolomeo** gehört zu seinen Meisterwerken. Weitere Werke befinden sich in den Kirchen Santo Spirito und San Bernardino an dieser Straße.

An der Piazza G. Carrara 82 zeigt die **Accademia Carrara** in einem spätklassizistischen Bau (1796) hervorragende Werke der italienischen und ausländischen Schulen des 15. bis 18. Jh.s. Zu den Hauptwerken gehören die Porträts von Giuliano de'Medici (Botticelli) und von Lionello d'Este (Pisanello) sowie die »Heilige Familie mit der hl. Katharina von Siena« von Lorenzo Lotto. In der benachbarten **Galleria d'Arte Moderna e Contemporanea** (Via San Tomaso 53) widmet man sich der Gegenwartskunst.

Città Alta

Nun geht es hinauf in die autofreie Oberstadt. Folgen Sie dem Viale Roma (der zur Via Vittorio Emanuele II wird) bis zur Talstation der Standseilbahn (*Funicolare*). Die Fahrt ist kurz, doch der Weg weit – jedenfalls im übertragenen Sinn: Unten steigen Sie noch ganz gegenwärtig umgeben von der urbanen Hektik des Alltags ein; bis sie oben ankommen, vollziehen sie einen Zeitsprung von rund 500 Jahren zurück in eine Stadt der italienischen Renaissance.

Die Bergstation verlassend, überqueren Sie zunächst den kleinen Platz und gehen die schmale, gewundene Via Gombito bergauf, vorbei an dem viereckigen, kahlen Torre Gombito aus dem 12. Jh., bis zur **Piazza Vecchia**, einem der bezauberndsten Plätze in ganz Norditalien. Rechts liegt der **Palazzo Nuovo**, den der gefeierte Renaissancearchitekt Vincenzo Scamozzi (1552–1616) entwarf und der eine bedeutende Bibliothek beherbergt.

Links steht der **Contarini-Brunnen**, den Alvese Contarini, der von Venedig eingesetzte *podestà* (Bürgermeister), der Stadt 1780 schenkte. Die Löwen, ein Symbol der Republik Venedig, tragen Ketten im Maul. Nur 16 Jahre später beschlossen die Einwohner von Bergamo, dass sie Venedigs Ketten nicht länger tragen wollten, und rissen die venezianischen Löwen von der Fassade der Torre Civica.

Der auch Palazzo Vecchio genannte **Palazzo della Ragione** dominiert die gegenüberliegende Seite des Platzes. Er wurde im 16. Jh. wiederaufgebaut, nachdem ein Feuer den Vorläuferbau zerstört hatte. Die Statue neben dem zentralen Portikus stellt den Dichter Torquato Tasso (1544 bis 1595) dar, dem Goethe ein Schauspiel widmete und dessen Vater aus Bergamo stammte. Neben dem Palazzo erhebt sich die **Torre Civica**, der älteste Turm der Stadt. Der Bau wurde im 11. Jh. begonnen, aber erst 400 Jahre später vollendet.

Durchschreitet man die Arkadenhalle des Palazzo della Ragione, so steht man auf dem Domplatz, dem ältesten Teil von Bergamo. Linker Hand erhebt sich der **Dom San Vincenzo** mit seiner neoklassizistischen Fassade. Neben seiner schönen Kuppel und der neoklassizistischen Fassade sind es vor allem die Kunstwerke im barock gestalteten Innenraum, die einen Besuch lohnen: So befinden sich das »Martyrium des Bischofs S. Giovanni« von Tiepolo und Bronzeengel von Antonio Fontana im Kirchenraum.

Bergamos bedeutendste Kirche aber ist **Santa Maria Maggiore** gleich neben dem Dom. Sie entstand im 12. Jh., als die Stadt von Dürre, Seuchen und Krieg heimgesucht wurde und dringend auch spirituellen Beistand benötigte. Von außen ist sie schlicht, doch innen kostbar ausgeschmückt. An die nördliche Vorhalle grenzt die **Cappella Colleoni** mit ihrer überreich geschmückten Renaissance-

Von dem sich auf der Piazza Vecchia 54 m hoch erhebenden, auch »Campanone« genannten Stadtturm (Torre Civica) hat man eine schöne Sicht auf die Dächer der Stadt.

fassade aus schwarz-weiß-rotem Marmor. 1472 beauftragte Bartolomeo Colleoni, der im Dienst von Mailand, Neapel und Venedig kämpfende Söldner, Giovanni Antonio Amadeo mit dem Bau einer Familiengrabkapelle. Auch die Grabmäler der Colleoni im Innern gestaltete Amadeo. Beachtenswert sind zudem die Fresken von Tiepolo in der Kuppel (1789) und die »Heilige Familie« von der schweizerischen Malerin Angelika Kaufmann (1789).

Neben Santa Maria Maggiore befindet sich ein Baptisterium aus dem 14. Jh., das ursprünglich in der Kirche selbst stand, dann aber abgerissen und vor etwa 200 Jahren an seinem jetzigen Standort aufgebaut wurde.

Von der Piazza del Duomo aus können Sie die Straßen nach eigener Lust und Laune durchstreifen. Musikliebhaber zieht es vielleicht zu **Donizettis Geburtshaus** in der Via Borgo Canale 14 oder in das ihm gewidmete Museum in der Via Arena 9, in dem auch persönliche Gegenstände und Einrichtung aus dem Haushalts Donizettis zu sehen sind. Naturfreunde werden das Naturkundemuseum **Museo di Scienze Naturali »Enrico Caffi«** aufsuchen. Es ist wie das **Museo Civico Archeologico** (Archäologisches Museum) in der Zitadelle der Visconti aus dem 14. Jh. untergebracht.

KLEINE PAUSE

In der Oberstadt können Sie das **Caffè del Tasso** an der Piazza Vecchia aufsuchen; wenn Sie in der Unterstadt sind, gehen Sie doch ins **Balzer**, Portici Sentierone 41, wo es ausgezeichnete Snacks, Kuchen und guten Kaffee gibt.

Die im Süden vom Palazzo della Ragione, dem früheren Rathaus, flankierte Piazza Vecchia ist das malerische Herz der Altstadt.

178 A3

Torre Civica

035 24 22 26 April–Okt. Di–So 9.30–19 Uhr, Sa und feiertags 9.30–21.30 Uhr); Nov.–März Sa und feiertags 9.30–16.30 Uhr 3 €

Cappella Colleoni
035 21 00 61 März–Okt. Di–So 9–12, 14–18.30 Uhr; Nov.–Feb. Di–So 9–12.30, 14–16.30 Uhr frei

Donizettis Geburtshaus
035 23 73 74 Juni–Sept. Di–So 9.30–13, 14–17.30 Uhr; Okt.–Mai Di–Fr 9.30–13, Sa und feiertags 9.30–13, 14–17.30 Uhr 2 €

Museo Donizettiano
Via Arena 9 035 39 92 69 Juni–Sept. Di–So 9.30–13, 14–17.30 Uhr; Okt.–Mai 9.30–13, Sa und So 9.30–13, 14–16.30 Uhr 4 €

Museo di Scienze Naturali »Enrico Caffi«
Piazza Cittadella 10 035 28 60 11 April–Sept. Di–Fr 9–12.30, 14.30 bis 18, Sa und So 9–19 Uhr; Okt.–März Di–So 9–12.30, 14.30–17.30 Uhr frei

Museo Civico Archeologico
Piazza Cittadella 10 035 24 28 39 April–Sept. Di–Fr 9–12.30, 14.30 bis 18, Sa und So 9–19 Uhr; Okt.–März Di–So 9–12.30, 14.30–18 Uhr frei

Accademia Carrara
Piazza Carrara 82 035 39 96 77 Di–So 10–13, 15–18.45 Uhr 5 €

Galleria d'Arte Moderna e Contemporanea
Via San Tomaso 53 035 39 95 28 April–Sept. Di–So 10–13, 15–18.45; Okt.–März Di–So 9.30–13, 14.30–17.45 Uhr 5 €

Unten: Die Siedlung Crespi d'Adda wird durch eine schnurgerade Straße gegliedert: Auf der einen Seite steht die Fabrik, auf der anderen befinden sich die Wohnstraßen mit den einheitlich gestalteten Ein- und Mehrfamilienhäusern der Arbeiter.

BAEDEKER TIPP

Crespi d'Adda – ein Ortsteil von Capriate San Gervasio in der Provinz Bergamo – gilt als frühes Beispiel sozialen Engagements aufgeklärter Unternehmer. Errichtet wurde sie ab 1878 von dem Textilfabrikanten Cristoforo Crespi und seinem Sohn Silvio »auf der grünen Wiese« unweit des Flusses Adda, wo ausreichend Wasser für ihre Fabrik samt Infrastruktur verfügbar war. Noch in den 1920er-Jahren fanden hier mehr als 3000 Arbeiter ihr Auskommen. Zur – auf der Liste des schützenswerten Welterbes der UNESCO stehenden – Modellsiedlung gehörten auch eine Schule, eine Krankenstation, ein Waschhaus und eine Kirche. Der noch heute bewohnte Ort blieb weitgehend in seiner ursprünglichen Form erhalten.

10 Lago d'Iseo

Der 20,4 km lange, nur bis zu 4,1 km im breite Iseosee wird von den hohen Bergriegeln der Bergamesker Alpen umschlossen. Charakteristisch sind seine steil abfallenden Ufer, die nur an wenigen Stellen Bademöglichkeiten bieten, aber für ein sehr reizvolles Landschaftsbild sorgen. Pittoresk mitten im See liegt die etwa 450 m hoch aufragende Monte Isola mit ihren idyllischen Dörfern sowie Oliven-, Kirsch- und Kastanienbäumen.

Blick von Sulzano am Ostufer auf den im milden Licht der Abendsonne erstrahlenden Iseosee.

Für eine Fahrt rund um den landschaftlich sehr abwechslungsreichen Lago d' Iseo, auch »Sebino« genannt, eine ausgiebige Besichtigung der kleinen Orte sowie eine Stippvisite der autofreien, idyllischen Monte Isola sollte man etwa zwei Tage veranschlagen. Entlang des steilen Westufers mit seinen schroffen Felsvorsprüngen hat man atemberaubende Ausblicke. Das Ostufer bietet Fischerhäfen, romanische Kirchen und von Oleander und Palmen gesäumte Promenaden.

Der Hauptort **Iseo** am Südufer besticht durch sein wunderschönes mittelalterliches Zentrum mit lauschigen Plätzen und verschachtelten Gässchen, die sich den Hang hinaufziehen, sowie mit guten Einkaufsmöglichkeiten. Oberhalb des Altstadtkerns thront das Castello Oldofredi (11. Jh.), in dem ein Kulturzentrum untergebracht ist. Von hier aus blickt man auf die Dächer der Häuser und Palazzi und auf die vielen sehenswerten Kirchen (11.–17. Jh.). Vom Hafen legen Fähren zu allen größeren Orten am See ab.

Südwestlich von Iseo erstreckt sich bis Clusane das Naturschutzgebiet **Torbiere del Sebino**, ein Torfmoor mit seltenen Pflanzen, Vögeln und Fischen. Etwas oberhalb von Torbiere steht das im 11. Jh. von Kluniazensern gegründete Kloster San Pietro in Lamosa mit Fresken aus dem 16. Jahrhundert.

Clusane direkt am Seeufer ist ein ruhiges Fischerdorf, das ein erstaunlich großes Kastell (14. Jh.) mit einer schönen Renaissance-Loggia besitzt. Clusane ist für seine guten Fischrestaurants bekannt.

Neben Iseo ist **Sarnico** westlich von Clusane der größte Fremdenverkehrsort am See mit guten Wassersportmöglichkeiten. Auch hier kann man gut Fisch essen. Reizvoll sind die Jugendstilvillen in der Altstadt und der Umgebung, die zu den schönsten der Lombardei zählen.

Im äußersten Nordwesten des Sees zieht sich das lebhafte **Lovere** vom Ufer den Hang hinauf. Es gibt eine lange Uferpromenade, von der aus man einen schönen Blick über den See bis zu den schneebedeckten Bergen im Hintergrund hat, und einen mittelalterlichen Ortskern mit hübschen Gassen und alten Türmen. In der **Galleria dell' Accademia Tadini** sind Gemälde vom 14. Jh. bis heute, Skulpturen, flämische Wandteppiche, Porzellan und archäologische Funde zu sehen. Wenige Kilometer östlich von Lovere lohnt ein Halt in **Pisogne**, um die Kirche Santa Maria della Neve (15. Jh.) zu besichtigen, die einen beeindruckenden Freskenzyklus von Girolamo Romanino aus dem 16. Jh. besitzt. Aus dem Mittelalter stammen noch die drei Stadttore.

Monte Isola

Einen unvergesslichen Ausflug kann man auf die autofreie Fischerinsel Monte Isola unternehmen, die bis zu 450 m über dem Wasserspiegel aufragt und einen Umfang von gut 9 km hat. Monte Isola ist die größte Insel in einem südeuropäischen Binnensee. Hier leben etwa 1700 Menschen in beschaulichen Dörfern. Überaus idyllisch ist der Hauptort Peschiera Maraglio mitten im Grün von Oliven-, Kirsch- und Kastanienbäumen. Verschlungene Pfade führen von einem der elf Dörfchen zum nächsten, man kann aber auch den Linienbus besteigen, der die Orte miteinander verbindet. Auf der Spitze der Berginsel steht die Wallfahrtskirche Madonna della Ceriola.

Die sich etwa in der Mitte aus dem See erhebende Monte Isola ist die eigentliche Attraktion des Lago d'Iseo.

Schön stehen hier die Reben im vor allem für seine guten Schaumweine berühmten Weinbaugebiet Franciacorta.

KLEINE PAUSE

An der Piazza Garibaldi in Iseo bieten sich die besten Möglichkeiten zur Einkehr. Eine Empfehlung ist die **Osteria Antico Melone**, hier finden Sie lokale Spezialitäten auf der kleinen Speisekarte. Am Nordende des Sees setzen Sie sich am besten in eines der Cafés an den Arkaden der **Piazza del Mercato** in Pisogne.

---

179 D3

Galleria dell'Accademia Tadini
Palazzo dell'Accademia, Via Tadini 40 (Lungolago), Lovere
035 96 27 80; www.accademiatadini.it
Mai–Sept. Di–Sa 15–19, So 10–12, 15–19 Uhr; Okt.–April Sa 15–19, So 10–12, 15–19 Uhr 7 €

BAEDEKER TIPP

- Von Bergamo aus fährt eine **historische Bahn** zum Lago d' Iseo. Die alte Lok des Typs 940-022 zieht die Holzwaggons gemächlich durch die schöne Landschaft der Lombardei. Es können auch Sonderfahrten mit Weinverkostung aus der Region gebucht werden. Informationen: Tel. 030 740 28 51, www.ferrovieturistiche.it.
- Sehen Sie auf der Straße von Zone nach Marone am Ostufer gleich unterhalb des Dorfes Cislano nach Norden: Dort sieht man die **Piramidi di erosione**, bizarr geformte Felsspitzen, von denen einige von riesigen Felsbrocken gekrönt sind. Diese entstanden durch Gletschererosion.
- In der Hügellandschaft südlich des Iseosees gedeiht ein besonderer Wein: Die **Franciacorta** ist Italiens wichtigstes Produktionsgebiet für Spumante nach klassischem Flaschengärungsverfahren. Eine 80 km lange Weinstraße (www.stradadel franciacorta.it) führt zu Winzern, aber auch zu malerisch gelegenen Klöstern wie dem romanischen Kluniazenserkonvent San Pietro in Lamosa.

43 Brescia

Mit rund 190 000 Einwohnern ist Brescia nach Mailand die zweitgrößte Stadt der Lombardei. Im Zweiten Weltkrieg wurde die Stadt schwer bombardiert – umso erstaunlicher ist es, dass man einen historischen Kern vorfindet, in dem zahlreiche Kulturdenkmäler erhalten sind, die nahezu lückenlos rund 2000 Jahre Geschichte dokumentieren. Aus der Zeit der Langobarden stammt das ehemalige Benediktinerinnenkloster Santa Giulia. Heute beherbergt es äußerst sehenswerte Museen und gehört mit den eingeliederten Ausgrabungsstätten zum Welterbe der UNESCO.

Schon zur Römerzeit war Brescia als »Colonia Civica Augusta« ein wichtiges Zentrum. Das römische **Capitolium** ist allerdings weitgehend unter den Bebauungen späterer Jahrhunderte verborgen. Ausgegraben und teilrekonstruiert wurden der Kapitolinische Tempel (1. Jh.) mit einigen erhaltenen Mosaiken und korinthischem Portikus und das daran angrenzende Theater. Einen faszinierenden Querschnitt der Siedlungsgeschichte bis vor 3000 Jahren erleben Besucher der Ausgrabungen unter dem Palazzo Martinengo gegenüber. Auch das **Museo di Santa Giulia** ein paar Häuser weiter führt tief zurück in die historischen Schichten Brescias: Das benediktinische Nonnenkloster San-Salvatore-Santa-Giulia gründete der letzte Langobardenkönig Desiderius 753 auf den Fundamenten einer römischen Villa. Mit einbezogen in den heutigen Komplex sind die mittelalterliche Kirche San Salvatore, das romanische Gotteshaus Santa Maria in Solario, Santa Giulia aus dem 16. Jh. und der aus eben dieser Zeit stammende Kreuzgang. In diesem beeindruckenden Ensemble werden die Exponate

Mit ihren Arkadengängen und dem Uhrturm (Torre dell'Orologio) ist die Piazza della Loggia deutlich an venezianischen Vorbildern orientiert.

An der Ostseite der nach Paul VI. (Papst 1963–1978) benannten Piazza steht der neue Dom (oben links). Eigentliches Schmuckstück des Platzes aber ist der auch »Rotonda« genannte alte Dom (oben rechts).

aus der 3000-jährigen Geschichte Brescias modern und stimmig präsentiert – in der atemberaubend schönen Kirche **Santa Maria in Solario** (12. Jh.) mit ihren farbenfrohen Fresken und dem strahlend blauen Sternenhimmel kommen etwa ein zierliches Elfenbeinreliquiar aus dem 4. Jh. und das mit kostbaren Edelsteinen besetzte »Desiderius«-Kreuz (8./9. Jh.) herrlich zur Geltung.

Ab dem 15. Jh. brachte Venedigs Herrschaft Brescia wirtschaftlichen Aufschwung. Davon zeugen die repräsentativen Bauten an der **Piazza della Loggia** – allen voran die ab 1492 errichtete Loggia selbst, deren Dach allerdings bei einem Brand zerstört und 1914 in etwas wuchtig geratener Form neu aufgesetzt wurde. Beteiligt daran war neben dem venezianischen Architekten Jacopo Sansovino auch Andrea Palladio. Die Südseite der Piazza begrenzen die Bauten des Monte di Pietà, des ehemaligen Pfandhauses (15. Jh.), und dessen moderneres Pendant Monte Nuovo. Den zweibogigen Renaissancebau dazwischen krönt eine Reihe zierlicher Fenster. Der Loggia gegenüber erhebt sich über drei Bögen der im 16. Jh. errichtete Uhrturm **Torre dell'Orologio**, den zwei eine Glocke schlagende Figuren krönen. Nach Cidno, dem mythischen Gott der Ligurer, ist der Cidneo-Hügel benannt, auf dem die Visconti ebenfalls im 15. Jh. eine Festung errichteten, die heutzutage ein

MÄNNER MIT LANGEN BÄRTEN: LANGOBARDEN IN DER LOMBARDEI

Während der Völkerwanderung drang mit den Langobarden ein nordgermanischer Stamm in Italien ein, nach dem bis heute die Lombardei benannt ist und der für die Region eine schicksalhafte Bedeutung hatte. Der Legende nach wurden sie nach jenen »Langbärten« benannt, die sich ihre Frauen umbanden, um in einer Schlacht wie Männer auszusehen. Wahrscheinlicher ist jedoch die Version, dass sich ihr Name von einer langstieligen Axt, ähnlich der Hellebarde, ableitet. Von der UNESCO wurden sieben »Orte der Macht«, an denen die Langobarden bedeutende Bauten – Festungen, Kirchen und Klöster – hinterließen, zum Erbe der Welt ernannt: Benevento, Brescia, Campello sul Clitunno, Castelseprio, Cividale del Friuli, Monte Sant'Angelo und Spoleto.

Waffenmuseum sowie das **Museo del Risorgimento**, das »Freiheitskampf-Museum«, beherbergt.

Der monumentalen **Piazza della Vittoria** musste in den 1920er- und -30er Jahren das mittelalterliche Marktviertel weichen. Architekt war Marcello Piacentini, ein Vorläufer des *razionalismo*. Der Duce höchstpersönlich weihte die Piazza 1932 ein.

Der im Jahr 78 erbaute Tempio Capitolino erhebt sich an der nördlichen Schmalseite des antiken Forums.

Kirchliche und weltliche Macht werden an der rechteckigen **Piazza Paolo VI.** vereint: Das Rathaus **Broletto** zeigt architektonische Elemente vom 12. bis zum 18. Jh. Der **Duomo Nuovo** daneben präsentiert sich mit reich gegliederter, barocker bis klassizistischer Fassade und einer der höchsten Kuppeln Italiens. Der **Duomo Vecchio** wirkt mit seiner Ziegelsteinfassade im Vergleich dazu völlig unscheinbar: Das im 12. Jh. errichtete Gotteshaus besteht aus zwei ineinander gesetzten Zylindern. Im Inneren steigt man über Treppen auf das Niveau des Vorgängerbaus, einer frühchristlichen Basilika hinunter, von der unter Glas noch Mosaikfragmente erhalten sind. Ein kostbarer Kirchenschatz, der Tesoro delle Sante Croci mit zwei Reliquienkreuzen (14./15. Jh.), wird in einer Seitenkapelle aufbewahrt.

KLEINE PAUSE

Das **Coffea di Nevola Ivan** am Corso Zanardelli 26 serviert guten Kaffee und heiße Schokolade. Mehr zu essen bekommt man bei **Raffa** am nahe gelegenen Corso Magenta 15.

---

179 D/E 1/2

Capitolium
Via Musei 55 · www.bresciamusei.com · Okt.–Feb. Fr, Sa/So 10–17, März–15. Juni Di–So 10–17, 16. Juni–Sept. Di–So 11–19 Uhr · 4 €

Museo di Santa Giulia
Via Musei 81 b · www.bresciamusei.com · Okt.–15. Juni Di–So 9.30 bis 17.30, 16. Juni–Sept. Di–So 10.30–19 Uhr · 10 €

Museo del Risorgimento
Via Castello 9 · www.bresciamusei.com · Okt.–15. Juni Do–So 10–17, 16. Juni–Sept. Fr–So 11–19 Uhr · 5 €

BAEDEKER TIPP

- Kommen Sie **möglichst früh** in die Stadt, um noch einen Stellplatz auf einem der **großen Parkplätze** in der Nähe des Corso Zanardelli zu ergattern. Von dort ist es nicht sehr weit zu den Hauptsehenswürdigkeiten der Stadt.
- Der grüne Markt auf der Piazza del Mercato findet täglich statt, der umfangreichere **Wochenmarkt** samstags auf der Piazza della Loggia.

Nach Lust und Laune!

44 Boario Terme

Boario ist wegen seiner schwefel- und kalkhaltigen Quellen ein bekannter Kurort. Ihre Berühmtheit verdanken die Quellen dem Heilpraktiker Paracelsus (1493–1541), der sie besuchte und schätzte. Die hübsche Therme liegt inmitten von Gärten und Parkanlagen vor der Kulisse hoher Gipfel. Im **Parco delle Luine** unweit von Boario stößt man auf die ersten der Felsgravuren, für die das Val Camonica so berühmt ist. Ein alternatives Ziel ist der **Lago Moro**. Den tiefblauen See erreicht man über eine landschaftlich schöne Straße, die durch den kleinen Kurort Angolo Terme ins Val di Scalve führt. Hier zweigt eine schmale Straße zum See ab. Von der – durch die Schlucht des Flüsschens Dezzo führenden – Hauptstraße hat man einen recht schönen Blick auf die Alpi Orobie.

179 D4

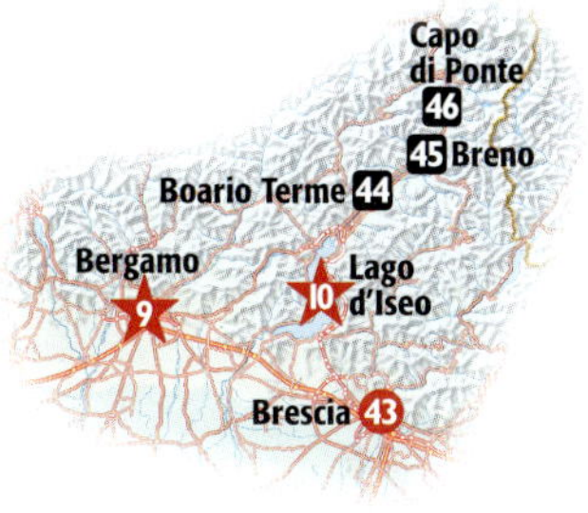

Parco delle Luine

34 87 37 44 67 Di–So 9–12, 14–17 Uhr
frei

45 Breno

Von Boario Terme zieht sich die Straße durch das Val Camonica in Richtung Breno. Ein kurzer Umweg führt nach Esine; die dortige Kirche **Santa Maria Assunta** aus dem 14. Jh. ist wegen ihres Campanile

Landschaftsidyll: das Val Camonica (hier mit Blick auf das Breno-Kastell)

Zeichen der Zeit: prähistorische Felsbilder im Parco Nazionale delle Incisioni Rupestri

und der Fresken aus dem 15. Jh. ein Nationaldenkmal. Auf dem Felsen oberhalb von Breno thront ein Kastell aus dem 14. Jh. Das Museum der Stadt befasst sich mit der Lokalgeschichte.
179 E5

Castello
036 42 29 70 · tägl. 9–22 Uhr · frei

Museo Camuno
03 64 32 40 99 · Mo, Mi, Do 9–12, Di, Sa 9–12 und 15–18, Fr, So 15–18 Uhr · 4 €

46 Capo di Ponte

Das alpine Volk der Camunen, das als Urheber der – von der UNESCO zum Erbe der Welt erklärten – Gravuren im Val Camonica gilt, besiedelte das Tal seit der mittleren Steinzeit und hinterließ an den Felsen eine Vielzahl von Symbolen. Die ältesten der über 200 000 Einzelgravuren werden auf die Zeit um 6000 v. Chr. datiert. Die Motive sind vielgestaltig: In großer Zahl kommt Jagdwild vor, bevorzugt Hirsche. Ebenso häufig sind Abbildungen bewaffneter Reiter. Viele Darstellungen sind für uns Heutige kaum zu interpretieren. In Capo di Ponte widmen sich ein Museum und ein Forschungszentrum den Felsgravuren. Zu ihrem Schutz wurde der **Parco Nazionale delle Incisioni Rupestri** eingerichtet. Auf fünf bequemen Routen werden die Besucher zu den schönsten Felsen geführt, an denen Hinweistafeln das Gesehene erläutern. Für die komplette Besichtigung sind etwa vier Stunden vorgesehen. Im nahe gelegenen **Museo Didattico d'Arte e Vita Preistorica** wurde ein Camunendorf rekonstruiert.
179 F5

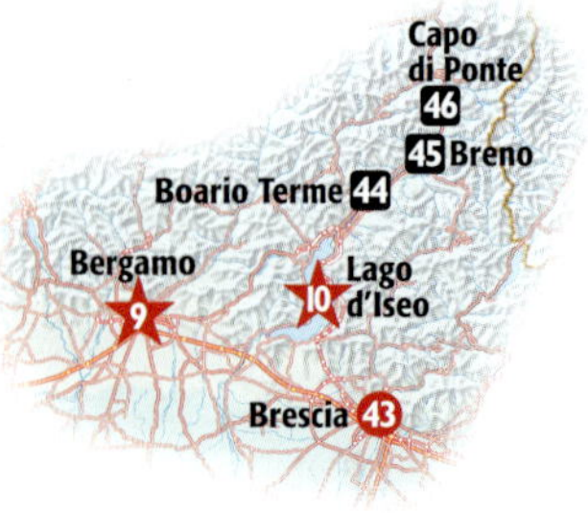

Centro Camuno di Studi Preistorici
Via Marconi 7, Capo di Ponte
0 36 44 20 91 · Mo–Fr 9–17 Uhr · frei

Parco Nazionale delle Incisioni Rupestri
Autos können bei der Chiesa Delle Sante im Ort abgestellt werden, von da ist der Weg in den Park ausgeschildert · 036 44 21 40 · Di–So 8.30–13.30 Uhr · 4 €

Museo Didattico d'Arte e Vita Preistorica
Via Pieve San Siro 4, Capo di Ponte
036 44 21 48 · tägl. 9–12 und 14 bis 17.30 Uhr · frei

Wohin zum ... Übernachten?

Preise
Für ein Doppelzimmer pro Nacht:
€ unter 80 Euro **€€** 80–130 Euro **€€€** über 130 Euro

BERGAMO

Agnello d'Oro €€
Das Gebäude aus dem späten 16. Jh. liegt in der Oberstadt. Einige Zimmer haben Blick auf den kleinen Platz. Schlicht eingerichtete, aber gemütliche Zimmer.
178 A3
Via Gombito 22
035 24 98 83; www.agnellodoro.it

Cappello d'Oro €€€
Ein Best-Western-Premier-Hotel im Herzen der Unterstadt. Die Zimmer sind relativ klein, aber hübsch eingerichtet. Eigener Parkplatz und ein exzellentes Restaurant.
178 A3
Viale Papa Giovanni XXIII **03 52 28 90 11; www.bwhotelcappellodoro–bg.it**

Città dei Mille €
Das preiswerte Hotel liegt an der Zufahrtsstraße zur Autobahn, zu Fuß etwa 30 Minuten vom Zentrum der Unterstadt entfernt (auch mit dem Bus zu erreichen).
178 A3
Via Autostrada 3c
035 31 74 00; www.cittadeimille.it

Excelsior San Marco €€€
Auf halber Strecke zwischen der Standseilbahn zur Oberstadt und Unterstadt. Geräumige Zimmer, einige mit Blick auf die Oberstadt. Das zugehörige Restaurant (*Colonna*) zählt zu den besten der Stadt. Eigener Parkplatz.
178 A3
Piazza della Repubblica 6
035 36 61 11; www.hotelsanmarco.com

BOARIO TERME

Rizzi €€€
Eines der besten Hotels im Kurort, wo die Konkurrenz groß ist. Es gibt geräumige, gepflegte Zimmer, das Thermalbad ist nur 100 m entfernt. Schöner Garten und sehr gutes Restaurant.
179 D4 **Via Carducci 11**
03 64 53 16 17; www.albergorizzi.it

BRENO

Giardino €
Das gut eingerichtete mittelgroße Hotel liegt ideal für Ausflüge ins Val Camonica.
179 E5
Via 28 Aprile **03 64 32 11 84; www.cominelli.com/hotelgiardino**

BRESCIA

Albergo Orologio €€
Dieses 3-Sterne-Boutiquehotel liegt gleich hinter der Piazza Loggia. Fragen Sie nach einem Zimmer mit Aussicht. Die antiken Möbel wurden sorgfältig in die moderne Ausstattung integriert und das Personal ist freundlich und hilfsbereit.
179 D/E 1/2
Via Beccaria 17
03 03 75 54 11; www.albergoorologio.it

Trento €
Kleines Hotel in Laufdistanz zu den Hauptsehenswürdigkeiten und dem Einkaufszentrum. Hübsche Zimmer und ein gutes Restaurant.
179 D/E 1/2 **Piazza Cesare Battisti 27–29** **030 38 07 68**

Wohin zum ...
Essen und Trinken?

Preise
Für ein Drei-Gänge-Menü ohne Getränke und Service:
€ unter 30 Euro €€ 30–60 Euro €€€ über 60 Euro

BERGAMO

Airoldi €
Solider Tipp für leichte Mahlzeiten und Getränke in der Unterstadt.
178 A3 Viale Papa Giovanni XXIII 18
0 35 24 44 23 Mo–Sa 7–23 Uhr

Borgo €
Lebhafte, farbenfrohe *Osteria*, in der zahlreiche Einheimische gute Hausmannskost genießen. Die Pizza wird im Holzofen gebacken, abends gibt es ein umfangreicheres Menü für 25 Euro.
178 A3 Via San Lazzaro 8
0 35 24 24 52 So geschl.

La Bruschetta €€
Schönes Gebäude mit steinernen Gewölbedecken. Fisch- und Fleischgerichte, gute Pizzen.
178 A3 Via G d'Alzano 1 035 22 12 65
Mo nur abends geöffnet

Colleoni & Dell'Angelo €€€
Lokal in einem mittelalterlichen Palast mit Gewölben und Fresken. Manchmal gibt's ein 50-Euro-All-Inclusive-Menü.
178 A3
Piazza Vecchia 7 0 35 23 25 96
Mo und zwei Wo. im Aug. geschl.

Da Ornella €€
Nettes kleines Lokal in der Altstadt, spezialisiert auf Polenta, das mit Fleisch in gusseisernen Töpfen serviert wird. Probieren Sie *Polenta taragna* (gekocht mit Butter und Käse) und Kaninchen.
178 A3 Via Gombito 15
035 23 27 36 Di geschl.

BOARIO TERME

Airone €
Pizzocheri – eine lombardische Teigwarenspezialität aus Buchweizen- und Weizenmehl –, Polenta, Eintopf mit Ochsenbein, Steinpilzen und Sahne sind die Höhepunkte der Speisekarte. Doch auch vieles andere kann man in diesem charmanten Restaurant genießen.
179 D4
Via Nazionale 15
03 64 53 12 76

BRESCIA

Al Teatro €
Ausgezeichnete Pizzeria nahe dem Stadtzentrum. Gute Karte und Pizza, die ihr Geld wert ist.
179 D/E 1/2
Via Mazzini 36
03 04 42 51

Castello Malvezzi €€
Eleganter Bau mit Schlossambiente. Gehobene traditionelle Gerichte mit Pfiff, köstlich!
179 D/E 1/2
Via Colle San Giuseppe 1
03 02 00 42 24
Mo und Di geschl., Mi–Fr nur abends geöffnet

La Sosta €€
Fantastisches Restaurant in den Ställen des Palazzo Martinengo. Brescianer Spezialitäten, beispielsweise Ziege.
179 D/E 1/2
Via San Martino della Battaglia 20
0 30 29 56 03 Mo und So Abend geschl.

Wohin zum ... Einkaufen?

In Brescia wie in Bergamo gibt es ausgedehnte Einkaufsbezirke, sowohl in als auch außerhalb der Innenstädte. Auch viele international bekannte Firmen haben hier Niederlassungen.

BRESCIA

Für Schmuck sollten Sie bei den folgenden Adressen vorbeischauen: **Giarin**, Via San Martino della Battaglia; **Ghidini**, Corso Magenta 8b (ungewöhnliches Design); **Emozioni d'Oro**, Via Valcamonica 17. Schuhe finden Sie bei **Fratelli Rossetti**, Corso Zanardelli 1, und bei **Romano**, Corso Palestro 13. Zahlreiche Designertextilien gibt es in der **Casa Sovrana** in Portici X Giornate.

Antiquitäten offeriert man Ihnen gern bei **Cronos**, Galleria al Duomo, Via X Giornate; **Ceralacca**, Via Fratelli Porcellana 42; **Antic Oro**, Vicolo della Speranza 3d (alter und neuer Schmuck), und **Rino Fossati**, Via Beccaria 3a.

Das größte Kaufhaus in der Innenstadt ist **Coin** an der Ecke Corso Magenta/Via San Martino della Battaglia. Außerhalb der Stadt in Richtung Bergamo an der A4-Ausfahrt Ospitaletto befindet sich das riesige **Franciacorta Outlet Village**. Rund 160 Geschäfte international renommierter Markenartikler von Adidas bis Timberland bieten günstige Preise und eine große Auswahl – da findet jeder etwas für seinen Bedarf. Und wer zwischendurch gern mal eine Pause machen und einkehren möchte: In einem Dutzend Bars und Restaurants kann man seinen Hunger und Durst stillen. Tägl. bis 20 Uhr geöffnet, Sa und So bis 21, Mo erst ab 14.30, sonst ab 10 Uhr (www.franciacortaoutlet.it).

BERGAMO CITTÀ BASSA

In der Via XX Settembre gibt es viele Filialgeschäfte für Damenmode. **La Perla** (Sentierone 40) bietet hochwertige Badekleidung und Unterwäsche an.

Schuhe finden Sie bei **Pompeo**, Via XX Settembre 27; **Bruschi**, Via XX Settembre 39; **Fratelli Rossetti**, Via XX Settembre 52 und **Dev**, Via XX Settembre 85–87.

Handtaschen und andere Lederwaren: **Diana**, Via XX Settembre 40.

Die Gegend rund um die **Accademia Carrara** ist bei Künstlern beliebt. Es gibt etliche Ateliers, hervorzuheben ist das von Sergio Garau, Via San Tomaso 88a, der auf ungewöhnlichen Materialien malt. In der Nähe befindet sich ein gutes Antiquitätengeschäft – **GLA Antichità**, Via Sant' Orsola 17.

Das größte Kaufhaus im Stadtzentrum ist **Coin** (Largo Medaglie d'Oro, Via Zambonate 11).

BERGAMO CITTÀ ALTA

Die Oberstadt ist sehr viel kleiner – Restaurants, Bars usw. überwiegen hier. Doch es gibt einige Ausnahmen, darunter **Babilonia**, Via Gombito 12d, das schicke Damenmode verkauft. Gegenüber dem Restaurant Colleoni an der Piazza Vecchia liegt der Laden von **Daniela Gregis**, die Einzelstücke entwirft und herstellt. Sie wurde bereits in der Vogue porträtiert. Für Männermode ist **Franco Loda**, Via Gombito 17, ein guter Tipp; **Cesare Albert**, Via Bartolomeo Colleoni 5b, bietet sehr gute Kinderbekleidung an.

Brivio, Via B. Colleoni 19a, hat ausgezeichneten Schmuck und Silber. Kerzen sind ein hübsches Mitbringsel, Sie finden sie bei **RR Candele**, Via B. Colleoni 15m.

Cooperativa Libraria Il Quartiere (Via Gombito 24a) ist ein gut bestückter Schreibwarenhandel, der auch eine große Auswahl ausgefallener Spielwaren anbietet.

Wohin zum ... Ausgehen?

WANDERN

Bergamo und Brescia eignen sich gut als Ausgangspunkte für die Erkundung der angrenzenden Alpentäler. Nördlich von Bergamo liegen die Täler **Val Brembana** und **Val Seriana** mit der Cascata del Serio. Nördlich von Brescia findet man landschaftlich reizvolle Wandergebiete im für seine Felsbilder berühmten Val Camonica, Val Sabbia und Val Trompia, zudem in Franciacorta nordwestlich der Stadt.

GOLF

Im Gebiet um Bergamo und Brescia gibt es mehrere Golfkurse. Eine Besonderheit ist »The Wine Golf Course« des Francaciorta Golf Club (www.franciacortagolfclub.com), dessen drei 9-Loch-Plätze die sprechenden Namen »Brut«, »Saten« und »Rosé« tragen.

WEITERE SPORTARTEN

In den Sportzentren beider Städte findet man Gelegenheit zum Tennis- und Squashspielen. Von Brescia sind auch die entsprechend ausgestatteten Hafenorte am westlichen Gardasee schnell erreicht.

THEATER UND KINO

In Brescia und Bergamo gibt es Kinos, ein Multiplexkino finden Sie in **Manerbio** – direkt an der A21 südlich von Brescia.

Das **Donizetti-Theater** in Bergamo hat jedes Jahr vier Spielzeiten. Die Opernsaison dauert von September bis Dezember, die Theatersaison von November bis April, die Tanz-/Ballettsaison von Januar bis April. Im Februar gibt es außerdem ein Jazz-Festival.

Die Opernsaison des **Teatro Grande** in Brescia dauert von September bis November, Theaterspielzeit ist von November bis April, eine Konzertsaison zwischen Oktober und März ergänzt das Angebot.

Brescia besitzt auch zwei ältere Theater, das **Teatro di Santa Chiara** und das **Teatro Sancarlino**.

NACHTLEBEN

In Bergamo gibt es Diskotheken in der Via San Lorenzo (**Dell'Angelo**) und der Via Bascensis (**Ritmo**). In Brescia haben sich rund ein Dutzend Diskos und Nachtclubs etabliert. Besonders frequentiert sind derzeit das **Orange Blue** in der Via Mandolossa 146, das **Circus** in der Via Dalmazia 127 und das **Fura** in der Via Lavagrome 13, Lonato.

FESTIVALS

Brescia ist von April bis Juni mit Bergamo Gastgeber eines internationalen Klavierfestivals. Zwischen Mitte September und Mitte Oktober findet eine Reihe von Orgelkonzerten in den Kirchen von Brescia statt. Früher war die Stadt für das Autorennen **Mille Miglia** (► 125) bekannt, das in Brescia startete; 1957 wurde es nach einer Reihe von Unfällen mit tödlich verletzten Zuschauern eingestellt. Seit 1977 findet jährlich im Mai ein dreitägiges Oldtimerrennen statt, bei dem die Teilnehmer von Brescia nach Ferrara fahren, dann weiter nach Rom und zurück nach Brescia.

MÄRKTE

Ein **Antiquitätenmarkt** findet an jedem dritten Sonntag im Monat auf der Piazza Cittadella in Bergamos Città Alta statt.

An Bergamos Sentierone gibt's im April und Mai eine interessante **Buchmesse** (Fiera del libro).

Ausflüge

Ausflüge

Vom Gardasee wie von Verona aus bieten sich einige schöne Ausflüge an. Besonders sehenswert und gut zu erreichen sind Cremona südlich von Brescia, Mantua (Mantova) südlich von Verona sowie Vicenza, das nordöstlich der Stadt an der Etsch liegt. Jede dieser Städte hat ihren eigenen Charakter und lohnt den Besuch.

Cremona

Zwei sehr sinnliche Genüsse haben Cremona bekannt gemacht: zum einen die Musik, die den berühmten Cremoneser Geigen entlockt wird, und zum anderen der Torrone – jene süße Nougatspezialität, die 1441 bei einer Fürstenhochzeit zum ersten Mal gereicht worden sein soll. Beides ist auch heute noch zu haben – und zu genießen!

remonas entro storico n der Piazza el Comune hier mit Dom nd dem lockenturm orrazzo) eugt von der rühen Kommu- alzeit bis hin ur Blüte der enaissance.

Im 16. Jh. entstand die erste Geigenbauwerkstatt der Patrizierfamilie Amati, es folgten die Familien Guarneri und Stradivari. Auch heute gibt es in der Stadt eine bekannte Geigenbauschule und zahlreiche Werkstätten. Cremona hat allerdings – und das ist weniger bekannt als das musikalische Erbe – auch einige architektonische Besonderheiten zu bieten, die einen Besuch unbedingt lohnen.

Mittelpunkt der Altstadt ist die vom Baptisterium, dem Dom, dem Palazzo del Comune und der Loggia dei Militi umgebene Piazza del Comune. An ihr erhebt sich auch das Wahrzeichen der Stadt, der **Torrazzo**: Cremonas in der Mitte des 13. Jh.s entstandener Glockenturm ist mit 111 m der höchste Italiens. Seine Westseite schmückt die große, Uhrzeit und Datum anzeigende sowie früher auch astronomische Auskünfte gebende Renaissanceuhr. Über den ele-

inks: Edle ölzer, edler lang – in nd rund um remona iegt Musik n der Luft.

ganten Portico della Bertazzola ist der Terrazzo mit dem Dom verbunden. Mit dessem Bau wurde 1107 im lombardisch-romanischem Stil begonnen, 1332 wurde er im gotischen Stil fertiggestellt. Sein Inneres zieren Fresken namhafter lombardischer Künstler aus dem 16. Jh. Neben dem Dom befindet sich das Baptisterium (1167) mit achteckigem Grundriss und einem Taufbecken von Lorenzo Trotti aus der ersten Hälfte des 16. Jh.s.

Im **Palazzo Comunale** sind die bekanntesten Geigen hiesiger Werkstätten ausgestellt, darunter die kleine, 1715 von Antonio Stradivari fertiggestellte »il Cremonese«, Nicolò Amatis »l'Hammerle« (1658) und eine Violine von Giuseppe Antonio Guarneri (1734), die einst Pinchas Zukerman spielte. Über den belebten Corso Campi gelangt man zum Palazzo Affaitati (16. Jh.). Darin stellt das **Museo Civico** »Ala Ponzone« Werke einheimischer Maler aus dem 16. Jh. aus, das Stradivari-Museum erinnert an den berühmtesten Geigenbauer der Stadt. In der Umgebung befinden sich mehrere moderne Geigenbauerwerkstätten, nördlich der Piazza del Commune steht Stradivaris aus rotem Marmor gefertigter Grabstein.

Nach einem 20-minütigen Spaziergang vom Palazzo del Comune gen Osten (oder einer Fahrt mit der Buslinie 2) erricht man San Sigismondo an der Via Casalmaggiore: 1441 heiratete hier Francesco Sforza Bianca Visconti, eine (auch dynastische) Verbindung, die nicht unwesentlich zum Wohlstand Cremonas beitrug. Die heutige Kirche mit ihren schönen Fresken wurde 1463 zur Erinnerung an die Eheschließung errichtet und ersetzte den Originalbau.

KLEINE PAUSE

Kaffee und Kuchen gibt es in der **Pasticceria Duomo**, Via Bocaccino 6, nahe dem Dom, mehrere gute Restaurants in der Via Sicardo nahe dem Baptisterium.

---

178 südl. C1

Torrazzo
03 72 49 50 29 tägl. 10–13, 14.30–18 Uhr 5 €

Palazzo Comunale
03 72 40 72 69 Mo–Sa 9–18, So 10–17 Uhr frei

Museo Civico
03 72 40 77 70 Di–Sa 9–18, So 10–18 Uhr 7 €

BAEDEKER TIPP

- In der **Saletta dei Violini** im Palazzo Comunale sind Aufnahmen der berühmten Geigen zu hören. Auf Anfrage werden Ihnen diese aber auch »live« vorgespielt.
- Opernfans werden sich einen Besuch von **Verdis Geburtshaus** in Roncole, einem rund 30 km südöstlich Cremonas gelegenen Vorort von Busseto, nicht entgehen lassen.

Mantua (Mantova)

üdlich von Peschiera del Garda fließt der Mincio in Richtung Po. lier, östlich von Mantua (Mantova), vollzieht der Fluss einen chwenk nach Osten und bildet drei flache Seen aus. Schon allein liese Lage der Stadt am Ufer der Seen ist bestechend, hinzu komnen gut erhaltene historische Bauten und Plätze. Auch Feinschmeker kommen auf ihre Kosten – schließlich stammt der Großteil des erühmten Parmaschinkens aus dieser Gegend.

Mantuas zahlreiche Kunstschätze entstanden überwiegend ab 1328, während der über 300-jährigen Herrschaft der Fürstenfamilie Gonzaga. Bedeutende Architekten wie Leon Battista Alberti und später der Raffaelschüler Giulio Romano wurden nach Mantua geholt, als Hofmaler waren Antonio Pisanello, Andrea Mantegna und Peter Paul Rubens tätig, als Musiker arbeitete Claudio Monteverdi am Hof der Gonzaga. Im nahegelegenen Pietole, dem antiken Dorf Andes, wurde wohl im Jahr 70 v. Chr. der Dichter Vergil geboren. Ihm zu Ehren nannte man den Landstrich Virgilio. 1707 übernahmen die österreichischen Habsburger die Macht, die sie bis 1866 hatten. Verdis Oper »Rigoletto« spielt in Mantua, in Shakespeares »Romeo und Julia« wird der Titelheld in diese Stadt verbannt.

Wenn Sie auf der A22 von Verona nach Süden bis zur Ausfahrt Mantua-Nord gefahren sind, kommen Sie über die Via Legnano in die Stadt. Sie überqueren dabei eine Brücke, die den Lago di Mezzo (rechts) und den Lago Inferiore (links) verbindet. Hier, an der Ostseite der Piazza Sordello erstreckt sich das Prunkstück der Stadt, Italiens größte Schlossanlage neben dem Vatikan und einstmals eine der

ie mittelIterliche 'iazza delle rbe wird bends stimungsvoll rleuchtet.

reichsten Residenzen Europas: Die einzelnen Bauten, aus denen sich der **Palazzo Ducale** zusammensetzt, entstanden zwischen dem 13. und 17. Jh. Von außen lässt sich die immense Größe der Gonzaga-Residenz nur erahnen. Durch ein kleines Tor betritt man den Gebäudekomplex, der fast eine Stadt in der Stadt darstellt und eine Gesamtfläche von 34 000 m² einnimmt. Der Palast besteht aus acht Großbauten mit mehr als 500 Sälen und Zimmern sowie insgesamt 15 Gärten und Innenhöfen. Allerdings ist nur ein kleiner Teil der Anlage zu besichtigen. Eine der Hauptsehenswürdigkeiten ist die Camera degli Sposi, die Andrea Mantegna 1465–1474 ausmalte. Das Hochzeitsgemach wird als Pavillon dargestellt, an den Wänden sind die Familienmitglieder der Gonzaga zu sehen. In der Mitte des Deckengewölbes ist ein Rund ausgespart, das den Blick auf einen gemalten Himmel freigibt. Diese illusionistische Malerei Mantegnas beeinflusste sowohl die Malerei als auch die Architektur seiner Zeitgenossen.

An der Südecke der Piazza delle Erbe steht die zweistöckige **Rotonda di San Lorenzo**, eines der bedeutendsten romanischen Bauwerke der Lombardei. An der Nordostseite der Piazza erstreckt sich der Palazzo della Ragione, das frühere Rathaus (1250). An der gegenüberliegenden Platzseite erhebt sich die **Basilica Sant'Andrea**, die ab 1472 nach Entwürfen von Leon Battista Alberti gebaut wurde. Sie gilt als Initialwerk der Renaissance in der Lombardei. In der ersten Seitenkapelle links befindet sich das Grab von Andrea Mantegna, der 1506 in Mantua starb. Berühmt ist die Büste des Malers, die für ein Selbstporträt gehalten wird.

Als Hauptwerk von Giulio Romano, dem Lieblingsarchitekten Federicos II., gilt der **Palazzo del Te**, den sich der kunstliebende Herzog 1525 bis 1535 auf der Insel Te bauen ließ, die bis zur Trockenlegung des Sees im 18. Jh. über eine Brücke zu betreten war.

KLEINE PAUSE

Mantua ist für seine traditionelle Küche berühmt, etwa für den *stracotto di asino* (Eseleintopf) oder die scharfe Knoblauchsalami. Gekostet werden kann davon im **Due Cavallini**, Via Salnitro 5. Schön ist auch das **Panificio Freddi** an der Piazza Cavallotti 7.

---

180 südl. C1

Palazzo Ducale
03 76 35 21 00
Di–So 8.15–19.15 Uhr (letzter Einlass 18.20 Uhr) 6,50 €

Basilica Sant'Andrea
tägl. 8–12, 15–19 Uhr frei

Palazzo del Te
03 76 32 32 66 Mo 13–18, Di–So 9–18 Uhr 13 €

Vicenza

Ihren Ruhm verdankt die Stadt vor allem Andrea Palladio, dem letzten großen Baumeister der Renaissance, der mit seinen Villen Architekturgeschichte schrieb und dessen Bauten in Vicenza wie in Venetien von der UNESCO zum Erbe der Welt ernannt wurden.

Palladios bedeutendstes Frühwerk finden Sie auf der lang gestreckten Piazza dei Signori, schon seit römischer Zeit das Zentrum des öffentlichen und privaten Lebens der Stadt: Der (derzeit nicht zu besichtigende) **Palazzo della Ragione**, auch »Basilica Palladion« genannt, bedeutete den Durchbruch des Architekten. Aus einem Wettbewerb zur Verschönerung der Anlage ging Palladio als Gewinner hervor, indem er deren Kern mit einem zweistöckigen Säulenportikus aus Marmor ummantelte. Vor der südwestlichen Seite der Basilica erinnert ein Standbild an Palladio (1859). Der Basilica gegenüber steht der Palazzo del Monte di Pietà, das einstige Pfandhaus (15. Jh.); seine Gebäude umrahmen die barocke Fassade der Kirche San Vicenzo (1617). An der Nordseite der Piazza folgt die Loggia del Capitanio, der 1571 von Palladio begonnene Sitz des venezianischen Statthalters von Vicenza, das sich nach mehrfachem Besitzerwechsel im 14. Jh. 1404 der Republik Venedig unterstellte, unter deren Herrschaft die Stadt ihre Blütezeit erlebte.

Nordwestlich der Piazza dei Signori verläuft der schnurgerade Corso Andrea Palladio, die von Palästen gesäumte Hauptstraße der Stadt. Im Südwesten mündet der Corso auf die Piazza Castello, deren Turm zu einer Skaligerburg gehörte. Links an der Schmalseite des Platzes liegt der nach Palladios Entwurf von Vincenzo Scamozzi um 1600 ausgeführte und mit den für Palladios Spätwerke typischen Kolossalsäulen versehene Palazzo Porto-Breganze. Die **Pinacoteca Civica**, die städtische Kunstsammlung am nordöstlichen Ende des Corso Andrea Palladio, ist im Palazzo

Vicenzas Piazza dei Signori erstreckt sich da, wo früher das römische Forum stand.

Chiericati (1551–1557) untergebracht, der ebenfalls zu Palladios Hauptwerken gehört. Gezeigt werden Werke venetischer Maler vom Mittelalter bis zum Manierismus, u. a. von Tiepolo und Piazzetto. Einer seiner schönsten Bauten und zugleich der letzte Bau Palladios ist das **Teatro Olimpico**, das erste frei stehende überdachte Theatergebäude mit einem Zuschauerraum in Form eines Amphitheaters. Heute finden darin Konzerte statt. Eine der schönsten Palladiovillen, **La Rotonda**, ist am südlichen Stadtrand, keine 3 km vom Teatro Olimpico entfernt, zu besichtigen.

Proportion, Symmetrie, nachtwandlerisch guter Geschmack wurden dem Architekten Palladio attestiert, dessen Villa Rotonda bei Vicenza zum Welterbe der UNESCO gehört.

KLEINE PAUSE

Nahe der Piazza dei Signori gibt es gute Cafés und Konditoreien sowie viele Restaurants mit Spezialitäten wie Polenta (auch gegrillt) und gesalzenem Dorsch.

---

181 östl. F2

Pinacoteca Civica

Palazzo Chiericati 04 44 22 28 11 Di–So 9–17 Uhr 10 €

Teatro Olimpico

Piazza Matteotti 11 04 44 22 28 00; www.teatrolimpicovicenza.it Di–So 9–16.30 Uhr 8,50 €

La Rotonda

Via della Rotonda 45 04 44 22 28 00 Mitte März–Anfang Nov. Di–So 10–12 u. 15–18, sonst bis 17 Uhr (im Winter meist nur von außen zu besichtigen) 5 €, mit Besichtigung der Innenräume (nach Anmeldung zwei Wochen im Voraus per E-Mail an prenotazioni@villalarotonda.it) 10 €

BAEDEKER TIPP

- Das Kombiticket **Vicenza Card** gilt für alle wichtigen Sehenswürdigkeiten der Stadt.
- Wenn Sie sich vor allem für Palladios Villen interessieren, sollten Sie nicht im Winter kommen, denn zwischen November und März sind viele davon geschlossen.
- Vicenza ist ein Zentrum der italienischen **Goldschmiedekunst**, in der Stadt finden Sie viele Ateliers.

Spaziergänge & Touren

1 MONTE BALDO

Wanderung

LÄNGE: 8 km
DAUER: 2,5–3 Stunden (kurze Wanderung)
START/ZIEL: Talstation der Seilbahn, Malcesine (Tel. 045 740 02 06)
181 D4

Wanderer unterwegs zum Aussichtspunkt am Monte Baldo

Die vorgeschlagene Wanderung führt in eine herrliche Gebirgslandschaft mit vielfach endemischer Flora und Fauna sowie atemberaubend schönen Blicken über den See. Nehmen Sie eine wetterfeste Jacke mit, denn die Temperaturen in der Höhe sind deutlich niedriger als am Seeufer, zudem ist der Berg berühmt-berüchtigt für seine rasch aufziehenden Gewitter. Wer will, kann die Wanderung bis zum höchsten Punkt des Monte-Baldo-Kamms ausdehnen. Dabei geht es dann allerdings über felsiges Terrain, für das man über eine gewisse Erfahrung im Bergwandern verfügen sollte.

1–2
Mit der Seilbahn geht es hinauf zum Gipfel des Monte Baldo.

2–3
Nach dem Aussteigen wenden Sie sich nach rechts, gehen etwas bergab (am Café vorbei) bis zu einer Trafostation und einer Weggabelung. Laufen Sie nun geradeaus Richtung Skilift.

360-GRAD-PANORAMA SCHON AUF DEM WEG NACH OBEN

Keine zehn Minuten dauert die 4325 m lange Fahrt mit den langsam um 360 Grad rotierenden Drehkabinen der »Funivia Malcesine – Monte Baldo«, einer der modernsten Seilbahnen der Welt, hinauf zum 2000 m hohen Gipfel. Aktuelle Betriebszeiten (in der Sommersaison von April bis Okt. tägl. zwischen 8 und 18.00 alle 30 Minuten, letzte Abfahrt um 18.45 Uhr) sowie Preise (Hin- und Rückfahrt: 20 €) erfährt man vor Ort und auf www.funiviedelbaldo.it.

3–4
Halten Sie sich rechts vom Skilift und folgen Sie dem markierten Weg 651, der zunächst über felsiges, dann sanfteres Terrain zum Sessellift führt.

4–5
Der Endpunkt der kürzeren Wanderung ist jetzt in Sicht. Betreten Sie durch den Zaun das Naturreservat und nehmen Sie den Weg entlang dem mit Zwergkiefern bestandenen Kamm. Der grasige Untergrund wird hier zwar allmählich etwas felsiger, doch der Weg ist immer noch leicht begehbar und stets frei einsehbar. Das Ziel der kürzeren Wanderung, die Cima delle Pozzette auf 2132 m, erreicht man nach rund 1,5 Stunden. An klaren Tagen ist die Aussicht von hier wirklich atemberaubend: Das Panorama erstreckt sich vom Monte Rosa im Westen über das Adamellomassiv im Norden bis zu den Julischen Alpen im Osten. Unvermeidlich zieht aber auch der Gardasee tief unten im Tal immer wieder die Blicke an.

Wer will, kann die Wanderung nun verlängern. Kalkulieren Sie für diese lange Wanderung rund 4,5 Stunden; der Weg verläuft zumeist oberhalb der 2000-m-Grenze und führt zur Hälfte über sehr schroffes Terrain. Seien Sie sehr vorsichtig und informieren Sie sich vorab über das Wetter.

5–6
Der Weg 651 führt hinter der Cima delle Pozzette fast 200 m bergab und dann wieder aufwärts zum Gipfel der Cima del Longino (2179 m). Ab hier wird der Weg felsiger und spektakulärer. Es geht zunächst über die Cima Val Finestra (2084 m) und dann Richtung Osten um die Felsen der Cima Valdritta herum. Nun wird der Weg zum wirklichen Bergpfad, Erfahrung und Trittsicherheit sind erforderlich, um dem nördlichen Kamm bis zum Gipfel der Cima Valdritta (2218 m), des höchsten Punktes des Monte Baldo, zu folgen.

Gehen Sie nun auf dem Weg zurück zur Cima delle Pozzette und zur Bergstation der Seilbahn.

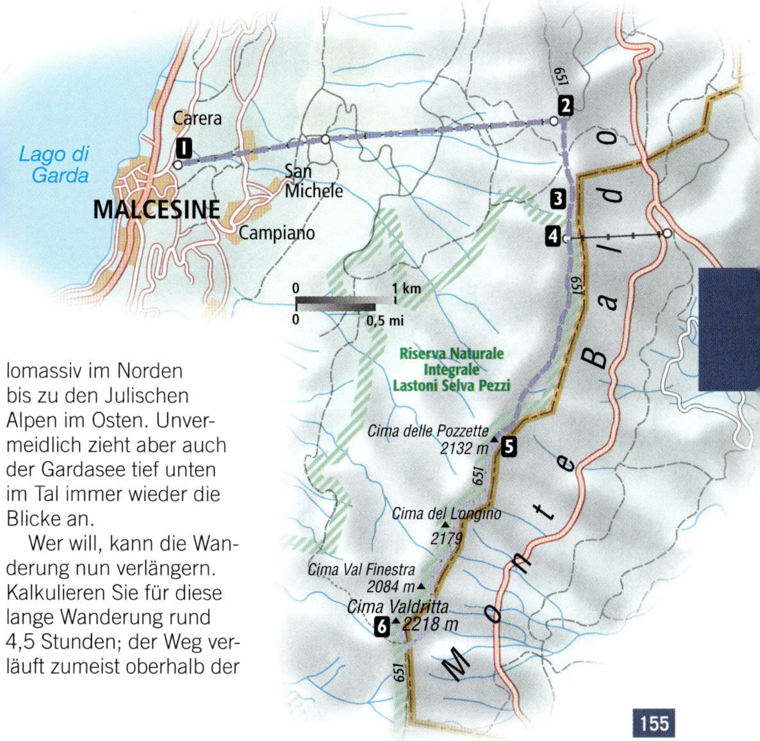

2 SIRMIONE

Spaziergang

LÄNGE: 3 km
DAUER: 1 Stunde
START/ZIEL: Rocca Scaligera, Sirmione ✚ 180 C2

Die Halbinsel und die Altstadt von Sirmione zählen zu den Hauptattraktionen des Gardasees. Dieser kurze Spaziergang führt Sie zu wunderbaren Ausblicken auf den See und zu den historischen Stätten.

1–2
Von der Burg geht es in die Altstadt und bald nach rechts in die Via Dante, die als Passeggiata Panoramica ausgeschildert ist. In der Via Dante liegt der Wassergraben der Burg zu Ihrer Rechten. Gehen Sie nach links und folgen Sie erneut dem Schild Passeggiata Panoramica. Halten Sie sich rechts, bis Sie zu einem kleinen Garten kommen. Gehen Sie geradeaus durch den Torbogen. Dahinter liegt links die Kirche Santa Maria Maggiore.

2–3
Steigen Sie nach dem Kirchenbesuch die Stufen hinunter, laufen Sie rechts und abermals weitere Stufen bis zum Kiesstrand am See. Steinbänke laden dazu ein, Vögel zu beobachten und den Blick über den See auf den Monte Baldo zu genießen. Der Weg entfernt sich nun etwas vom Seeufer.

3–4
Weiter führt der Spaziergang am Anlegesteg des Palace Hotel Villa Cortine vorbei. Das gelbe Gebäude links ist die Pumpstation für Sirmiones heiße Quelle.

4–5
Bald kommen Sie zu einem Holzschild, das nach links den Weg zu

Sirmiones Skaligerfestung ist eine der besterhaltenen Wasserburgen Europas.

en Grotte di Catullo anzeigt.
er Spaziergang führt hier
ach links.

–6

m Wegweiser
u den Grotte di
atullo gehen
ie die Stufen
inauf zu
inem fel-
gen

Veg durch
inen Oliven-
ain. Halten Sie
ich rechts und gehen
ann die Treppen links
och zu einem Stufenweg.

–7

)ben angekommen, biegen Sie
ach rechts in die Via Catullo und
ehen dort bis zur Piazza Orti Man-
ra. Rechts liegen die Grotte di
atullo.

–8

uf dem Rückweg nehmen Sie
vieder die Via Catullo und biegen
inter dem Hotel Ideal rechts in
ine Gasse, in der San Pietro in
Mavino ausgeschildert ist. Folgen
ie der Gasse bergauf durch einen
)livenhain, biegen Sie rechts ab
wieder ein Wegweiser nach San
ietro) und halten Sie sich links bis
ur Kirche.

8–9

Nehmen Sie nicht die Via Faustina gegenüber der Kirche, sondern gehen Sie geradeaus (oder von der Kirche aus links). Die Gasse führt bergab, vorbei am Hotel Villa Maria zu Ihrer Linken. An der Kreuzung gehen Sie nach links, kommen dabei am Hotel Serenella vorbei und erreichen schließlich die Terme di Catullo.

9–1

Jetzt sind Sie in den Haupteinkaufsstraßen von Sirmione. Gehen Sie durch zwei Torbögen, und dann links zurück zur Burg.

3 TREMOSINE UND TIGNALE

Autotour

LÄNGE: 45 km
DAUER: 2 Stunden (reine Fahrzeit)
START: Limone sul Garda 181 C4
ZIEL: Gargnano 180 C3

Über dem Nordwestufer des Gardasees erheben sich zwei Hochplateaus mit im Frühjahr herrlich blühenden Alpenwiesen. Die Straße hinauf ist kurvenreich und bisweilen Schwindel erregend, der Blick auf die Berge im Norden, die Bergdörfe und den Gardasee famos!

Die »Schauderterrasse« im Restaurant des Hotels Paradiso (www.terrazzadelbrivido.it) in Pieve di Tremosine ragt an einigen Stellen mehrere Meter über den Abgrund hinaus.

1–2

Am Südrand von Limone sul Gard (➤ 62f) liegt ein großer Parkplatz für die Tagesgäste. Von dort fahren Sie zurück zur Gardesana Occidentale und dann nach links Richtung Süden. Lassen Sie den ersten Abzweig nach rechts (ausgeschildert ist Tremosine) unbeachtet und fah

·n Sie weiter vorbei an einem ;hild, das Sie im Bezirk Tremosi- ɜ willkommen heißt.

-3

ie Gardesana Occidentale führt ɹn durch vier Tunnel. Der erste ist ·lativ kurz (etwa 100 m), der dritte t länger (etwa 500 m), der vierte wa 2,5 km lang. 100 m dahinter egen Sie rechts auf die Via Be- aco ab, die nach Tremosine aus- ɜschildert ist.

-4

'ieder geht es durch einen kurzen ɹnnel, hinter dem die Straße sehr ;hmal wird. Sie führt nun steil ergan und windet sich zum Teil in erpentinen bis zu einer Galerie ;alleria), einem an einer Seite of- ·nen Tunnel. Dahinter wird die traße wieder breiter und bietet ·chter Hand schöne Blicke auf en Gardasee. Durchfahren Sie einen weiteren Tunnel und beachten Sie die Bogenform. Vorsicht: Wenn ein Lkw oder Bus entgegenkommt, fährt dieser in der Mitte der Straße! Hinter dem Tunnel wird die Straße einspurig, hat aber immer wieder Ausweichstellen.

4–5

Es folgt ein reizvoller Streckenabschnitt: rechts zunächst ein Bach in einer bewaldeten Schlucht, dann eine kleine Brücke.

Über eine weitere kleine Brücke geht es nun zu einem in den Berg gesprengten Streckenabschnitt: Die Schlucht ist hier sehr schmal. Beim Wegweiser zum Hotel Paradiso (*nomen est omen*) sehen Sie eine Brücke über sich: Sie werden sie gleich überqueren, da die Straße eine Schleife macht, um Höhe zu gewinnen. Gleich dahinter erreichen Sie das *Ristorante La Forra* – ein guter Platz zum Kaffeetrinken.

Immer der Sonne nach: Statt mit dem Auto bietet sich auch eine »luftigere« Rundfahrt mit der Vespa um den See an.

Der kurvenreichste Teil der Straße ist nun geschafft.

5–6
Die Straße wird zunehmend breiter, bald erreichen Sie Pieve. Die Straße führt hier nach rechts (ausgeschildert ist Voltino), doch sollten Sie dem Dorf zunächst einen kurzen Besuch abstatten und, wenn Sie möchten, im Restaurant *Miralago* zu Mittag essen. Es wurde in den Steilhang über dem Gardasee gebaut – entsprechend fantastisch ist die Aussicht und ebenso die lokale Küche. Das *Miralago* finden Sie, wenn Sie von der Piazza Fossato mit der Touristeninformation im Rücken einfach geradeaus gehen.

Die Touristeninformation informiert auch über den Parco Regional dell'Alto Garda Bresciano. Er wurde zum Schutz der einzigartigen Landschaft um Tremosine und Tignale und der Bergwelt im Norden und Westen eingerichtet. Im Park leben u. a. Rehe, verschiedene Arten von Fröschen und Kröten, Salamander, der schwefelgelbe Mittelmeer-Zitronenfalter und – in den Hochlagen – der europäische Braunbär, der im Rahmen des Projekts »Life Ursus« in dem Gebiet angesiedelt wurde. Man hofft, dass er sich vermehrt und eine dauerhafte Population bildet.

6–7
Wieder unterwegs, folgen Sie der Straße Richtung Voltino mit grandiosem Blick auf die Bergdörfer des Tremosine-Plateaus. Hinter Priezzo dessen Kirche aus dem 7. Jh. stammt, wird die Straße etwas breiter und die Landschaft offener. Nachdem Sie einen kurzen, einspurigen Tunnel durchfahren haben, windet sich die Straße hinauf nach Villa. Gleich außerhalb des Dorfes gibt es einen Aussichtspunkt, von dem aus man den terrassenförmig angelegten Ort und die Berglandschaft bewundern kann.

7–8
Nehmen Sie nicht den Abzweig nach rechts (Richtung Voltino und Limone), sondern folgen Sie der Straße weiter nach links Richtung Vesio. Die Straße durch das Dorf ist gepflastert. Unterbrechen Sie die Fahrt für einen Gang durch das Dorf mit seinen vielen hübschen Häusern und der 1760 erbauten Kirche San Bartolomeo. An der Straßengabelung hinter dem Dorf halten Sie sich dann rechts Richtung Brescia, Salò und Tignale. Es geht etwas bergab durch Bergwiesen und bewaldete Felsen. An der Kreuzung – der ersten, auf die Sie stoßen – fahren Sie geradeaus (ausgeschildert sind wiederum Brescia, Salò und Tignale). Vor sich sehen Sie jetzt interessante Felsschichten. Ein Schild »Vorsicht Wild« weist darauf hin, dass Sie mit Wildwechsel rechnen müssen. Fahren Sie nun doppelt vorsichtig, da es im nächsten Abschnitt steil bergab geht und einige Serpentinen zu bewältigen sind.

8–9
Nachdem Sie den Torrente Campione überquert haben, geht es in Serpentinen wieder bergauf. Die Straße führt abwechselnd auf- und abwärts, bis Sie zu einem Schild kommen, das Sie in Tignale willkommen heißt. Gleich dahinter können Sie

ˈinen Blick auf den Gardasee wer-
en. Die Straße wird nun zum ers-
en Mal zweispurig. Fahren Sie
ıicht geradeaus nach Tig-
ıale, sondern blei-
en Sie auf
ler »Haupt-
straße«, bis Sie zu einem aus-
eschilderten Abzweig nach links
Richtung Eremo di Monte Castello
ommen.

9–10

Biegen Sie rechts zur Kirche ab.
Die Straße dorthin ist einspurig und
teil. Auf dem steilen Stück ist der
Beton aufgeplatzt. Auf eine scharfe
Haarnadelkurve folgt nun ein weite-
er steiler Abschnitt zu einem Tor-
ogen, der kaum breit genug für einen Wagen ist. Parken Sie dahinter auf dem steilen Parkplatz, um die Kirche Madonna di Monte Castello (➤ 63) zu besichtigen.

10–11

Anschließend kehren Sie auf gleichem Weg zur Hauptstraße zurück. Achten Sie unterwegs auf die Bildstöcke mit Fresken der Kreuzwegstationen. An der Hauptstraße biegen Sie links ab und fahren durch Gardola durch. Halten Sie sich weiter links in Richtung Salò/Riva. Dann geht es bergab, immer wieder gibt es Aussichtspunkte, von denen man einen schönen Blick über den See auf Malcesine mit dem dahinter aufragenden Monte Baldo hat. Lassen Sie sich nicht vom Abzweig nach Piovere irritieren, sondern fahren Sie weiter bergab bis zur Gardesana Occidentale. Rechts und dann wieder links fahrend, erreichen Sie schließlich Gargnano.

4 IM NORDEN VON RIVA

Rundfahrt

LÄNGE: 70 km
DAUER: 2,5 Stunden (reine Fahrzeit)
START/ZIEL: Porta San Michele, Riva del Garda ✚ 181 D5

Nördlich von Riva liegen die spitzen Felsgipfel des Brentamassivs. Diese Rundfahrt ist so konzipiert, dass Sie die Felslandschaft der Brenta genießen und zum Abendessen in Riva zurück sein können.

1–2

An der Porta San Michele biegen Sie links auf den Viale Dante, von diesem rechts in den Viale Prati und beim Stoppschild erneut rechts in den Viale Giuseppe Canella. Am Kreisverkehr (Largo Marconi) nehmen Sie die zweite Ausfahrt Richtung Varone/Tenno (Via dei Tigli). Halten Sie sich rechts, dann links. Folgen Sie den Schildern Richtung Cascata del Varone.

2–3

Bleiben Sie auf der Straße, die nun eine Linkskurve macht. Geradeaus sehen Sie herrliche Felsen und Berge, linker Hand einen kleinen Weinberg. Jetzt geht es bergauf, und schon bald sehen Sie links die Einfahrt zur Cascata del Varone (► 87). Dort gibt es einen Rastplatz und ein Café, aber es ist wahrscheinlich noch zu früh für eine Pause, es sei denn, Sie möchten sich den Wasserfall ansehen.

3–4

Weiter geht es durch Gavazzo, ein malerisches Dorf mit alten Häusern und farbenfrohen Blumenkästen, und dann steil bergauf. Von einem der Parkplätze am Straßenrand können auch die Autofahrer die Aussicht auf Riva und den See genießen. Die Straße klettert in mehreren Serpentinen bergauf, vorbei an Olivenbäumen und Weinberger und einigen Orangenbäumen.

4–5

Nach der Fahrt durch Cologna mit seiner schönen Kirche und dem Campanile liegt gleich hinter dem Dorf rechts ein Aussichtspunkt mi Blick auf den Monte Baldo und den nördlichen Seeabschnitt. Doc auch die Umgebung ist hübsch: Der Hang wurde für die Olivenbäu me und Weinberge terrassiert, ein drucksvolle Mauern stützen die einzelnen Stufen. Bevor Sie nach Tenno kommen, liegt gleich rechts ein weiterer Rastplatz, den man fü ein Picknick nutzen kann. In Tenn befindet sich im alten Schloss heu te das *Ristorante Castello*, ein passender Ort für ein Mittagessen. An schließend geht es weiter auf eine serpentinenreichen Straße mit großartiger Aussicht auf die Berge. Gelegentlich erhascht man auch e nen Blick auf den See.

5–6

Fahren Sie durch Ville del Monte mit seiner originellen Mischung au italienischer und Tiroler Architektu Die Hausdächer sind mit halbkreis förmigen Ziegeln gedeckt. Die Kirche hat einen sehenswerten Campanile. Der See rechts ist der Lago di Tenno, der je nach Wetterlage smaragdgrün oder türkisblau erscheint. Nach einer kurzen Fahrt bergab durch ein Waldstück geht es wieder bergauf, die lokale Archi ektur trägt jetzt eindeutig Tiroler Züge. Eine Kirche mit Fresken erinnert jedoch daran, dass man noch immer n Italien ist. Bald passieren Sie eine weitere Gelegenheit zur Einkehr: die *Pizzeria Da Lalucio*. Etwas weiter gibt es alternativ

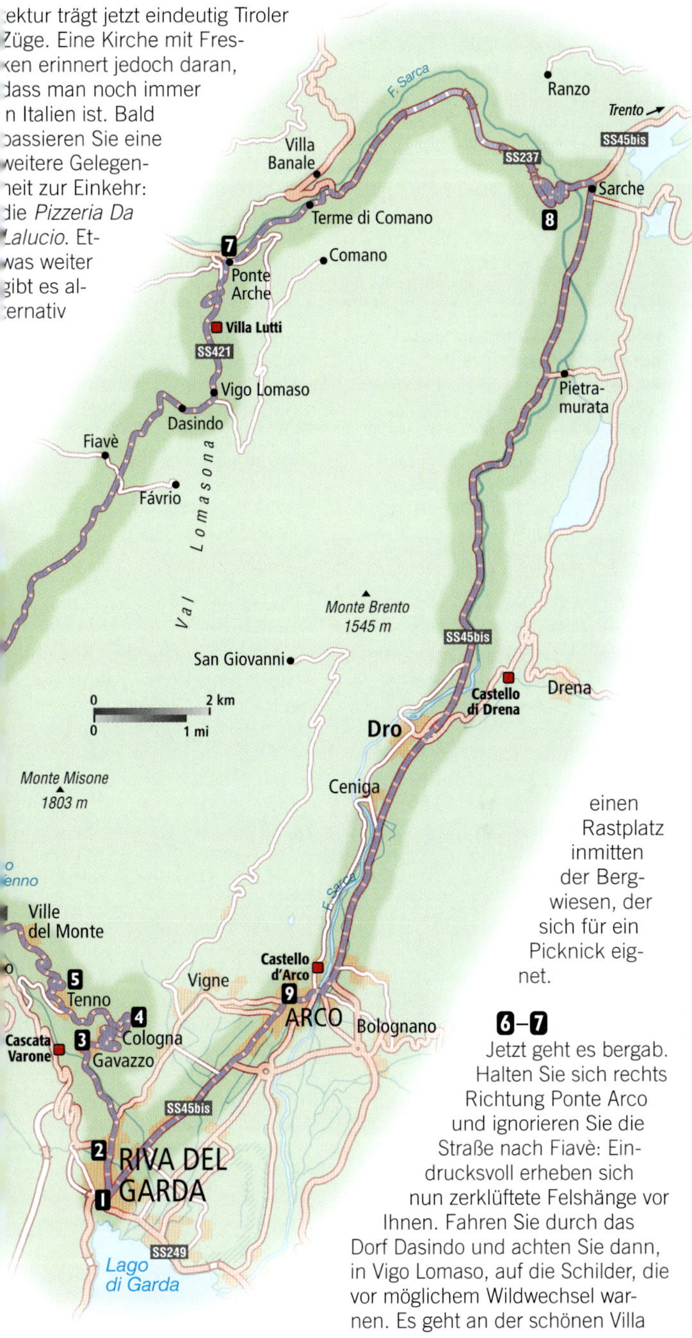

einen Rastplatz inmitten der Bergwiesen, der sich für ein Picknick eignet.

6–7

Jetzt geht es bergab. Halten Sie sich rechts Richtung Ponte Arco und ignorieren Sie die Straße nach Fiavè: Eindrucksvoll erheben sich nun zerklüftete Felshänge vor Ihnen. Fahren Sie durch das Dorf Dasindo und achten Sie dann, in Vigo Lomaso, auf die Schilder, die vor möglichem Wildwechsel warnen. Es geht an der schönen Villa

Buntes Idyll: Bergbauernhof knapp unterhalb der Baumgrenze

Lutti mit ihrem auffallenden Rundturm vorbei und dann steil bergab durch mehrere Serpentinen zum Ponte Arco. Biegen Sie nun rechts in die Straße nach Trento. Links bietet das *Al Pont* eine gute Gelegenheit für eine Kaffeepause.

7–8

Fahren Sie durch Terme di Comano und folgen Sie der schmalen, kurvenreichen Straße. Rechts sieht man überhängende Felsen, auf der linken Seite den Fluss Sarca. Im nächsten Abschnitt führt die Straße steil bergan, für die Mühe entschädigt der Blick auf die linker Hand liegenden Felstürme.

Auf eine sehr lange Tunneldurchquerung folgen schöne Ausblicke auf die Berg- und Felslandschaft, dann geht es schon wieder in den nächsten langen Tunnel, der in eine Galerie mündet. Weitere Tunnel folgen, nach dem vierten liegt links ein Rastplatz unterhalb eindrucksvoller Felsen. Jetzt fahren Sie hinab nach Sarche und werden ein Schild sehen, das auf die Zona Del Vino Santo DOC mit einer Liste der *cantine* hinweist. Wer will, kann den Ausflug noch durch einen Besuch auf einem solchen Weingut aufwerten. Sarche ist unter Geologen wegen der *marocche* berühmt, einer Art Steinwüste mit riesigen Felsbrocken, die nach drei post-glazialen Bergstürzen liegen blieben.

8–9

Überqueren Sie die Sarca und fahren Sie an der T-Kreuzung rechts Richtung Riva del Garda. Am Kreisverkehr geht es geradeaus weiter Richtung Arco/Riva durch einen ausgedehnten Weinberg, der sich rechts und links etwa 2 km weit erstreckt. Überqueren Sie erneut den Fluss, und schauen Sie nach dem Castello di Drena links in den Bergen. Die Burg wurde von den Herren von Arco Ende des 12. Jhs. zu Verteidigung des Tals gebaut. Das Arco-Tal war im Mittelalter eine der wenigen leicht passierbaren Routen durch die Berge, sodass die Herren von Arco stets mit einmarschierenden Truppen rechnen mussten. Vor sich sehen Sie nun die Burg in Arco, die auf einer Felspyramide steht. Die Burg selbst beherbergt ein Museum zur Lokalgeschichte und ist im Sommer täglich außer Montag, im Winter allerdings nur am Wochenende geöffnet. Halten Sie sich nun rechts, und überqueren Sie noch einmal die Sarca, um nach Arco zu gelangen (➤ 92). Wenn Sie dort Halt machen wollen, fahren Sie hinter der Brücke rechts zum Parkplatz.

9–10

An der Ampel geht es links nach Riva. Bald kommen Sie an einem Park mit Springbrunnen vorbei (rechts). Am Kreisverkehr fahren Sie geradeaus Richtung Riva, vorbei an mehreren Gartenzentren. Bald heißt Sie am Straßenrand ein Schild in Riva willkommen – etwas zu früh, denn es dauert noch ein bisschen, bis Sie in der Stadt sind. Fahren Sie zunächst geradeaus über zwei Ampelkreuzungen. Links, gegenüber dem Hotel Astoria, liegt die ultramoderne Kirche Sankt Josef. Weiter in dieser Richtung erreichen Sie den Kreisverkehr, an dem Sie anfangs nach Varone abgebogen sind. Von hier ist es ein letzter Kilometer zur Porta San Michele.

5 DURCH DIE WEINBERGE

Rundfahrt

LÄNGE: 80 km
DAUER: 3 Stunden (reine Fahrzeit)
START UND ZIEL: Bardolino 180 D2

Nahe der Südostspitze des Gardasees wachsen die Trauben für zwei der berühmtesten italienischen Weine: Bardolino und Valpolicella. Die Strada del Vino führt durch das zumeist ebene Bardolinogebiet, durch das Valpolicellagebiet gibt es keine »offizielle« Route. Unser Routenvorschlag verbindet beide Weinbaugebiete und führt Sie zu den jeweils interessantesten Orten. Der mittlere Abschnitt muss dabei zweimal (Hin- und Rückweg) befahren werden.

1–2

Starten Sie in Bardolino bei der Touristeninformation an der Gardesana Orientale. Von hier aus geht es zunächst Richtung Garda, doch biegen Sie gleich in die erste Straße (Via Croce) rechts ab, wo schon das Weinmuseum ausgeschildert ist. Ignorieren Sie das Schild zur Strada del Vino rechts, und fahren Sie stattdessen geradeaus und vorbei an einem Schild nach Affi. Rechter Hand sehen Sie eine schöne Baumreihe, linker Hand eine Bootswerft und schon tauchen die ersten Weinberge des Bardolino vor Ihnen auf. Weiter geht es durch schöne Olivenhaine, vorbei an der Bardolino-Lage Costadoro. Wer will, kann in Frantoio auch gutes Olivenöl kaufen – oder aber nur den herrlichen Bergblick genießen.

Weinlese in Lazise, das zur Weinregion Bardolino gehört

2–3
Am Kreisverkehr fahren Sie geradeaus weiter Richtung Affi, vorbei an der Weinlage Naiano. Wer will, kann in dem gelben Gebäude Wein kaufen. Am nächsten Kreisverkehr fahren Sie nach rechts, nach etwa 150 m kommen Sie an La Canova vorbei (rechts), wo Sie ebenfalls Wein kaufen können. Kurz danach halten Sie sich links auf der Straße zur A22 Richtung Modena/Brennero und Piovezzano; die Straße führt durch Olivenhaine, bis Sie rechts einen kleinen See erreichen. Überqueren Sie die Autobahn A22 und fahren Sie an den Fabriken Effegi und Goretex (links) vorbei.

3–4
Am Stoppschild halten Sie sich rechts Richtung Sant'Ambrogio di Valpolicella und schauen nach den fantastischen Felsbrocken. An der T-Kreuzung geht es links bergab. Vor Ihnen liegt eine grandiose Bergwelt und links von Ihnen der Monte Baldo. Fahren Sie an der Steingalerie (rechts) mit ihren Steinbrocken vorbei. Aus den Steinbrüchen von Valpolicella stammt der rötliche Marmor Rosso di Verona, aus dem viele Gebäude der Stadt errichtet wurden. Setzen Sie Ihre Fahrt durch das Dorf Sega fort, anschließend geht es rechts in Richtung auf die Straße 12 über die Etsch (Adige). Fichten, Klippen und Felswände liegen jetzt vor Ihnen, links befinden sich die Lanza-Marmorwerke.

4–5
An der T-Kreuzung fahren Sie nach rechts und durch Domegliara hindurch. An der Kreuzung nehmen Sie die Straße Richtung Sant'Ambrogio und Negrar (links). Nach etwa 100 m biegen Sie rechts nach Negrar/San Pietro in Cariano ab.

Weiter geht es bergauf; links sehen Sie ansehnliche große Häuser. An der Ampel fahren Sie weiter geradeaus und unter einer Brücke hindurch. Rechts liegt der erste Weinberg von Valpolicella, links sieht man terrassierte Weinberge. Wieder geht es unter einer Brücke hindurch. Nach diesem Abschnitt der Straße hat man einen schönen Blick auf den Monte Baldo.

5–6
Am Kreisverkehr fahren Sie geradeaus (Richtung San Pietro in Cariano/Pedemonte) bis zur Ampel.

Folgen Sie nicht der Straße nach links, sondern fahren Sie gera-

deaus (von der Hauptstraße ab), vorbei am Famila-Supermarkt zu Ihrer Rechten und weiteren Weinbergen rechts und links. Fahren Sie an der Ampel links und folgen Sie den Schildern nach Negrar. Nachdem Sie einige Geschäfte passiert haben, biegen Sie an der Ampel links ab. Linker Hand liegt der Monte Baldo vor Ihnen, rechts bewaldete Hügel. In der Cantina Sociale Valpolicella (links) haben Sie die Möglichkeit, die lokalen Valpolicella-Weine zu kaufen. Bei der Durchfahrt durch Negrar können Sie die malerische Kirche aus dem 12. Jh. und einen Campanile besichtigen. Rechts von Ihnen liegt ein Fluss.

6–7

Achten Sie auf den Abzweig nach links Richtung Prun/Torbe. Die *Osteria Nuova Pizzeria* gleich rechts, wenn Sie abgebogen sind, eignet sich ausgezeichnet für eine kurze Pause oder ein Mittagessen. Die Straße schraubt sich nun mit einer Reihe von Serpentinen steil bergan. Die Aussicht ist grandios. Fahren Sie durch das malerische Torbe und weiter bergauf. Halten Sie sich links Richtung Cerna/Santa Cristina, bald passieren Sie auf der rechten Seite riesige Marmorbrüche. Den Stein baute man ab, indem man sich in den Fels vorarbeitete; das erklärt die Reihe von Kavernen, die man heute sieht.

7–8

Am Stoppschild fahren Sie links nach Marano di Valpolicella. Bald kommen Sie an einem Rastplatz mit Steintischen und -bänken vorbei (links). Hier hat man einen ausgezeichneten Blick auf die umliegenden Wälder. Da die Straße in der Regel wenig befahren ist, können Sie hier eine Picknickpause einlegen. Wieder auf der Straße, bietet sich auf der Fahrt bergab eine spektakuläre Aussicht auf die bewaldeten Berghänge. An einem See vorbeifahrend, kommen Sie nun nach San Rocco. Werfen Sie einen Blick auf die Häuser mit ihren blumengeschmückten Balkonen und die Kirche.

Bergab geht es über eine Reihe von Serpentinen nach Marano di Valpolicella mit seiner eindrucks-

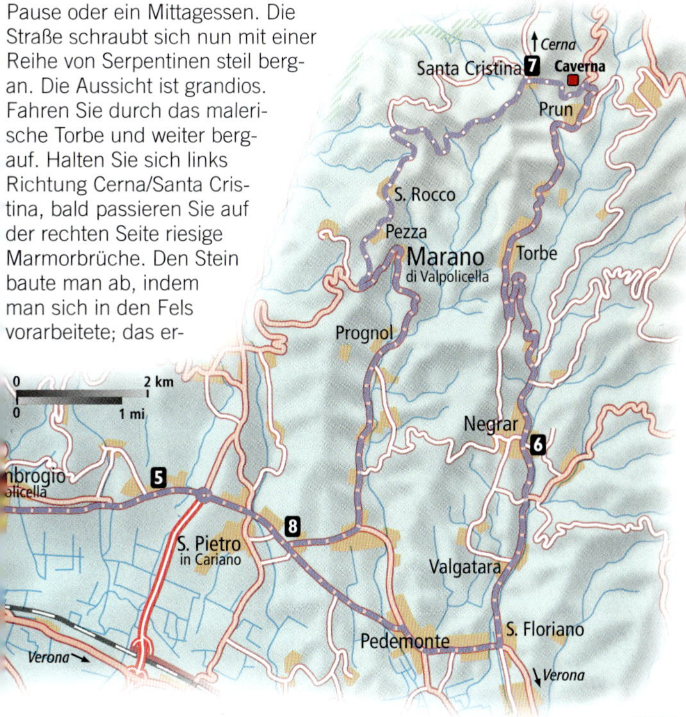

vollen großen Kuppelkirche. Fahren Sie durch Prognol und Valgatara, vorbei an den Weinkellereien San Rustico und Michele Castellona, bis zur Ampel in San Floriano. Im 1908 gegründeten Weingut Vantini Luigi e Figli in der Via Cà dell' Ebreo 7 gibt es eine große Auswahl, deutschsprachige Führungen und Weinproben. Denn ohne einen Amarone sollte man die Tour nicht beenden. Der Amarone gilt als einer der besten Rotweine Italiens.

8–9
Fahren Sie am Kreisverkehr geradeaus, und nehmen Sie den Weg zurück durch Sant'Ambrogio di Valpolicella. Dort geht es an der Ampel geradeaus Richtung Domegliara und dann am Stoppschild links und an der Ampel wieder rechts Richtung Pastrengo.

9–10
An der nächsten Ampel fahren Sie links Richtung Pastrengo, vorbei an den riesigen Marmorwerken (rechts) und einem Schild, das das Ende der Region Valpolicella markiert. Nach der Brücke halten Sie sich links auf der Straße Richtung Pastrengo/Lazise. Nun geht es bergauf und rechts in Richtung Lazise.

10–1
An der Einmündung biegen Sie links Richtung Lazise ab. Überqueren Sie die Autobahn A22, und werfen Sie einen letzten Blick auf den Monte Baldo. Fahren Sie durch die Bardolino-Weinberge von Ca'Furia, Podere San Giorgio und Girasole (rechts), um dann links Richtung Lazise abzubiegen. Die Azienda Agricola della Pieve – Olivenölverkauf und Urlaub auf dem Bauernhof – liegt links von Ihnen. Dann geht es unter einer Brücke hindurch, vorbei an einem kleinen See zu Ihrer Linken und durch die Ortschaft Montiana. Dieser Abschnitt der Route ist landschaftlich sehr reizvoll. Am Stoppschild fahren Sie rechts Richtung Lazise, folgen der Uferstraße nach Norden und kehren anschließend wieder nach Bardolino zurück.

In den Barriquefässern des Weinguts Zeni in Bardolino reifen wohlmundende Tropfen heran.

Praktisches

REISEVORBEREITUNG

WICHTIGE PAPIERE

● Erforderlich
○ Empfohlen
▲ Nicht erforderlich

Bei einigen Ländern muss der Pass über das Einreisedatum hinaus noch eine bestimmte Zeit gültig sein (i. d. R. mindestens sechs Monate). Prüfen Sie Ihren Pass vor der Abreise.

	Deutschland	Österreich	Schweiz
Pass/Personalausweis	●	●	●
Visum	▲	▲	▲
Weiter- und Rückflugticket	▲	▲	▲
Impfungen (Tetanus und Polio)	▲	▲	▲
Krankenversicherung (➤ 174, Gesundheit)	●	●	●
Reiseversicherung	○	○	○
Führerschein (national)	●	●	●
Kfz-Haftpflichtversicherung (Internationale Grüne Versicherungskarte)	●	●	●
Fahrzeugschein	●	●	●

REISEZEIT

Ort

Hauptsaison Nebensaison

JAN	FEB	MÄRZ	APRIL	MAI	JUNI	JULI	AUG	SEPT	OKT	NOV	DEZ
5°C	7°C	12°C	17°C	20°C	24°C	27°C	26°C	22°C	16°C	11°C	6°C

Sonnig Wechselhaft Regnerisch Bewölkt

Italien liegt in der **mediterranen Klimazone** (heiße, trockene Sommer und regenreiche, milde Winter). Durch die Lage am Südrand der Alpen ist die sommerliche Hitze jedoch nicht so drückend heiß. Fast täglich sorgt ein kühler Wind aus dem Norden für Erfrischung; im Winter mildern die Seen, die wie riesige Wärmespeicher wirken, spürbar die Kälte. Zwar kann es auch sehr heiße Tage geben, diese werden aber meist durch die ständig über die Seen wehende Brise gemildert. Im Winter muss man mit regnerischem und nebligem Wetter rechnen, auch Schnee ist in Norditalien nichts Ungewöhnliches. Er beschränkt sich auf die höher gelegenen Regionen – sogar am Monte Baldo ist Skifahren möglich.

INFORMATIONEN VORAB

Staatliches Italienisches Fremdenverkehrsamt ENIT für Deutschland, Österreich und die Schweiz:
Barckhausstraße 10
D–60325 Frankfurt am Main
☎ 0049 (0)69 23 74 34;
Mo–Fr 10–17 Uhr
E-Mail: frankfurt@enit.de
www.enit.it

ANREISE

Mit dem Flugzeug: Die wichtigsten norditalienischen Flughäfen sind Turin, Mailand (zwei Flughäfen) und Venedig. Flugzeuge von deutschen, österreichischen und Schweizer Flughäfen landen auch in Verona, Bergamo und Brescia. Direktflüge nach Mailand-Linate bietet **Alitalia** (Tel. 01805074747; www.alitalia.de) von Frankfurt an; von Berlin-Tegel, Düsseldorf, Frankfurt, Genf, München, Wien und Zürich fliegen Alitalia-Maschinen direkt nach Mailand-Malpensa (1–2 Std.). **Lufthansa** (Tel. 01805838426; www.lufthansa.de) fliegt u. a. von Düsseldorf, Frankfurt, München, Wien und Zürich nach Mailand-Malpensa. **Swiss** (Tel. 0848700700 in der Schweiz, Tel. 06986798000 in Deutschland, Tel. 0810810840 in Österreich; www.swiss.com) bietet ebenfalls Direktflüge von Zürich nach Mailand-Malpensa an. Weitere Gesellschaften sind **EasyJet** (Tel. 00441582180566600O; www.easyjet.com), **Air Berlin** (Tel. 01805737800 in Deutschland, Tel. 0820737800 in Österreich, Tel. 0848737800 in der Schweiz; www.airberlin.com), **TUIfly** (Tel. 01805757510 in Deutschland, Tel. 0820820033 in Österreich; www.tuifly.com) und **Ryanair** (Tel. 01806001 20 in Deutschland, Tel. 0900808001 in der Schweiz; www.ryanair.com). Die Flugpreise sind um Weihnachten, Ostern und über den Sommer am höchsten.

Mit der Bahn: Eine Reihe von Zügen (teilweise Nachtzüge) fahren von Deutschland, Österreich und der Schweiz nach Mailand und Venedig; es gibt Verbindungen nach Bergamo, Brescia und Verona. Autoreisezüge fahren von Berlin und Hamburg nach Verona und von Berlin, Düsseldorf und Hamburg nach Bozen. Details unter www.trenitalia.it

ZEIT

L

In Italien gilt die Mitteleuropäische Zeit. Vom letzten Sonntag im März bis zum letzten Sonntag im Oktober gilt die Europäische Sommerzeit.

WÄHRUNG UND GELDWECHSEL

Währung: Italien gehört zur Eurozone. Für Schweizer gilt: 1 Euro = 1,21 CHF, 1 CHF = 0,82 Euro.

Bargeld: Die bequemste Möglichkeit, in größeren Städten und Urlaubsregionen an Bargeld zu kommen, bieten die Geldautomaten. Sie können Ihre Bank- und Kreditkarten problemlos in Italien verwenden. Zum Abheben benötigen Sie nur Ihre Geheimzahl.

Reiseschecks: Diese können Sie in Wechselstuben *(cambio)* an den Flughäfen, den Bahnhöfen und unweit der Hauptsehenswürdigkeiten eintauschen. In den Banken müssen Sie mit langen Wartezeiten rechnen.

Kreditkarten: Die gängigen Kreditkarten (*carta di credito,* häufig auch *tessera* für Karte) werden in den meisten Ferienorten in den großen Hotels, Restaurants und Geschäften akzeptiert; diese haben die entsprechenden Kartensymbole aushängen. Bei kleineren Hotels und Restaurants sowie in ländlicheren Gebieten wird häufig nur Bargeld angenommen.

Bergamo und Brescia:
www.turismo.bergamo.it
Lago di Como/Comer See:
www.lakecomo.com
www.comersee.de
Lago di Garda/ Gardasee:
www.gardalake.it
www.gardasee.de

- **Verona:** www.tourism.verona.it
- **Italienische Botschaft in Berlin:** www.ambberlino.esteri.it
- **Italienische Botschaft in Wien:** www.ambvienna.esteri.it
- **Italienische Botschaft in Bern:** www.ambberna.esteri.it

Praktisches

DAS WICHTIGSTE VOR ORT

FEIERTAGE

1. Jan.	Neujahr	15. Aug. (Ferragosto)	Mariä Himmelfahrt
6. Jan.	Hl. Drei Könige	1. Nov	Allerheiligen
März/April	Ostermontag	8. Dez.	Fest der unbefleckten Empfängnis
25. April	Tag der Befreiung	25. Dez.	1. Weihnachtstag
1. Mai	Tag der Arbeit	26. Dez.	2. Weihnachtstag
2. Juni	Nationalfeiertag		

An allen oder manchen dieser Tage sind Banken, Museen und viele Läden (außer Bäckereien) geschlossen.

ÖFFNUNGSZEITEN

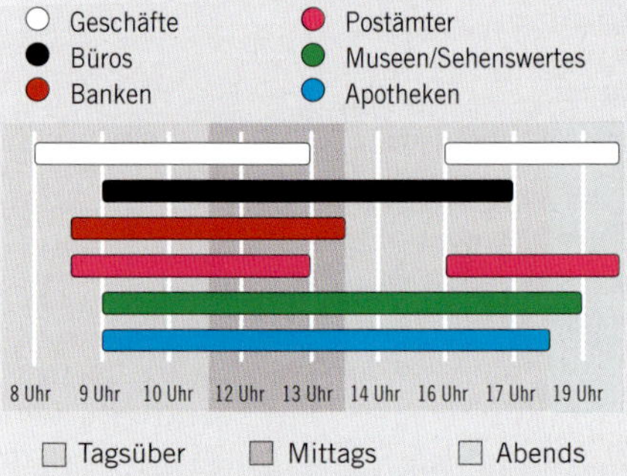

Geschäfte: Mo–Sa 8–13, 16 bis 20 Uhr, in größeren Städten durchgehend geöffnet *(orario continuato)*.
Restaurants: 12.30–15, 18.30–22.30 Uhr
Museen: Sehr unterschiedliche Öffnungszeiten, viele haben am Mo geschlossen
Banken: Gewöhnlich Mo–Fr 8.30–13.30 Uhr
Postämter: Mo–Fr 8.15–14, Sa 8.15–12/14 Uhr

TRINKGELD

Die Rechnungen in Restaurants, Cafés und Hotels beinhalten schon den Service, sodass Sie eigentlich kein zusätzliches Trinkgeld mehr zahlen müssen. Die Bedienungen freuen sich natürlich trotzdem über einige Münzen.

Taxi	auf halben oder ganzen Euro aufrunden
Kofferträger	0,50–1 € pro Gepäckstück
Zimmermädchen	0,50–1 € pro Tag
Toilettenpersonal	Kleingeld

ELEKTRIZITÄT

Die Stromspannung beträgt 220 Volt (50 Hertz); die Stecker entsprechen denen in Mitteleuropa.

ZEITUNTERSCHIED

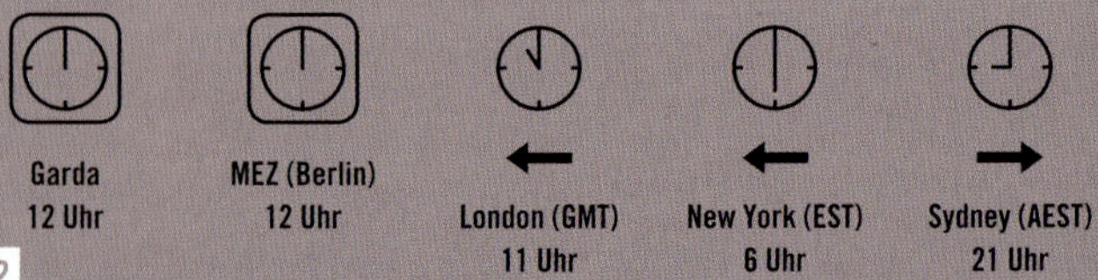

IN KONTAKT BLEIBEN

Post: Briefkästen gibt es in zwei Farben: rote sind für normale Post, blaue für Expresspost *(posta prioritaria)*. Briefmarken *(francobolli)* erhalten Sie in den Postämtern, Tabakläden und Bars.

Öffentliche Fernsprecher funktionieren größtenteils mit Telefonkarten *(carta telefonica)*, die man u.a. in Bars, an Zeitungskiosken oder in Tabakgeschäften kaufen kann. Münztelefone gibt es kaum noch. Die **Ortsvorwahlen** sind Bestandteil der italienischen Rufnummern. Bei Anrufen aus dem Ausland und bei Ortsgesprächen muss immer die Vorwahl inklusive der 0 mitgewählt werden.

Internationale Vorwahlen:

Italien	**00 39**
Deutschland	**00 49**
Österreich	**00 43**
Schweiz	**00 41**

Mobilfunkanbieter und -dienste: Mobiltelefone (*telefono cellulare*, auch *telefonino*) wählen sich automatisch via Roaming in das entsprechende italienische Partnernetz ein. Gewählt wird ohne »0« vorweg, auch von Deutschland aus. Für Mobiltelefone gelten von der EU festgelegte Höchstpreise. Wer viel in Italien unterwegs ist, kann sich einen Prepaid-Chip der italienischen TIM kaufen. Für kostenlose Telefonate aus dem In- und Ausland ist das Installieren von Skype nötig (www.skype.com).

WLAN und Internet: Die meisten Hotels verfügen über W-LAN (teilweise kostenpflichtig), das in allen Gästezimmern und Aufenthaltsbereichen anwählbar ist.

SICHERHEIT

Vor allem in den größeren Städten muss man mit Kleinkriminalität wie dem Diebstahl von Geldbörsen oder Handtaschen rechnen. Seien Sie bei harmlos schauenden, etwas schmuddelig aussehenden Kindern achtsam: Viele werden von Banden dazu angehalten, Touristen zu bestehlen.

- Verwahren Sie Ihr Geld in einem Geldgürtel oder einer Tasche unter Ihrer Kleidung.
- Legen Sie nie Ihre Kamera ab.
- Bewegen Sie sich nachts nur auf gut beleuchteten Hauptstraßen.

Polizei:
☎ 113 von jedem Telefon

NOTRUFE

POLIZEI 113

FEUERWEHR 115

KRANKENWAGEN 118

NOTFALL 112

Praktisches

GESUNDHEIT

Krankenversicherung: Bürger aus EU-Ländern erhalten auf Madeira kostenlose oder kostenreduzierte medizinische Behandlung mit der Europäischen Versichertenkarte (EHIC). Eine zusätzliche Privatversicherung ist empfehlenswert; sie deckt auch die Kosten für einen Rücktransport.

Zahnarzt: Die zahnärztliche Versorgung in Italien ist sehr gut. EU-Angehörige erhalten eine Zahnarztbehandlung zu ermäßigtem Preis, dennoch empfiehlt sich eine private Reiseversicherung.

Wetter: Ein zu langer Aufenthalt in der Sonne, Dehydration oder Insektenstiche können zu kleinen Unpässlichkeiten führen. Verwenden Sie eine Sonnencreme mit hohem Schutzfaktor, bedecken Sie den Kopf und trinken Sie viel Wasser.

Medikamente: Verschreibungspflichtige Arzneien und andere Medikamente erhalten Sie in der Apotheke (*farmacia*). Apotheken haben in der Regel Mo–Sa 8–13 und 16–20 Uhr geöffnet. Manche haben auch durchgehend oder bis in den späteren Abend offen, einige auch sonntags.

Trinkwasser: Das Leitungswasser kann ebenso wie Wasser aus öffentlichen Brunnen meist ohne Bedenken getrunken werden.

ERMÄSSIGUNGEN

Jugendliche/Senioren: Kinder und Jugendliche unter 18 Jahren aus EU-Ländern genießen in der Regel freien oder ermäßigten Eintritt in den meisten Museen. Vergleichbare Konditionen gelten für Senioren über 65 Jahre (Personalausweis mitnehmen!).

Kombi-Tickets: Wenn Sie einen längeren Aufenthalt mit vielen Museumsbesuchen planen, fragen Sie in den Touristeninformationen nach Kombi-Tickets, die günstiger sind als viele Einzeleintrittskarten.

EINRICHTUNGEN FÜR MENSCHEN MIT HANDICAP

Rollstuhlgerechte Zugänge finden sich in allen Großstädten, doch selten in ländlicheren Regionen. In den historischen Altstädten mangelt es an asphaltierten und abgesenkten Gehwegen. Enge Gassen, meist Kopfsteinpflaster und parkende Autos stellen häufig unüberbrückbare Hindernisse für Rollstuhlfahrer oder Gehbehinderte dar.

Hilfestellung beim barrierefreien Reisen leistet die Arbeitsgemeinschaft (Arge) Urlaub:
☎ 0711 1564 90; www.argeurlaub.de (hilfreiches Internetportal)

KINDER

In fast allen Bars und Restaurants sind Kinder willkommen; ein Wickeltisch fehlt meistens. Besondere Attraktionen sind in diesem Band durch oben stehendes Symbol gekennzeichnet.

TOILETTEN

Öffentliche Toiletten finden Sie in den Bahnhöfen, in größeren Museen und in Bars (für Gäste). Fragen Sie nach *il bagno* oder *il gabinetto*.

BOTSCHAFTEN UND KONSULATE

Generalkonsulat (D)	Generalkonsulat (A)	Generalkonsulat (CH)	Italienische Botschaft in Berlin	Italienische Botschaft in Wi…
☎ 026 23 11 01	☎ 02 78 37 43	☎ 027 77 91 61	☎ 030 25 44 00	☎ 01 71 25 12…

IMMER ZU GEBRAUCHEN

Ja/Nein **Si/No**
Bitte **Per favore**
Danke **Grazie**
Bitte, gern geschehen **Di niente/prego**
Tut mir leid **Mi dispiace**
Auf Wiedersehen **Arrivederci**
Guten Morgen **Buongiorno**
Guten Abend **Buona sera**
Wie geht es Ihnen? **Come sta?**
Wie viel kostet ...? **Quanto costa ...?**
Ich möchte gern ... **Vorrei ...**
Offen **Aperto**
Geschlossen **Chiuso**
Heute **Oggi**
Morgen **Domani**
Montag **Lunedì**
Dienstag **Martedì**
Mittwoch **Mercoledì**
Donnerstag **Giovedì**
Freitag **Venerdì**
Samstag **Sabato**
Sonntag **Domenica**

NACH DEM WEG FRAGEN

Ich habe mich verlaufen **Mi sono perso/a**
Wo finde ich ...? **Dove si trova ...?**
den Bahnhof **la stazione**
ein Telefon **il telefono**
eine Bank **la banca**
eine Toilette **il bagno**
Biegen Sie rechts ab **Volti a destra**
Biegen Sie links ab **Volti a sinistra**
Gehen Sie geradeaus **Vada dritto**
An der Ecke **All'angolo**
Die Straße **La strada**
Der Palast **Il palazzo**
Die Ampel **Il semaforo**
Die Kreuzung **L'incrocio**
Die Schilder nach **Le indicazioni per ...**

IM NOTFALL

Hilfe **Aiuto!**
Können Sie mir bitte helfen? **Mi potrebbe aiutare?**
Sprechen Sie Deutsch? **Parla tedesco?**
Ich verstehe nicht **Non capisco**
Können Sie bitte schnell einen Arzt rufen? **Mi chiama presto un medico, per favore?**

IM RESTAURANT

Ich möchte einen Tisch reservieren **Vorrei prenotare un tavolo**
Einen Tisch für zwei Personen, bitte **Un tavolo per due, per favore**
Können wir bitte die Karte bekommen? **Ci porta la lista, per favore?**
Was ist das? **Cosa è questo?**
Eine Flasche .../ein Glas ... **Una bottiglia di.../un bicchiere di...**
Die Rechnung, bitte **Ci porta il conto prego**

ÜBERNACHTEN

Haben Sie ein Einzel-/ein Doppelzimmer? **Ha una camera singola/doppia?**
Mit/ohne Bad/Toilette/Dusche **con/senza vasca/gabinetto/doccia**
Ist ein Frühstück (im Preis) eingeschlossen? **È inclusa la prima colazione?**
Ist ein Abendessen (im Preis) inbegriffen? **È inclusa la cena?**
Haben Sie Zimmerservice? **C'è il servizio in camera?**
Kann ich das Zimmer sehen? **È possibile vedere la camera?**
Ich nehme dieses (Zimmer) **Prendo questa camera**
Danke für Ihre Gastfreundschaft **Grazie per l'ospitalità**

ZAHLEN

0	**zero**	12	**dodici**	30	**trenta**	200	**duecento**
1	**uno**	13	**tredici**	40	**quaranta**	300	**trecento**
2	**due**	14	**quattordici**	50	**cinquanta**	400	**quattrocento**
3	**tre**	15	**quindici**	60	**sessanta**	500	**cinquecento**
4	**quattro**	16	**sedici**	70	**settanta**	600	**seicento**
5	**cinque**	17	**diciassette**	80	**ottanta**	700	**settecento**
6	**sei**	18	**diciotto**	90	**novanta**	800	**ottocento**
7	**sette**	19	**diciannove**	100	**cento**	900	**novecento**
8	**otto**	20	**venti**			1000	**mille**
9	**nove**	21	**ventuno**	101	**cento uno**	2000	**duemila**
10	**dieci**	22	**ventidue**	110	**centodieci**		
11	**undici**	23	**ventitre**	120	**centoventi**	10 000	**diecimila**

SPEISEKARTE A–Z

acciuga Sardelle/ Anchovi
acqua Wasser
affettati aufgeschnittenes geräuchertes Fleisch
affumicato geräuchert
aglio Knoblauch
agnello Lamm
anatra Ente
antipasti Vorspeisen
arista gebratene Schweinelende
arrosto geröstet
asparagi Spargel
birra Bier
bistecca Steak
bollito gekochtes Fleisch
braciola Kurzgebratenes
brasato geschmort
brodo (Fleisch-) Brühe
bruschetta getoastetes Brot, mit Tomaten und Knoblauch belegt
budino Pudding
burro Butter
cacciagione Wild
cacciatore, al Tomatensauce mit Pilzen
caffè corretto/ macchiato Kaffee mit Likör/Alkohol oder mit einem Schuss Milch
caffè freddo eisgekühlter Kaffee
caffè latte Milchkaffee
caffè lungo nicht so starker Kaffee
caffè ristretto starker Kaffee
calamaro Tintenfisch
cappero Kaper
carciofo Artischocke
carota Möhre, Karotte
carne Fleisch
carpa Karpfen
casalingo hausgemacht
cassata sizilianisches Eis mit Früchten
cavolfiore Blumenkohl
cavolo Kohl
ceci Kichererbsen
cervello Hirn
cervo Wild/ Hirsch
cetriolino Gewürzgurke
cetriolo Gurke
cicoria Chicorée
cinghiale Wildschwein
cioccolata Schokolade
cipolla Zwiebel
coda di bue Ochsenschwanz
coniglio Kaninchen
contorni Gemüse
coperto Gedeck
coscia Haxe/ Schlegel
cotolette Kotelett/ Schnitzel
cozze Muscheln
crema Creme/ Pudding
crostini geröstete Weißbrotscheiben mit verschiedenem Belag oder Brotwürfel
crudo roh
digestivo Digestiv
dolci Kuchen/ Desserts
erbe aromatische Kräuter
fagioli Bohnen
fagiolini Grüne Bohnen
fegato Leber
faraona Perlhuhn
farcito gefüllt
fegato Leber
finocchio Fenchel
formaggio Käse
forno, al gebacken
frittata Omelette
fritto frittiert
frizzante sprudelnd
frullato gemischt
frutti di mare Meeresfrüchte
frutta Obst/ Frucht
funghi Pilze
gamberetto Shrimp
gelato Eiscreme
ghiaccio Eis
gnocchi Kartoffelnocken (Klößchen)
granchio Krabbe
gran(o)turco Mais
griglia, alla gegrillt
imbottito gefüllt
insalata Salat
IVA Mehrwertsteuer
latte Milch
lepre Hase
lumache Schnecken
manzo Rindfleisch
merluzzo Dorsch/ Kabeljau
miele Honig
minestra Suppe
molluschi Schalentiere
olio Öl
oliva Olive
ostrica Auster
pancetta Speck
pane Brot
panna Sahne
parmigiano Parmesan
passata passiert
pastasciutta Nudeln mit Sauce
pasta sfoglia Blätterteig
patate fritte Pommes frites
pecora Hammel
pecorino Schafsmilchkäse
peperoncino Chili
peperone roter/ grüner Pfeffer
pesce Fisch
petto Brust(fleisch)
piccione Taube
piselli Erbsen
pollame Geflügel
pollo Huhn
polpetta Fleischbällchen
porto Portwein
prezzemolo Petersilie
primo piatto erster Gang
prosciutto Schinken (cotto gekocht, crudo roh)
ragù Fleischsauce
ripieno gefüllt
riso Reis
salsa Sauce
salsiccia Wurst
saltimbocca Kalbfleisch mit Parmaschinken und Salbei
secco trocken
secondo piatto Hauptgericht
senape Senf
servizio compreso mit Bedienung
sogliola Seezunge
spuntini Snacks
succo di frutta Fruchtsaft
sugo Sauce
tonno Thunfisch
uova strapazzate Rührei
uovo affogato/in carnica pochiertes Ei
uovo al tegame/ fritto Spiegelei
uovo alla coque weich gekochtes Ei
uovo sodo hart gekochtes Ei
vino bianco Weißwein
vino rosso Rotwein
vino rosato Rosé
verdure Gemüse
vitello Kalbfleisch
zucchero Zucker
zucchino Zucchini
zuppa Suppe

Reiseatlas

Kapiteleinteilung: siehe Übersichtskarte (Umschlaginnenseite)

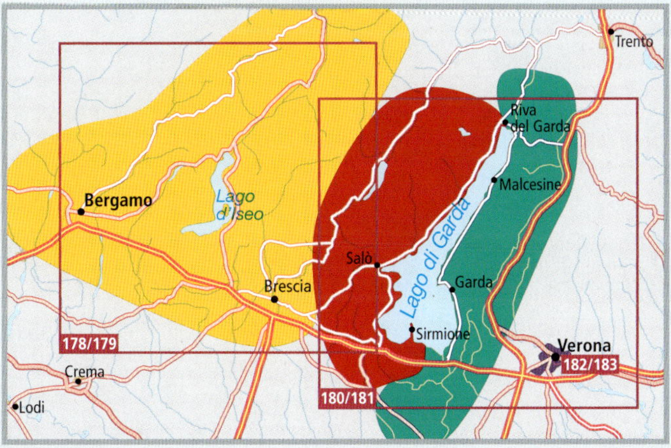

Legende

- A14 2 — Autobahn mit Anschlussstelle
- E 55 — Schnellstraße mit Europastraßennr.
- SS16 — Fernstraße mit Nummer
- Hauptstraße
- Nebenstraße
- Straße in Bau, Straße in Planung
- Tunnel
- Eisenbahn
- Fähre, Schiffsverbindung
- Staats-/Regionengrenze
- Nationalpark; Naturpark
- Sperrgebiet
- 1 — TOP 10
- 26 — Nicht verpassen!
- 22 — Nach Lust und Laune!
- Internationaler Flughafen
- Regionaler Flughafen
- Kloster; Kirche, Kapelle
- Burg, Festung; Ruine
- Sehenswürdigkeit
- Archäologische Stätte
- Turm; Leuchtturm
- Wasserfall; Höhle
- Berggipfel; Pass, Joch
- Campingplatz; Aussichtspunkt
- Information; Krankenhaus
- Museum; Theater, Oper
- Polizei; Post
- Ankerplatz, Hafen; Badestrand
- Parkhaus; Parkplatz

1 : 330 000

0 — 10 — 20 km

0 — 5 — 10 mi

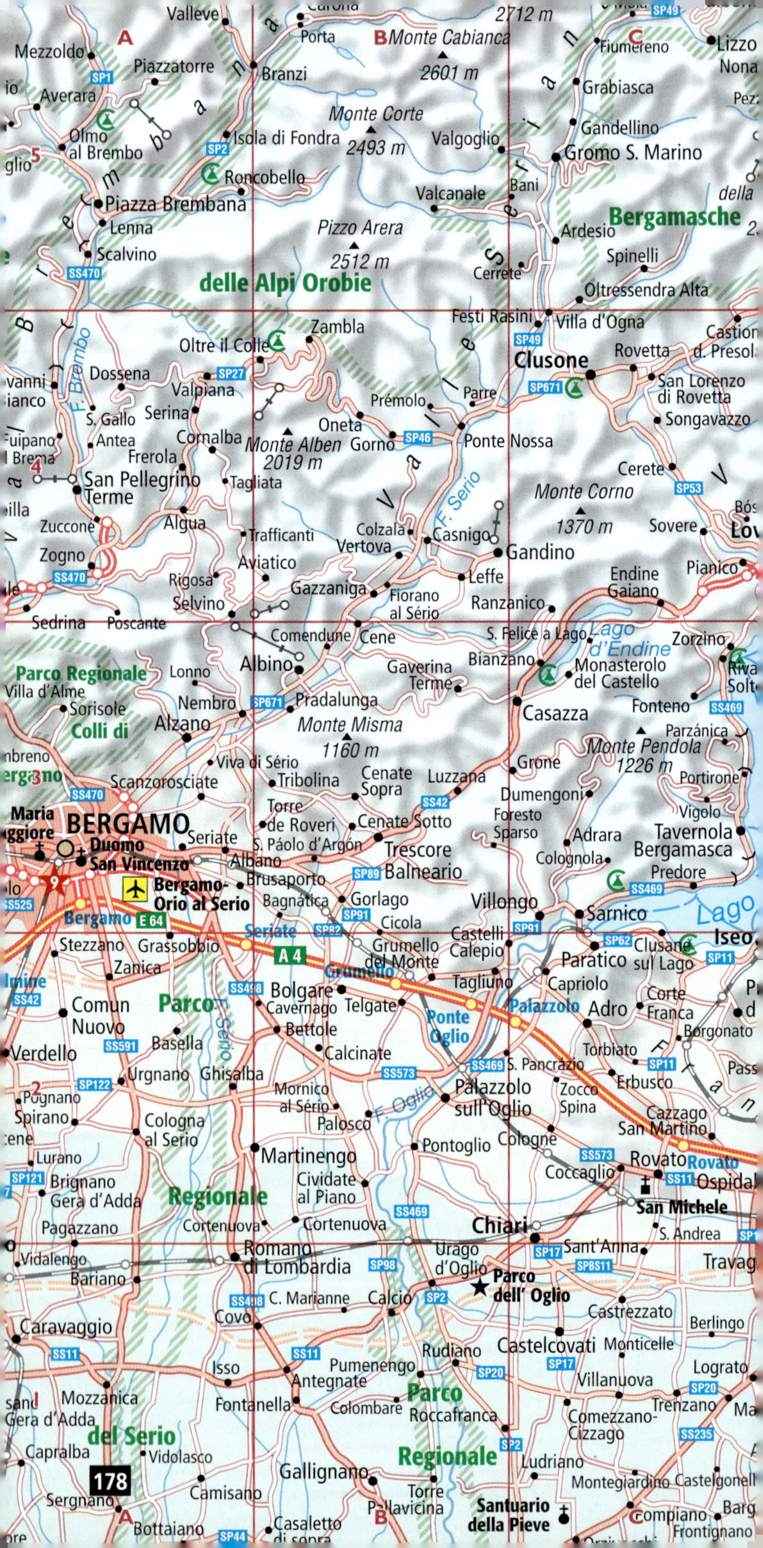

Valleve
Carona
Porta
A
B
C
Monte Cabianca
2712 m
2601 m
Fiumenero
Lizzo
Nona
Mezzoldo
Piazzatorre
Branzi
SP1
Averara
Olmo al Brembo
Isola di Fondra
SP2
Monte Corte
2493 m
Valgoglio
Grabiasca
Gandellino
Gromo S. Marino
Roncobello
Piazza Brembana
Lenna
Scalvino
SS470
Valcanale
Bani
Pizzo Arera
2512 m
Ardesio
Bergamasche
della
Spinelli
Cerrete
delle Alpi Orobie
Oltressendra Alta
Festi Rasini
Villa d'Ogna
SP49
Zambla
Oltre il Colle
Castione d. Presolana
Rovetta
Clusone
SP671
San Lorenzo di Rovetta
Songavazzo
Dossena
SP27
Valpiana
F. Brembo
Prémolo
Parre
S. Gallo
Serina
Oneta
Gorno
SP46
Ponte Nossa
Antea
Cornalba
Monte Alben
2019 m
Frerola
Cerete
SP53
San Pellegrino Terme
Tagliata
Monte Corno
1370 m
F. Serio
Zuccone
Algua
Trafficanti
Colzala
Casnigo
Sovere
Zogno
SS470
Aviatico
Vertova
Gandino
Rigosa
Leffe
Pianico
Endine Gaiano
Gazzaniga
Selvino
Fiorano al Sério
Ranzanico
Sedrina
Poscante
Comendune
Cene
S. Felice a Lago
Lago d'Endine
Zorzino
Parco Regionale
Lonno
Albino
Gaverina Terme
Bianzano
Monasterolo del Castello
Villa d'Almè
Sorisole
Nembro
SP671
Pradalunga
Casazza
Fonteno
SS469
Colli di
Alzano
Monte Misma
1160 m
Parzánica
Monte Pendola
1226 m
Viva di Sério
Tribolina
Cenate Sopra
Luzzana
Grone
Portirone
Scanzorosciate
SS470
SS42
Dumengoni
Vigolo
Torre de Roveri
Foresto Sparso
Maria Maggiore
BERGAMO
Seriate
Cenate Sotto
Adrara
Tavernola Bergamasca
Duomo
S. Pàolo d'Argon
Trescore Balneario
Colognola
San Vincenzo
Albano
SP89
Predore
9
Bergamo-Orio al Serio
Brusaporto
SS469
SS525
Bagnática
Gorlago
Villongo
Sarnico
Lago
Bergamo
E 64
Seriate
SP82
SP91
Cicola
Castelli Calepio
SP91
Iseo
Stezzano
Grassobbio
Grumello del Monte
SP62
Clusane sul Lago
SP11
Zanica
A 4
Grumello
Paratico
SS498
Tagliuno
Capriolo
Bolgare
SS42
Comun Nuovo
Parco
Cavernago
Telgate
Palazzolo
Adro
Corte Franca
Serio
Ponte Oglio
Bettole
Borgonato
Verdello
SS591
Basella
Torbiato
SS469
S. Pancrazio
SP11
Calcinate
SP122
Urgnano
Ghisalba
SS573
Palazzolo sull'Oglio
Zocco
Erbusco
Pognano
Mornico al Sério
F. Oglio
Spina
Spirano
Cologna al Serio
Palosco
Cazzago San Martino
Pontoglio
Cologne
Lurano
Martinengo
SS573
Rovato
Rovato
SP121
Brignano Gera d'Adda
Regionale
Cividate al Piano
Coccaglio
SS11
Ospidaletto
San Michele
SS469
Pagazzano
Cortenuova
Cortenuova
Chiari
S. Andrea
Vidalengo
Romano di Lombardia
Urago d'Oglio
SP17
Sant'Anna
Bariano
SP98
SP8S11
Travagliato
Parco dell' Oglio
SS498
C. Marianne
Calcio
SP2
Castrezzato
Covo
Berlingo
Caravaggio
Rudiano
Castelcovati
Monticelle
SS11
SS11
Isso
Pumenengo
SP20
SP17
Villanuova
Lograto
Antegnate
Parco
SP20
Mozzanica
Gera d'Adda
Fontanella
Colombare
Roccafranca
Trenzano
Comezzano-Cizzago
SS235
del Serio
Capralba
Vidolasco
Regionale
SP2
Ludriano
178
Gallignano
Montegiardino
Castelgonelli
Camisano
Torre Pallavicina
Santuario della Pieve
Compiano
Barco
Sergnano
Bottaiano
SP44
Casaletto di sopra
Frontignano

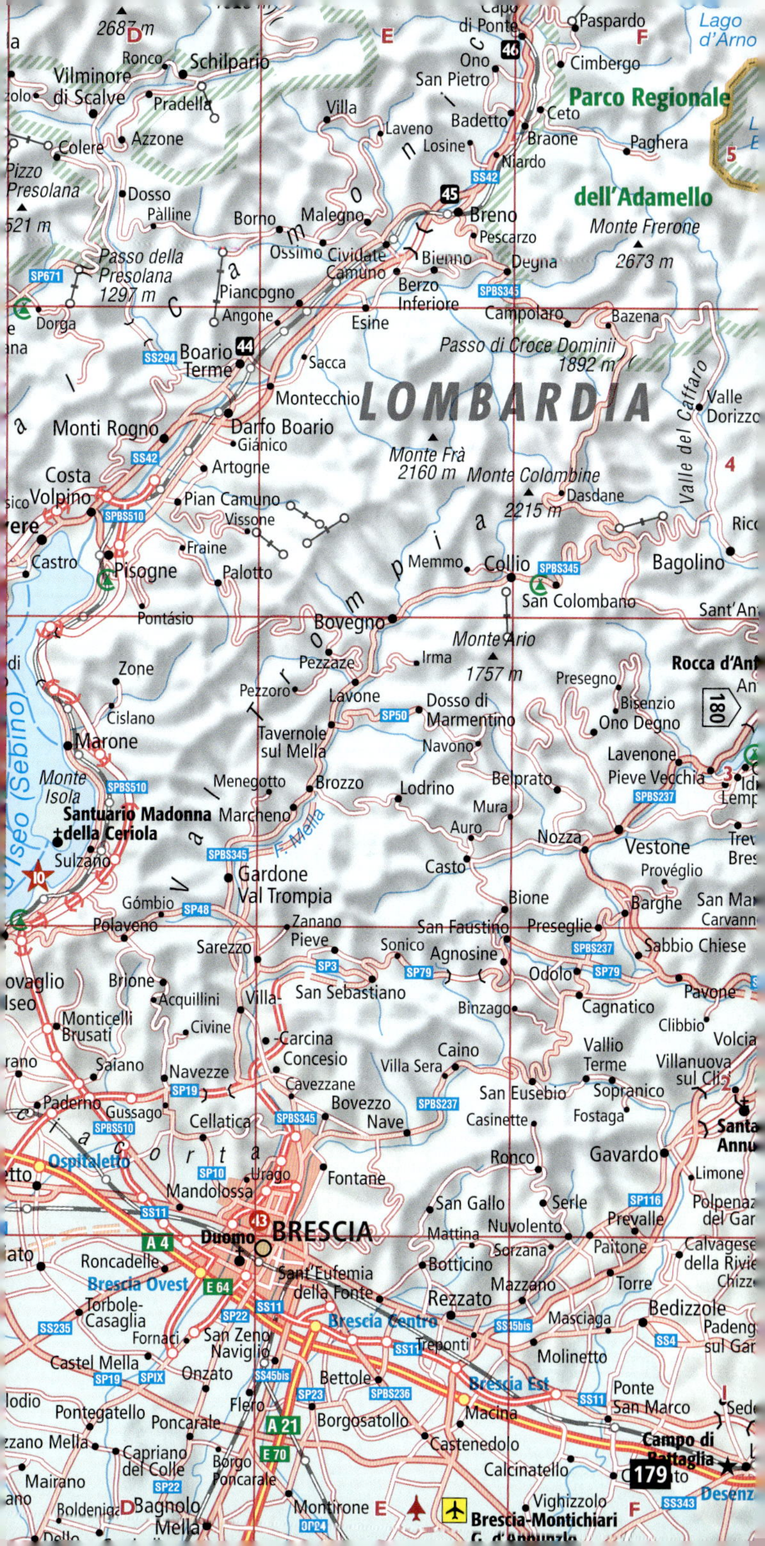

2687 m
Ronco
Schilpario
Vilminore di Scalve
Pradella
Colere
Azzone
Pizzo Presolana
Dosso
Pàlline
Passo della Presolana 1297 m
SP671
Dorga
Capo di Ponte
Paspardo
Lago d'Arno
46
Ono San Pietro
Cimbergo
Parco Regionale
dell'Adamello
Villa
Laveno
Badetto
Losine
Ceto
Braone
Niardo
Paghera
SS42
45
Breno
Borno
Malegno
Ossimo
Cividate Camuno
Pescarzo
Bienno
Degna
Monte Frerone 2673 m
Berzo Inferiore
SPBS345
Piancogno
Angone
Esine
Campolaro
Bazena
Passo di Croce Dominii 1892 m
SS294
Boario Terme
44
Sacca
Montecchio
LOMBARDIA
Valle del Caffaro
Valle Dorizzo
Monti Rogno
Darfo Boario
Gianico
SS42
Artogne
Monte Frà 2160 m
Monte Colombine 2215 m
Dasdane
Costa Volpino
SPBS510
Pian Camuno
Vissone
Fraine
Castro
Pisogne
Palotto
Memmo
Collio
SPBS345
Bagolino
San Colombano
Pontásio
Bovegno
Sant'An
Monte Ario 1757 m
Irma
Rocca d'Anf
Zone
Pezzaze
Presegno
Pezzoro
Lavone
Dosso di Marmentino
SP50
Bisenzio
Ono Degno
180
Cislano
Marone
Tavernole sul Mella
Navono
Lavenone
Pieve Vecchia
Monte Isola
Menegotto
Brozzo
Lodrino
Belprato
SPBS510
SPBS237
Santuario Madonna della Ceriola
Marcheno
Mura
Auro
F. Mella
Nozza
Vestone
Sulzano
Iseo (Sebino)
SPBS345
Casto
Provéglio
10
Gardone Val Trompia
Val Trompia
Bione
Barghe
Gómbio
SP48
Polaveno
Zanano
San Faustino
Preseglie
Sarezzo
Pieve
Sonico
Agnosine
SPBS237
Sabbio Chiese
SP3
SP79
Odolo
SP79
Brione
Villa
San Sebastiano
Pavone
Acquillini
Binzago
Cagnatico
Monticelli Brusati
Civine
Clibbio
Volcia
Carcina
Vallio Terme
Villanuova sul Clisi
Concesio
Caino
Saiano
Villa Sera
Navezze
Cavezzane
San Eusebio
Sopranico
SP19
Bovezzo
SPBS237
Casinette
Fostaga
Paderno
Gussago
SPBS345
Nave
SPBS510
Cellatica
Franciacorta
Ronco
Gavardo
Ospitaletto
SP10
Urago
Fontane
Limone
Mandolossa
Serle
SP116
Polpenazze del Garda
SS11
San Gallo
Prevalle
43
BRESCIA
Mattina
Nuvolento
A 4
Duomo
Paitone
Calvagese della Riviera
Roncadelle
Sorzana
Brescia Ovest
E 64
Sant'Eufemia della Fonte
Botticino
Mazzano
Torre
Torbole-Casaglia
SP22
SS11
Rezzato
Bedizzole
Brescia Centro
Masciaga
Padenghe sul Garda
SS235
Fornaci
San Zeno Naviglio
SS45bis
SS11
Treponti
SS4
Castel Mella
Molinetto
SP19
SPIX
Onzato
SS45bis
Bettole
Brescia Est
Ponte San Marco
SP23
SPBS236
SS11
Lodio
Pontegatello
Flero
Poncarale
A 21
Borgosatollo
Macina
Campo di Battaglia
Castenedolo
Capriano del Colle
E 70
Borgo Poncarale
Calcinatello
SP22
Mairano
Vighizzolo
SS343
Desenzano
Boldeniga
Bagnolo Mella
Montirone
Brescia-Montichiari G. d'Annunzio
D
E
F
4
3
2
1
5

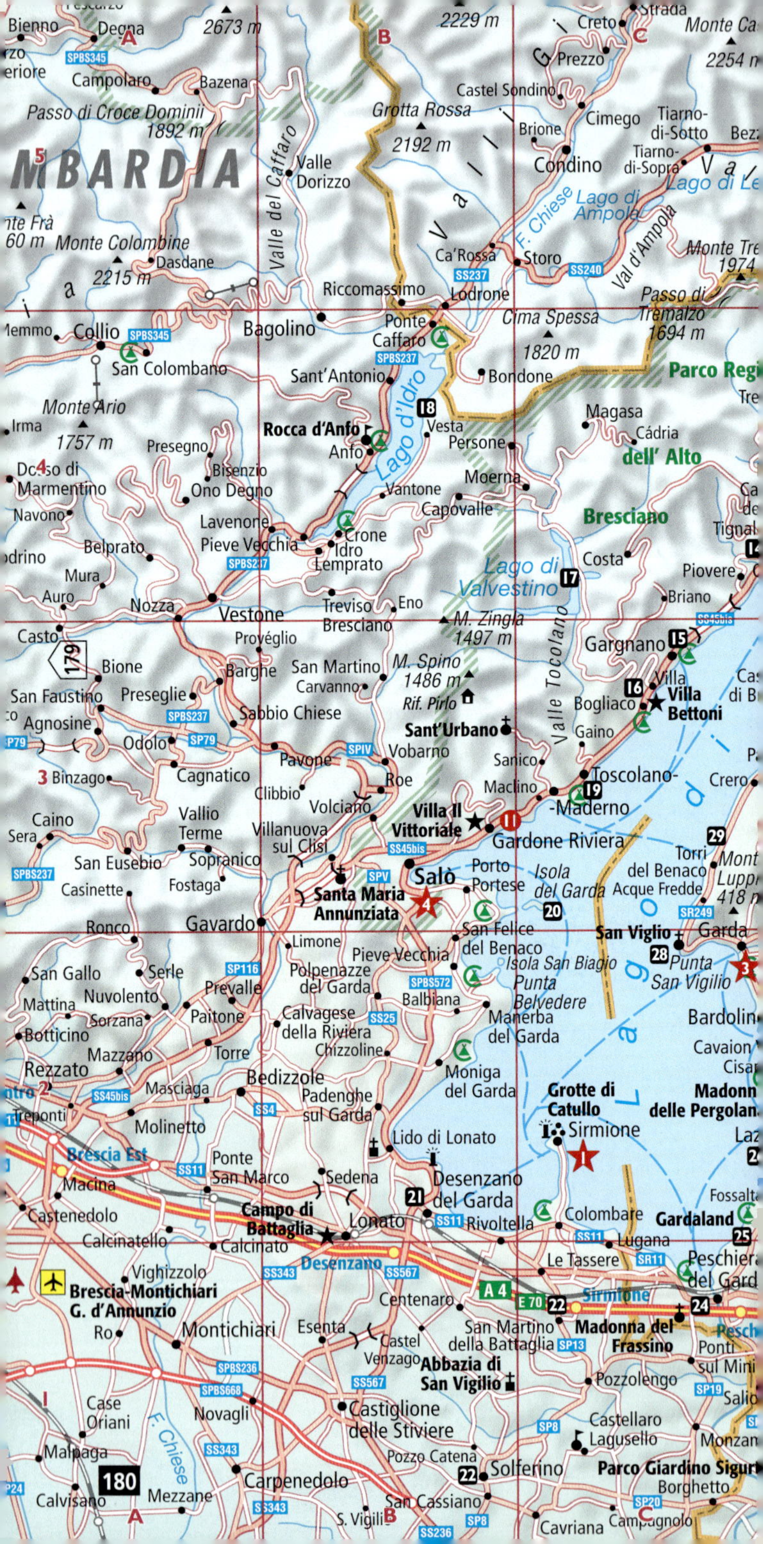

Bienno
Degna
2673 m
2229 m
Creto
Strada
Monte Ca
2254 m
Campolaro
Bazena
Prezzo
Castel Sondino
Passo di Croce Dominii
1892 m
Grotta Rossa
2192 m
Brione
Cimego
Tiarno-di-Sotto
MBARDIA
Valle del Caffaro
Valle Dorizzo
Condino
Tiarno-di-Sopra
Lago di Ledro
F. Chiese
Lago di Ampola
Val d'Ampola
Monte Tremalzo
1974
Monte Colombine
2215 m
Dasdane
Ca' Rossa
Storo
Riccomassimo
Lodrone
Passo di Tremalzo
1694 m
Collio
San Colombano
Bagolino
Ponte Caffaro
Cima Spessa
1820 m
Sant'Antonio
Bondone
Parco Regionale Alto Garda Bresciano
Monte Ario
1757 m
Irma
Rocca d'Anfo
Anfo
Lago d'Idro
Vesta
Persone
Magasa
Cádria
Presegno
Bisenzio
Ono Degno
Dosso di Marmentino
Navono
Vantone
Moerna
Capovalle
Lavenone
Pieve Vecchia
Crone
Idro
Lemprato
Belprato
Mura
Auro
Nozza
Vestone
Treviso Bresciano
Eno
Lago di Valvestino
Costa
Tignale
Piovere
Briano
M. Zingla
1497 m
Casto
Provéglio
Barghe
San Martino
Carvanno
M. Spino
1486 m
Rif. Pirlo
Gargnano
Bione
San Faustino
Preseglie
Agnosine
Sabbio Chiese
Villa
Bogliaco
Villa Bettoni
Sant'Urbano
Valle Toscolano
Gaino
Odolo
Pavone
Vobarno
Sanico
Binzago
Cagnatico
Roe
Maclino
Toscolano-Maderno
Crero
Clibbio
Volciano
Villa Il Vittoriale
Caino
Sera
Vallio Terme
Villanuova sul Clisi
Gardone Riviera
Torri del Benaco
Monte Luppia
418 m
San Eusebio
Sopranico
Salò
Porto Portese
Isola del Garda
Acque Fredde
Casinette
Fostaga
Santa Maria Annunziata
Ronco
Gavardo
San Felice del Benaco
San Vigilio
Garda
Limone
Pieve Vecchia
Isola San Biagio
Punta San Vigilio
San Gallo
Serle
Polpenazze del Garda
Punta Belvedere
Mattina
Nuvolento
Prevalle
Balbiana
Bardolino
Sorzana
Paitone
Calvagese della Riviera
Manerba del Garda
Botticino
Cavaion
Cisano
Mazzano
Torre
Chizzoline
Moniga del Garda
Rezzato
Bedizzole
Grotte di Catullo
Madonna delle Pergolana
Masciaga
Padenghe sul Garda
Lago di Garda
Treponti
Molinetto
Sirmione
Lido di Lonato
Brescia Est
Ponte San Marco
Sedena
Desenzano del Garda
Fossalta
Macina
Castenedolo
Campo di Battaglia
Lonato
Rivoltella
Colombare
Gardaland
Calcinatello
Calcinato
Lugana
Vighizzolo
Desenzano
Le Tassere
Peschiera del Garda
Brescia-Montichiari G. d'Annunzio
Centenaro
Sirmione
Madonna del Frassino
Ro
Montichiari
Esenta
Castel Venzago
San Martino della Battaglia
Abbazia di San Vigilio
Ponti sul Mincio
Pozzolengo
Salionze
Case Oriani
Novagli
Castiglione delle Stiviere
Castellaro Lagusello
Monzambano
F. Chiese
Malpaga
Pozzo Catena
Solferino
Parco Giardino Sigurtà
Calvisano
Mezzane
Carpenedolo
San Cassiano
Borghetto
S. Vigilio
Cavriana
Campagnolo
SPBS345
SS237
SS240
SPBS237
SP79
SPIV
SS45bis
SPV
SR249
SP116
SPBS572
SS25
SS4
SS11
SS343
SS567
SR11
A 4
E 70
SP13
SPBS236
SPBS668
SP19
SP8
SP20
SS236
179
180
15
16
17
18
19
20
21
22
24
25
28
29

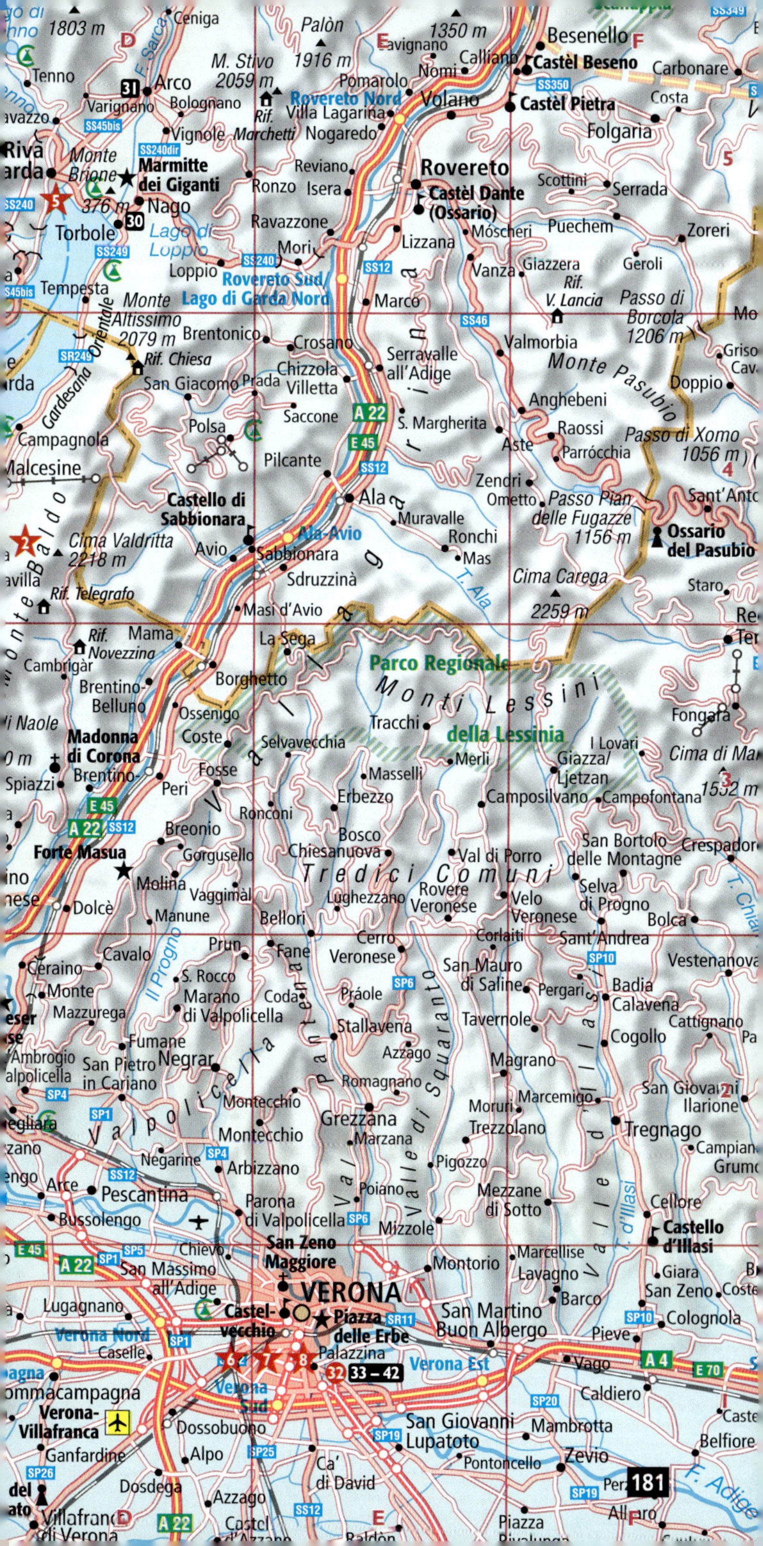

1803 m
Ceniga
Palòn
1916 m
1350 m
Besenello
Tenno
M. Stivo
2059 m
Avignano
Calliano
Castèl Beseno
Carbonare
Arco
Bolognano
Rif. Marchetti
Pomarolo
Nomi
Rovereto Nord
Villa Lagarina
Volano
Castèl Pietra
Costa
Varignano
Nogaredo
Folgaria
Vignole
Riva
Monte Brione
Marmitte dei Giganti
Reviano
Rovereto
Castèl Dante (Ossario)
Scottini
Serrada
Ronzo
Isera
376 m
Nago
Torbole
Lago di Loppio
Ravazzone
Mori
Lizzana
Móscheri
Puechem
Zoreri
Loppio
Rovereto Sud/ Lago di Garda Nord
Vanza
Giazzera
Geroli
Tempesta
Marco
Rif. V. Lancia
Passo di Borcola 1206 m
Monte Altissimo 2079 m
Brentonico
Crosano
Valmorbia
Rif. Chiesa
Serravalle all'Adige
Monte Pasubio
Grisot
Cava
Gardesana Orientale
Chizzola
Villetta
San Giacomo
Prada
Doppio
Saccone
Anghebeni
Raossi
Polsa
S. Margherita
Aste
Passo di Xomo 1056 m
Campagnola
Parrócchia
Pilcante
Malcesine
Zendri
Ometto
Ala
Passo Pian delle Fugazze 1156 m
Sant'Anto
Castello di Sabbionara
Muravalle
Ossario del Pasubio
Ala-Avio
Ronchi
Cima Valdritta 2218 m
Avio
Sabbionara
Mas
Sdruzzinà
T. Ala
Cima Carega 2259 m
Staro
Rif. Telegrafo
Masi d'Avio
Monte Baldo
Vallagarina
Rif. Novezzina
Mama
La Sega
Cambrigàr
Parco Regionale della Lessinia
Brentino-Belluno
Borghetto
Monti Lessini
Ossenigo
Fongara
Tracchi
Naole
Madonna di Corona
Coste
Selvavecchia
I Lovari
Cima di Ma
Giazza/ Ljetzan
Merli
Spiazzi
Brentino
Fosse
Masselli
Peri
1552 m
Erbezzo
Camposilvano
Campofontana
Ronconi
Breonio
Bosco Chiesanuova
San Bortolo delle Montagne
Crespador
Forte Masua
Gorgusello
Val di Porro
Tredici Comuni
Molina
Selva di Progno
Rovere Veronese
Vaggimàl
Lughezzano
Velo Veronese
Dolcè
Manune
Bellori
Bolca
Corlaiti
Sant'Andrea
Cerro Veronese
Prun
Fane
Vestenanova
Cavalo
San Mauro di Saline
Ceraino
Il Progno
S. Rocco
Pergari
Badia Calavena
Monte
Marano di Valpolicella
Coda
Práole
Mazzurega
Tavernole
Cattignano
Stallavena
Cogollo
Fumane
Azzago
Val Pantena
Valle di Squaranto
Val d'Illasi
Ambrogio
Valpolicella
San Pietro in Cariano
Negrar
Magrano
Romagnano
San Giovanni Ilarione
Montecchio
Marcemigo
Moruri
Valpolicella
Grezzana
Tregnago
Trezzolano
Marzana
Montecchio
Campiana
Negarine
Pigozzo
Arbizzano
Arce
Pescantina
Poiano
Mezzane di Sotto
Cellore
Parona di Valpolicella
Bussolengo
Mizzole
T. d'Illasi
Castello d'Illasi
San Zeno Maggiore
Chievo
Marcellise
San Massimo all'Adige
Montorio
Lavagno
Giara
VERONA
San Zeno
Barco
Lugagnano
Castelvecchio
Piazza delle Erbe
San Martino Buon Albergo
Colognola
Verona Nord
Caselle
Pieve
Palazzina
Verona Est
Vago
Sommacampagna
Verona Sud
Caldiero
Verona-Villafranca
Dossobuono
San Giovanni Lupatoto
Mambrotta
Belfiore
Ganfardine
Alpo
Zevio
Ca' di David
Pontoncello
F. Adige
Dosdega
Azzago
Villafranca di Verona
Castel d'Azzano
Raldòn
Piazza
Albaro
A 22
E 45
A 4
E 70
SS12
SS240
SS249
SS350
SS46
SR11
SP1
SP4
SP5
SP6
SP10
SP19
SP20
SP25
SP26
SR249
181

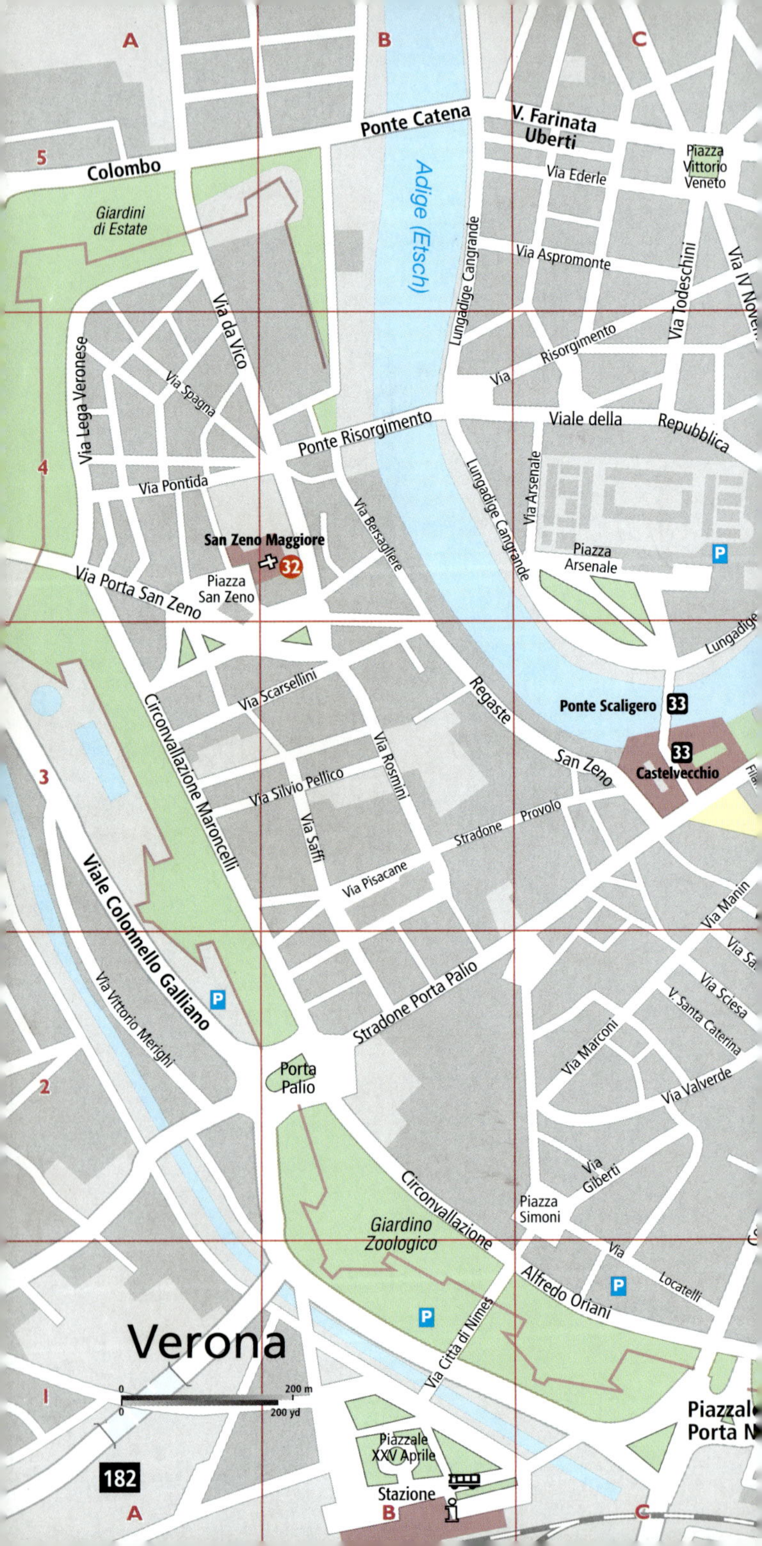
A
B
C
5
4
3
2
1
Ponte Catena
V. Farinata Uberti
Colombo
Piazza Vittorio Veneto
Via Ederle
Giardini di Estate
Adige (Etsch)
Lungadige Cangrande
Via Aspromonte
Via Todeschini
Via IV Novem
Via da Vico
Via Lega Veronese
Via Spagna
Via Risorgimento
Ponte Risorgimento
Viale della Repubblica
Via Pontida
Via Arsenale
Via Bersagliere
San Zeno Maggiore
32
Piazza San Zeno
Via Porta San Zeno
Piazza Arsenale
P
Lungadige
Ponte Scaligero
33
Castelvecchio
Via Scarsellini
Regaste San Zeno
Circonvallazione Maroncelli
Via Rosmini
Via Silvio Pellico
Via Saffi
Stradone Provolo
Via Pisacane
Viale Colonnello Galliano
Via Manin
Via Sciesa
V. Santa Caterina
Via Vittorio Merighi
Stradone Porta Palio
Via Marconi
Porta Palio
Via Valverde
Via Giberti
Circonvallazione Alfredo Oriani
Piazza Simoni
Giardino Zoologico
Via Locatelli
Via Città di Nimes
Verona
0
200 m
200 yd
Piazzale Porta N
Piazzale XXV Aprile
Stazione

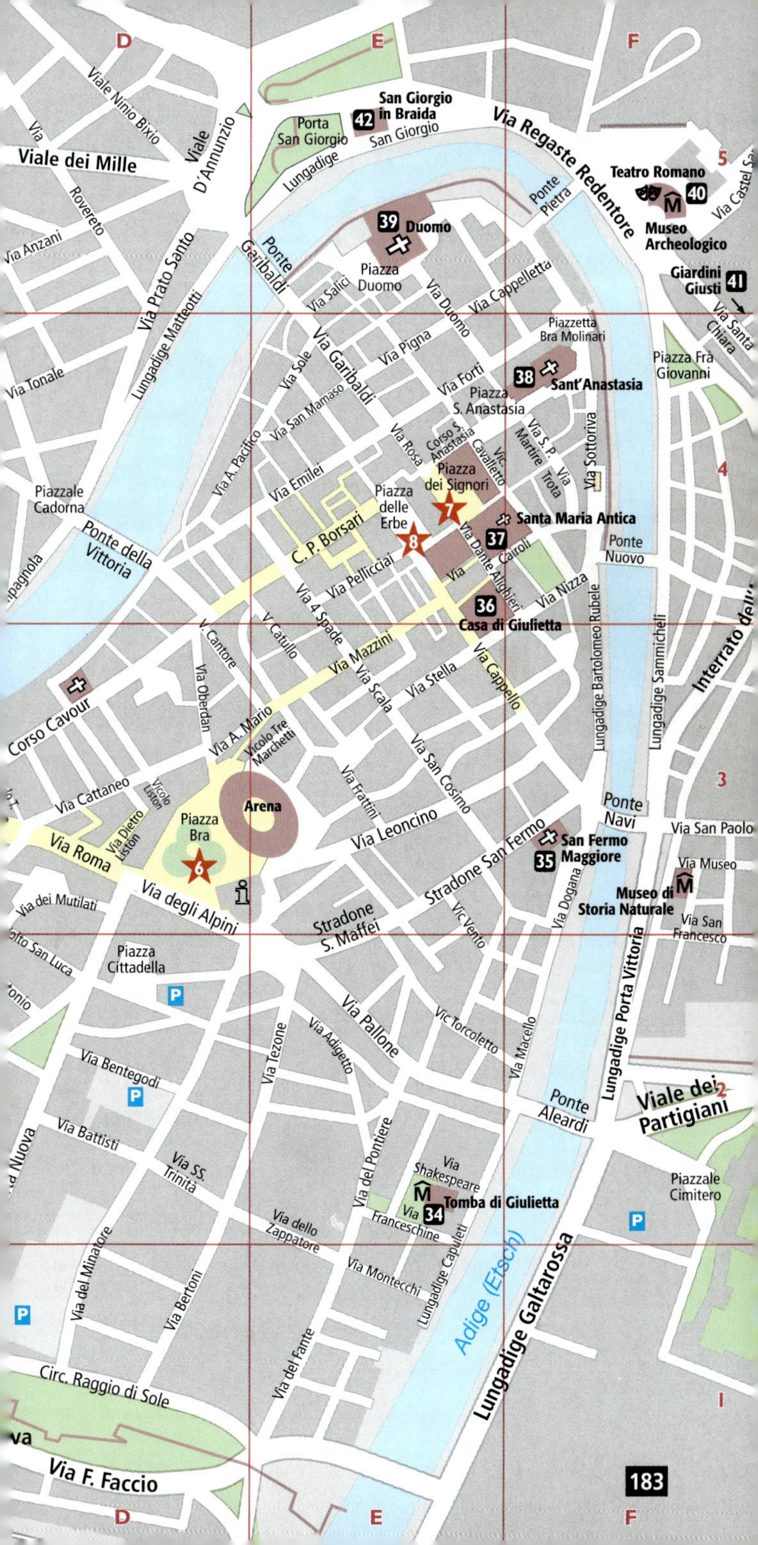
D
E
F
Viale Ninio Bixio
Via
Viale dei Mille
Viale D'Annunzio
Rovereto
Via Anzani
Via Prato Santo
Porta San Giorgio
42 San Giorgio in Braida
Lungadige San Giorgio
Via Regaste Redentore
Teatro Romano
40
Museo Archeologico
5
Via Castel S.
Ponte Pietra
39 Duomo
Piazza Duomo
Ponte Garibaldi
Via Salici
Via Duomo
Via Cappelletta
Giardini Giusti 41
Via Santa Chiara
Lungadige Matteotti
Via Tonale
Via Sole
Via Garibaldi
Via Pigna
Piazzetta Bra Molinari
Piazza Frà Giovanni
Via Forti
38 Sant'Anastasia
Piazza S. Anastasia
Via San Mamaso
Via A. Pacifico
Via Rosa
Corso S. Anastasia
Vic. Cavalletto
Via S. P. Martire
Via Trota
Via Sottoriva
4
Via Emilei
Piazza dei Signori
7
Piazza delle Erbe
8
Piazzale Cadorna
Santa Maria Antica
37
Ponte Nuovo
C. P. Borsari
Ponte della Vittoria
Via Pellicciai
Via Dante Alighieri
Via Cairoli
Via Nizza
36
Casa di Giulietta
Via 4 Spade
V. Catullo
V. Cantore
Via Mazzini
Lungadige Bartolomeo Rubele
Lungadige Sammicheli
Interrato dell'
Via Oberdan
Via Scala
Via Stella
Via Cappello
Corso Cavour
Via A. Mario
Vicolo Tre Marchetti
Via San Cosimo
Via Frattini
3
Via Cattaneo
Vicolo Liston
Arena
Piazza Bra
Via Dietro Liston
6
Via Roma
Via Leoncino
Ponte Navi
Via San Paolo
San Fermo Maggiore
35
Stradone San Fermo
Via Museo
Museo di Storia Naturale
Via San Francesco
Via dei Mutilati
Via degli Alpini
Stradone S. Maffei
Vic Vento
Via Dogana
Lungadige Porta Vittoria
Piazza Cittadella
Via Pallone
Vic Torcoletto
Via Tezone
Via Adigetto
Via Macello
Via Bentegodi
Ponte Aleardi
Viale dei Partigiani
2
Via Battisti
Via SS. Trinità
Via del Pontiere
Via Shakespeare
Tomba di Giulietta
Via Franceschine
34
Piazzale Cimitero
Via dello Zappatore
Via Montecchi
Lungadige Capuleti
Adige (Etsch)
Lungadige Galtarossa
Via del Minatore
Via Bertoni
Via del Fante
Circ. Raggio di Sole
1
Via F. Faccio

Register

Register

Notizen

Abbildungsnachweis

AA/Max Jourdan: S. 156

AA/A. Mockford & N. Bonetti: S. 63 (unten), 112, 127, 136, 147, 149, 154, 164, 165

DuMont Bildarchiv/Sabine Lubenow: S. 23, 28, 98, 101, 102/103, 115, 151, 152

DuMont Bildarchiv/Michael Riehle: S. 4, 8, 16/17, 19, 24, 25, 46, 49, 50, 51, 52, 56, 59, 62, 63 (oben), 64, 66, 68, 74, 77, 79, 80, 81, 83, 85, 86, 90/91, 106, 111, 114, 118 (links), 118 (rechts), 158/159, 160

DuMont Bildarchiv/Thilo Weimar: S. 6/7, 10/11, 15 (oben), 15 (unten links), 15 (unten rechts), 21 (links), 21 (rechts), 30, 30/31, 32, 33, 34, 58, 60, 61, 78/79, 82, 104, 109, 110, 113, 116, 117, 124, 128/129, 129, 130, 131, 132, 133, 134, 135, 137 (links), 137 (rechts), 138, 139, 140 (links), 140 (rechts), 168

DuMont Bildarchiv/Ernst Wrba: S. 146

Getty Images/De Agostini Picture Library: S. 27

laif/Max Galli: S. 18

laif/Tobias Gerber: S. 20, 22, 57

LOOK-foto/Wolfgang Ehm: S. 12

LOOK-foto/Wilfried Feder: S. 108/109

LOOK-foto/TerraVista: S. 55

mauritius images/CuboImages: S. 89

mauritius images/Michael Jostmeier: S. 103

Titelbild: laif/Tobias Gerber (Blick von den Serpentinen bei Campione del Garda)

Impressum

1. Aufl. 2015

Text: Richard Sale, Frances Wolverton, Jochen Müssig
Übersetzung: Brigitte Beier, Beatrix Gehlhoff, Raphaela Moczynski
Redaktion: Robert Fischer (www.vrb-muenchen.de)
Programmleitung: Birgit Borowski
Chefredaktion: Rainer Eisenschmid

Kartografie: © MAIRDUMONT GmbH & Co. KG, Ostfildern
3D-Illustrationen: jangled nerves, Stuttgart

Anzeigenvermarktung:
MAIRDUMONT MEDIA
Tel. 0711 4502333
media@mairdumont.com
media.mairdumont.com

Printed in China

Trotz aller Sorgfalt von Autoren und Redaktion sind Fehler und Änderungen nach Drucklegung leider nicht auszuschließen. Dafür kann der Verlag keine Haftung übernehmen. Berichtigungen, Kritik und Verbesserungsvorschläge sind uns jederzeit willkommen, bitte informieren Sie uns unter:

Verlag Karl Baedeker / Redaktion
Postfach 3162
D-73751 Ostfildern
Tel. 0711 4502 262
smart@baedeker.com
www.baedeker.com

FSC
www.fsc.org
MIX
Papier aus verantwortungsvollen Quellen
FSC® C020056

10 GRÜNDE WIEDERZUKOMMEN

1. Der Gardasee ist im Vergleich zu Restitalien sehr **günstig**. Es gibt viel für wenig Geld.
2. **Berge und Wasser** treffen besonders im Norden unvergleichlich schön aufeinander.
3. Die **Lichtstimmungen** auf dem See, von schwarz bis gold, machen süchtig.
4. Eine **Umrundung** des Gardasees ist definitiv zu wenig!
5. Alle fünf **Inseln** wollen erobert sein. Watend, mit Luftmatratze oder per Boot.
6. Der Lago ist Europas bestes Süßwasserrevier für **Surfer**. Das zieht an …
7. **Aperol** und Hugo schmecken zuhause einfach nur halb so gut.
8. Nicht nur der **Pizza-Weltmeister** Giuseppe Conte in Bardolino macht super Pizza.
9. Neue **Spa-Hotels** sorgen auch in der Nebensaison für wohlige Wärme.
10. Der **Winter** am Lago ist auch sehr schön. Dann macht der See in Ruhe selbst Urlaub …